VOCA 영단어

1810단어

웰컴

영어교재연구원 엮음

도서
출판 **YEGA**

기본으로 시작해서 파이널 영단어까지 수능과 내신 둘 다 챙기고 1등급 받자!

수능이나 학교 내신에서 성적이 잘 나오지 않는 학생이라면 영어 실력을 올리는 첫 번째 방법으로 단어를 외우는 것에서부터 시작하라고 자신있게 말하고 싶다.

이 책에서는 기본적인 단어의 의미는 물론 살아 있는 예문 속의 쓰임새까지 파고들어 배울 수 있도록 하였다. 「베이직 영단어 1000」를 시작으로, 실력을 키울 수 있는 「레벨업 영단어 547」, 한 단계 높은 어휘를 구사할 수 있는 「파이널 영단어 263」까지 수준별로 나누어 어떤 시험에서든 자신감을 키울 수 있도록 하였다.

본문 미리보기

elect
[ilékt]

~을 선출하다 ❶
~를 결정하다
⟨형⟩ 당선된, 뽑힌

We elected Tom as president. ❷
우리는 톰을 회장으로 선출했다.

☑ election ⟨명⟩ 선거 ❸

- general election 총선거 ❹
- elect A as chairman A를 의장으로 뽑다
- elect suicide 자살을 택하다
- the elect mayor 시장 당선자

❶ 단어는 품사별로 나누어 정리하였고 우선적인 뜻을 선별하여 암기하도록 하였다.
❷ 예문을 실어 단어의 폭넓은 이해를 돕도록 하였다.
❸ 관련된 유사 단어를 함께 실어서 언어의 폭을 넓힐 수 있다.
❹ 단어에 관련된 이디엄으로 일석이조의 효과를 얻을 수 있다.

2

contents

학습진도 체크

DAY 01	DAY 02	DAY 03	DAY 04	DAY 05
page 8-13까지 단어수 30개 반복 3번	page 단어수 반복	page 단어수 반복	page 단어수 반복	page 단어수 반복

DAY 06	DAY 07	DAY 08	DAY 09	DAY 10
page 단어수 반복	page 단어수 반복	page 단어수 반복	page 단어수 반복	page 단어수 반복

DAY 11	DAY 12	DAY 13	DAY 14	DAY 15
page 단어수 반복	page 단어수 반복	page 단어수 반복	page 단어수 반복	page 단어수 반복

DAY 16	DAY 17	DAY 18	DAY 19	DAY 20
page 단어수 반복	page 단어수 반복	page 단어수 반복	page 단어수 반복	page 단어수 반복

DAY 21	DAY 22	DAY 23	DAY 24	DAY 25
page 단어수 반복	page 단어수 반복	page 단어수 반복	page 단어수 반복	page 단어수 반복

DAY 26	DAY 27	DAY 28	DAY 29	DAY 30
page 단어수 반복	page 단어수 반복	page 단어수 반복	page 단어수 반복	page 단어수 반복

DAY 31	DAY 32	DAY 33	DAY 34	DAY 35
page 단어수 반복	page 단어수 반복	page 단어수 반복	page 단어수 반복	page 단어수 반복

DAY 36	DAY 37	DAY 38	DAY 39	DAY 40
page 단어수 반복	page 단어수 반복	page 단어수 반복	page 단어수 반복	page 단어수 반복

DAY 41	DAY 42	DAY 43	DAY 44	DAY 45
page 단어수 반복	page 단어수 반복	page 단어수 반복	page 단어수 반복	page 단어수 반복

DAY 46	DAY 47	DAY 48	DAY 49	DAY 50
page 단어수 반복	page 단어수 반복	page 단어수 반복	page 단어수 반복	page 단어수 반복

DAY 51	DAY 52	DAY 53	DAY 54	DAY 55
page 단어수 반복	page 단어수 반복	page 단어수 반복	page 단어수 반복	page 단어수 반복

DAY 56	DAY 57	DAY 58	DAY 59	DAY 60
page 단어수 반복	page 단어수 반복	page 단어수 반복	page 단어수 반복	page 단어수 반복

베이직 영단어로
기본기를 확실하게 다진다

PART
1

basic
VOCA
1000

fare
[fɛ́ər]
요금, 운임

He paid the bus fare and sat down.
그는 버스 요금을 지불하고 자리에 앉았다.
- railroad fare 철도 요금
- reduced fare 할인 요금
- one way fare (미) / single fare (영) 편도 요금

fee
[fiː]
요금, 보수, 수수료

Attorneys are ethically enjoined to keep fees reasonable, neither too high nor too low.
변호사는 윤리적으로 요금을 너무 높지도, 너무 낮지도 않는 정당한 요금으로 하지 않으면 안 된다.
- entrance fee 입장료, 입회금
- admission fee 입장료
- license fee 면허 요금

debt
[det]
빚, 부채, 은혜

Out of debt, out of danger.
빚에서 벗어나면 위험이 없다.
You save my child's life. I will always be in your debt.
당신은 우리 아이의 생명을 구해 주었습니다.
저는 늘 이 은혜를 잊지 않을 것입니다.
- be in debt to~ ~에게 빚이 있다, ~에게 은혜를 입고 있다
- funded debt 장기 부채
- national debt 국가채무
- bad debt 회수 가망이 없는 빚
- debt of gratitude 은혜

oxygen
[áksidʒən]
명 산소

Oxygen makes up one fifth of the air.
산소는 공기의 5분의 1을 차지한다.
- oxygen mask 산소 마스크

hydrogen

[háidrədʒən]

몡 수소

Hydrogen is the lightest element.
수소는 가장 가벼운 원소이다.

- hydrogen bomb 수소 폭탄

bill

[bil]

청구서, 지폐
증권, 법안

Can I have the bill, please?
계산서 좀 가져다 주시겠어요?

- doctor's(s) bill 치료비
- pay a bill 청구서를 지불하다

charge

[tʃɑːrdʒ]

몡 요금, 청구액
동 청구하다, 부과하다

The price of the meal includes a service charge.
식사료에는 서비스 요금이 포함되어 있다.

A childs education is the charge of his parents.
자녀의 교육은 부모의 책임이다.

- in charge of~ ~을 담당하여, ~에게 맡겨져
- on the charge of~ ~의 죄로
- charge for admission 입장료

depression

[dipréʃən]

우울, 불황
침체, 억압

This industry is in a deep depression.
이 산업은 심각한 불황에 빠져 있다.

- be in a state of depression 의기소침해 있다
- suffer from nervous depression 우울증에 걸리다

cheer

[tʃiər]

환호, 갈채, 격려

The situation is improving, so cheer up!
상황이 호전되고 있으니 기운을 내자!

Cheers!
건배!

- cheer section 응원단
- give three cheers for~ ~을 위해 만세 삼창하다

fossil

[fásəl]

화석
형 화석의, 시대에 뒤진

We depend greatly on fossil fuels such as coal, gas and oil.
우리는 석탄, 가스, 석유와 같은 화석 연료에 크게 의존하고 있다.

- form a fossil 화석이 되다
- fossil fuel 화석 연료

conference

[kánfərəns]

회의, 협의

We have a conference every second Tuesday.
우리는 매월 두 번째 화요일에 회의가 있다.

- be in conference with~ ~와 협의중이다
- disarmament conference 군축 회의
- peace conference 평화 회담
- general conference 총회
- press conference 기자 회견

reception

[risépʃən]

환영회, 리셉션
수령

She gave her guests a cordial reception.
그녀는 손님들을 진심으로 접대했다.

When will the reception for new members be held?
신입 회원의 환영회는 언제 있나요?

☑ receipt 몡영수, 영수증
  recipe 몡조리법, (약의) 처방
- warm reception 따뜻한 환영
- favorable reception 호평

cancer

[kǽnsər]

암, 악성 종양
게자리(천문)

Alcoholism is a cancer in our society.
알코올 중독은 우리 사회의 해악이다.

Charlie has lung cancer.
찰리는 폐암에 걸렸다.

- cancer of the stomach 위암
- lung cancer 폐암
- Tropic of Cancer 북회귀선, 하지선

coward

[káuərd]

겁쟁이, 비겁자
몡겁 많은, 비겁한

Cowards die many times before death.
겁쟁이는 죽기 전에 여러 번 죽는다.

☑ cowardly 몡겁많은 몦겁을 내어
- play the coward 비겁한 짓을 하다
- coward blow 비겁한 일격

optimism

[áptəmìzm]

낙관주의, 낙천

The President showed cautious optimism about the future.
대통령은 미래에 대해 조심스러운 낙관론을 보였다.

☑ optimist 몡낙천주의자
  optimistic 몡낙천적인

shortage

[ʃɔ́:rtidʒ]

(양의) 부족, 결핍

The housing shortage is very acute.

주택 부족은 매우 심각하다.

☑ short 형 짧은, 단기의

- food shortage 식량난
- shortage of money 금전 부족
- housing shortage 주택난

chaos

[kéias]

혼돈, 대혼란

The accident left the street in chaos.

그 사고로 거리는 아수라장이 되었다.

☑ chaotic 형 혼돈된, 무질서한

- chaos theory 카오스 이론

calamity

[kəlǽməti]

대재해, 재난, 불행

A miserable calamity befell him.

처참한 재앙이 그에게 들이닥쳤다.

- miserable calamity 처참한 재난

※ 특히 개인의 재난을 뜻함(=disaster)

irony

[áiərəni]

빈정댐, 비꼼
예상에 반하는 결말

There was a touch of irony in his words.

그의 말에는 다소의 빈정거림이 있었다.

☑ ironic 형 비꼬는, 아이러니한

- ironic novel 풍자 소설
- malicious irony 악의에 찬 풍자
- life's ironies 인생의 아이러니

victim

[víktim]

희생(자)
피해자, 산 제물

After the big earthquake, some students began to collect money for the victims.

대지진이 있은 후, 몇몇 학생들이 희생자를 위해 모금하기 시작했다.

☑ victimize 동 ~을 희생시키다, 괴롭히다

- fall (a) victim to ~ ~의 희생양이 되다
- war victim 전쟁 희생자
- victims of a flood 홍수의 피해자들

11

elegance
[éligəns]

우아, 고상, 기품

Her new coat gave her a look of elegance.
새 코트는 그녀를 우아해 보이게 했다.

☑ **elegant** 휑 우아한, 품위가 있는
- elegant society 상류 사회
- look of elegance 우아(한 용모 등)
- feeling of elegance 우아한 기분

population
[pàpjuléiʃən]

인구
(일정 지역의) 모든 주민

A recent survey revealed that the population density in the metropolis was decreasing.
최근의 한 조사는 대도시의 인구 밀도가 감소하고 있음을 나타냈다.

- native population 원주민
- whole population of Seoul 서울의 전체 인구
- population explosion 인구 폭발

caution
[kɔ́:ʃən]

주의, 경계, 경고
동 ~에게 경고하다

You should use caution in crossing a busy street.
번잡한 길을 건널 때에는 조심해야 한다.

☑ **cautious** 휑 조심스러운, 주의 깊은(=careful)
- cautious manner 신중한 태도

narrative
[nǽrətiv]

이야기, 담화
휑 이야기의

I got tired of his narrative of adventure.
나는 그의 모험담에 싫증이 났다.

☑ **narrate** 동 ~을 말하다
   narration 명 이야기하기, 기술, 담화
- master of narrative 화술에 능한 사람

particle
[pá:rtikl]

미량, 입자

He has not a particle of patriotism.
그에게는 애국심이란 티끌만큼도 없다.

- particle of dust 미세 먼지
- elementary particle 소립자

manuscript
[mǽnjuskrìpt]

원고, 필사본
휑 필사한

Five publishers rejected his manuscript.
다섯 출판사가 그의 원고를 거절했다.

- be in manuscript 원고 상태로 있다

12

flame

[fléim]

불길, 불꽃, 광채
图 타오르다

I saw a tiny flame of a cigarette-lighter.
나는 담배 라이터의 작은 불꽃을 보았다.

☑ flammable 图 인화성의
- the Olympic Flame 올림픽 성화
- flames of sunset 타는 듯한 저녁놀
- flames of love 사랑의 불꽃

sculpture

[skʌ́lptʃər]

조각(품), 조각술
图 조각하다

He made a beautiful sculpture of a goddess.
그는 아름다운 여신상을 만들었다.

☑ sculptor 图 조각가

statue

[stǽtʃuː]

상, 조각상

They built a statue in memory of Lincoln.
그들은 링컨을 추모하기 위해 동상을 세웠다.

- the Statue of Liberty 자유의 여신상
- carve a statue 상을 새기다

petroleum

[pətróuliəm]

석유

10,000,000 bbl(ten million barrels) of petroleum are imported every day.
매일 천만 배럴의 석유가 수입되고 있다.

- crude petroleum 원유
- petroleum exploration 석유 탐사
- petroleum refining 석유 정제

monument

[mánjumənt]

기념비, 기념물
위대한 업적

The pillar is a monument dedicated to all those who died in the war.
이 기둥은 전몰자를 위한 기념물이다.

- natural monument 천연 기념물
- ancient monument 고대의 유물

masterpiece

[mǽstərpiːs]

걸작, 명작 위대한 업적

It takes much effort to make a masterpiece.
걸작을 만드는 데에는 많은 노력이 필요하다.

- Van Gogh's masterpiece 고흐의 걸작

pride
[práid]

자랑, 자부심, 교만

My work gives me a feeling of pride.
나의 일은 나에게 자부심을 준다.
- family pride 집안에 대한 자랑
- hurt one's pride 자존심을 상하게 하다
- display pride 우쭐대다

fluid
[flúːid]

액체, 유체

형 유동성의, 유동적인

Fluid has no definite shape.
액체는 정해진 모양을 갖지 않는다.
- fluid substance 유동성의 물질

benefit
[bénəfit]

이익, 혜택

동 이롭다, 덕을 보다

What are the benefits of studying English?
영어를 배우면 어떤 이점이 있니?
☑ beneficial 형 유익한, 이로운
- be of benefit (to) ~ (~에게) 도움이 되다, 유익하다
- by the benefit of~ ~의 덕택에

value
[vǽljuː]

가치, 가격, 평가

The value of the dollar has fallen recently.
달러의 가치는 최근 하락했다.
☑ valuable 형 가치 있는, 값비싼
  invaluable 형 매우 귀중한
- values (윤리, 사회적인) 가치관
- value of evidence 증거의 중요성
- market value 시장 가치(가격)

knowledge
[nálidʒ]

지식, 학문

His knowledge of English is poor.
그의 영어 지식은 빈약하다.
☑ know 동 알다
- to (the best of) my knowledge 내가 아는 한
- knowledge industry 지식 산업
- systematized knowledge 체계적인 지식
※ know의 명사형

experience

[ikspíəriəns]

경험, 체험
⑧ ~을 경험하다

In-store music would enhance people's shopping experience in a supermarket.
슈퍼마켓 매장에 흐르는 음악은 고객의 구매 행동을 높일 것이다.

Some people learn by experiment, and others by experience.
어떤 사람은 실험에 의해, 어떤 사람은 경험에 의해 지식을 얻는다.

☑ experienced ⑱ 경험이 풍부한
- learn by experience 경험을 통해 배우다
- strange experience 낯선 경험

interest

[íntərəst]

흥미, 관심, 중요성
이익, 이자
⑧ ~의 관심을 끌다

She told me about her interest in jazz music.
그녀는 나에게 그녀의 취미인 재즈에 대해 말했다.

He paid 5% interest on the loan.
그는 대출금에 대해 5%의 이자를 지불했다.

☑ interested ⑱ 흥미 있는, 이해 관계가 있는
- be interested in~ ~에 흥미가 있다, ~에 이해 관계가 있다
- take an interest in~ ~에 관심을 갖다
- public interests 공공의 이익, 공익

skill

[skil]

기술, 실력, 솜씨

She showed great skill in playing the piano.
그녀는 피아노 연주의 훌륭한 솜씨를 보여주었다.

He is skillful at skiing.
그는 스키를 잘 탄다.

☑ skilled ⑱ 숙련된, 노련한
   skillful ⑱ 솜씨 좋은, 능숙한
- skilled labor 숙련 노동, 숙련공

faculty

[fǽkəlti]

재능, 능력, 교직원

He has a faculty for making other people happy.
그는 타인을 즐겁게 해주는 재능을 가지고 있다.

- critical faculty 비평력
- faculty of speech 언어 능력
- faculty of sight(hearing) 시력(청력)

gender

[dʒéndər]

성, 성별

The court ruled denying marriage licenses to same-sex couples amounted to gender discrimination.

법원은 동성 커플의 결혼 허가증을 부인하는 것은 성차별에 해당한다는 판결을 내렸다.

- masculine(feminine, neuter, common) gender 남(여, 중, 동)성
- gender gap 성차, 남녀차

※ gender는 사회적, 문화적 역할로서의 '성'을 나타내며, sex는 생물학적인 '성별'을 뜻한다.

culture

[kʌ́ltʃər]

문화, 교양

We owe much to Western culture.
우리는 서양 문화의 혜택을 받고 있다.

☑ cultural 휑 문화의, 교양의

- man of culture 교양 있는 사람

resource

[ríːsɔːrs]

자원, 부, 공급원

Third World Countries are studying how to develop their natural resources.
제 3세계 국가들은 천연 자원의 개발 방법을 연구하고 있다.

We have limited financial resources.
우리는 재정적인 여유가 없다.

- human resources 인적 자원
- resources and liabilities 자산과 부채

matter

[mǽtər]

일, 사건, 문제, 물질
통 중요하다

What's the matter (with you)?
무슨 일이 있니?

As a matter of fact, computers can catch diseases.
사실, 컴퓨터도 병에 걸릴 수 있다.

- as a matter of fact 사실상
- as a matter of course 물론
- serious matter 중대한 일
- mineral matter 광물질
- mind and matter 정신과 물질

16

presence

[prézns]

존재, 주둔, 출석

She said nothing, so no one noticed her presence.

그녀는 아무 말도 하지 않았으므로, 아무도 그녀의 존재를 인식하지 못했다.

☑ **present** 혱출석한, 현재의 몡현재, 선물 됭선물하다, 소개하다

presentation 몡제출, 상연, (기획 따위의) 발표

- in the presence of~ ~의 면전(앞)에서, ~에 직면하여
- in one's presence ~가 있는 곳에서

influence

[ínfluəns]

영향(력), 세력
됭 ~에 영향을 주다

One of the greatest influences of climate on men is temperature.

기후가 인간에게 주는 최대 영향 중 하나는 기온이다.

☑ **influential** 혱영향력이 큰

- liberating influence 해방감
- undue influence 부당한 압력

motive

[móutiv]

동기, 목적
혱 동기가 되는

He did it from motives of kindness.

그는 친절이 동기가 되어 그것을 했다.

☑ **motivate** 됭~에게 동기를 주다, ~의 학습 의욕을 불어넣다

motivation 몡동기 부여, 자극

- the motive of a crime 범죄의 동기
- ulterior motive 속셈

purpose

[pə́:rpəs]

목적, 목표, 의지

I went to America for the purpose of mastering English.

나는 영어를 숙달할 목적으로 미국에 갔다.

This machine can be used for various purposes.

이 기계는 다양한 용도로 사용할 수 있다.

- for the purpose of~ing ~의 목적으로, ~을 위해
- on purpose 일부러, 고의로
- attain one's purpose 목적을 달성하다
- honesty of purpose 의도의 성실성

subject

[sʌ́bdʒikt]

주제, 문제, 과목
[형] 받기 쉬운
[동] ~을 복종시키다

What you have said has no bearing on the subject under consideration.
네가 말한 것은 검토 중인 의제와 아무 관계가 없다.

☑ subjective [형] 주관적인
- be subject to~ ~을 받기 쉽다, ~에 지배되다
- subject A to B A를 B에게 복종시키다
- subject for discussion 논제
- compulsory subject 필수 과목

---

object

[ábdʒikt]

물건, 대상, 목적
[동] 반대하다

A big white object fell into the middle of the lake.
크고 흰 물제가 호수 가운데에 떨어졌다.
I object.
이의 있습니다.

☑ objective [형] 객관적인 [명] 목표
objection [명] 반대
- object to~ ~에 반대하다
- attain one's object 목적을 달성하다
- object of study 연구 대상

---

courtesy

[kə́:rtəsi]

예의 바름, 정중
관대, 호의

This picture was presented by courtesy of Mr. Brown.
이 그림은 브라운 씨의 호의로 증정되었다.

☑ courteous [형] 예의바른, 공손한(polite)
- by courtesy of~ ~의 호의로, ~의 덕분에
- show courtesy 호의를 보이다

---

treasure

[tréʒər]

보물, 재산, 부
[동] 소중히 하다

The treasure hunt was postponed because of the pouring rain.
심하게 내리는 비 때문에 보물 찾기는 연기되었다.

☑ treasury [명] 국고, 자금

---

substance

[sʌ́bstəns]

물질, 본질, 요지

Tell me the substance of his speech.
그의 연설 요점을 나에게 말하라.

☑ substantial [형] 실질적인
- in substance 사실상, 본질적으로
- chemical substances 화학적 물질

affair
[əféər]

사건, 문제, 일
연애 사건

The Watergate affair caused President Nixon's downfall.
워터게이트 사건으로 닉슨 대통령이 실각했다.
- terrible affair 무서운 사건
- love affair 연애

interature
[lítərətʃər]

문학, 문헌

He lectures on American literature in a college.
그는 대학에서 미국 문학을 강의한다.
- ☑ literary 형 문학의
- popular literature 대중 문학
- the literature on China 중국에 관한 문헌

author
[ɔ́:θər]

저자, 필자

Who is the author of this book?
이 책의 저자는 누구인가?
- anonymous author 무명(익명) 작가
- rising author 신진 작가
- author of mischief 장난의 장본인

editor
[édətər]

편집자

An editor decides what should be in the book.
편집자는 책에 무엇을 실을까를 결정한다.
- ☑ edit 동 편집하다
  edition 명 판
  editorial 명 사설 형 편집자의, 편집상의
- chief editor 편집장

row
[rou]

횡렬, 열, 줄

He is in the front row.
그는 맨 앞줄에 있다.
- in a row 연속적으로, 일렬로
- row of trees 줄지은 나무
- in the front (second) row 첫(둘째) 줄에

column
[káləm]

종렬, 원주
기둥, 칼럼

The first I read in papers is the sports columns.
나는 신문에서 스포츠 면을 제일 먼저 읽는다.
- ☑ columnist 명 특별란 담당자, 컬럼니스트
- sports column 스포츠란
- column and row (수학의) 행렬

19

tale
[téil]

이야기, 소설

She told us a very sad tale.
그녀는 우리에게 매우 슬픈 이야기를 했다.

☑ telltale 몡 고자질쟁이
- fairy tale 동화
- tall tale 허풍

poetry
[póuitri]

(집합적으로) 시

He read us several interesting pieces of poetry.
그는 우리에게 몇 편의 재미있는 시를 읽어주었다.

☑ poem 몡 시
poet 몡 시인
poetic 혱 시적인
- epic(lyric) poetry 서사(서정)시

proverb
[právə:rb]

속담, 격언, 금언

A proverb is a short sentence based on long experience.
속담이란 오랜 경험에 근거한 짧은 문장이다.

☑ proverbial 혱 속담의, 유명한

audience
[ɔ́:diəns]

청중, 관객

His speeches were welcomed by large audience.
그의 연설은 많은 청중의 환영을 받았다.

- large(small) audience 많은(적은) 청중

spectator
[spékteitər]

구경꾼, 관중

The first international flight show attracted more than 50,000 spectators.
최초의 국제 비행 쇼에 5만 명 이상의 구경꾼이 모였다.

☑ spectate 통 방관하다, 구경하다

neighbor
[néibər]

이웃(사람) 혱 이웃의
통 ~와 이웃하다

The neighbors were pleased with his success, but his father was not.
이웃사람들은 그의 성공을 기뻐했지만, 그의 아버지는 그렇지 않았다.

☑ neighborhood 몡 이웃, 이웃 사람들
- neighbor countries 이웃 나라

taste

[téist]

맛, 취향
동 맛보다, 맛이 나다

He has a taste for literature.
그의 취미는 문학이다.

The orange left a strange taste in my mouth.
그 오렌지는 맛이 이상했다.

☑ tasteful 형 취미가 좋은, 고상한 / tasty 형 맛있는
- sweet(bitter) taste 단(쓴)맛

favor

[féivər]

호의, 친절, 지지
동 ~에게 호의를 보이다
~을 지지하다

Parents may favor the youngest child in the family.
부모는 가족 중에서 막내를 편애할지도 모른다.

May I ask a favor of you?
부탁을 드려도 될까요?

☑ favorite 형 아주 좋아하는
favorable 형 호의적인, 유망한
- in favor of~ ~에 찬성(지지)하여
- favorable opportunity 좋은 기회

criticism

[krítəsìzm]

비평, 비판, 비난

I have read every criticism of his works.
나는 그의 작품의 비평을 빠짐없이 읽고 있다.

☑ critical 형 비평의
critic 명 비평가
criticize 동 ~을 비평하다
- literary criticism 문학 비평

fancy

[fǽnsi]

공상, 상상, 기호
동 ~을 상상하다

I thought I loved him, but it was just a passing fancy.
나는 그를 사랑하고 있다고 생각했지만, 그것은 단지 지나가는 환상이었다.

☑ fantasy 명 공상
fantastic 형 환상적인, 멋진
- have a fancy for ~ ~을 좋아하다

melancholy

[mélənkàli]

우울, 울적함
형 우울한

He is in the melancholy.
그는 우울해 하고 있다.

☑ melancholic 형 우울한, 침울한
- melancholy mood 우울한 기분

environment

[inváiərənmənt]

환경, 분위기

Many people in Korea are worried about the environment.

한국의 많은 사람들이 환경에 대해 걱정하고 있다.

☑ environmental 휑 환경의
- environmental pollution 환경 오염
- social environment 사회적 환경

atmosphere

[ǽtməsfìər]

대기, 분위기, 기압

The atmosphere becomes thinner as you climb higher.

높이 올라감에 따라서 공기는 희박해진다.

☑ atmospheric 휑 대기의
- atmospheric pollution 대기 오염
- damp atmosphere 습한 공기
- homely atmosphere 가정적인 분위기

pollution

[pəlú:ʃən]

오염, 공해

Why has Korea let pollution get so bad?

왜 한국은 공해가 이토록 심할 때까지 내버려 두었을까?

☑ pollute 동 ~을 오염하다 / pollutant 명 오염 물질
- air pollution 대기 오염
- noise pollution 소음 공해
- water pollution 수질 오염

circumstance

[sə́:rkəmstæns]

(~s) 환경, 상황

She acted admirably under the most adverse circumstances.

그녀는 최악의 역경에서도 훌륭하게 행동했다.

☑ circumstantial 휑 상황에 의한
- circumstantial evidence 정황 증거
- whole circumstances 자초지종, 상세한 내용
- fortune circumstance 다행한 일

situation

[sìtʃuéiʃən]

사태, 입장, 위치

The situation will be improved only if all the members are willing to cooperate.

모든 회원이 협력만 한다면 사태는 개선될 것이다.

☑ situated 휑 위치에 있는, (어떤) 경우에 있는
- political situation 정치 정세, 정국
- situation comedy 상황극

district
[dístrikt]

구역, 지구

The Lake District is a place of scenic beauty.
호수 지역은 경치가 아름다운 곳이다.

- election district 선거구
- school district 학군
- theater district 극장가
- shopping district 상점가

※ region보다 좁다

area
[έəriə]

지역, 지방, 면적
(연구 따위의) 분야

They were badly in need of pure water in the flooded area.
사람들은 침수지역에서 깨끗한 물을 갈망하고 있다.

- desert area 사막 지역
- effective area 유효 범위

region
[ríːdʒən]

지역, 지방

I felt a severe pain in the region of the heart.
나는 심장 근처에 심한 통증을 느꼈다.

- tropical regions 열대 지방
- forest region 삼림 지대
- upper(middle, lower) regions 상(중, 하)층권

quarter
[kwɔ́ːrtər]

4분의 1, 15분
25센트, 1분기

Cut this lemon into quarters.
이 레몬을 4등분으로 잘라라.

It's quarter after seven.
지금은 7시 15분이다.

☑ quarterly 형 분기의

- three quarters 4분의 3
- a quarter of century 25년
- business quarters 상업 지구

suburb
[sʌ́bəːrb]

(the ~s) 교외
근교, 변두리

Many people work in the city and live in the suburbs.
시내에서 일하고 교외에서 사는 사람이 많다.

☑ suburban 형 교외의

- suburban life 전원생활
- a Seoul suburb 서울 근교

inhabitant
[inhǽbətənt]

주민, 거주자

It is a small town of some thousand inhabitants.
그곳은 주민이 천 명쯤 되는 작은 마을이다.

☑ inhabit 圖~에 살다, 거주하다

---

dialect
[dáiəlèkt]

방언, 사투리

We can hear some dialect in his speech.
그의 연설에서 몇 가지 방언을 들을 수 있다.

- social dialect 사회적 방언
- regional dialect 지역 방언

---

geography
[dʒiágrəfi]

지리, 지리학

Geography is the study of the surface of the Earth.
지리학은 지표면을 연구하는 것이다.

☑ geographical 圐지리적인
- physical geography 자연 지리학

---

reality
[riǽləti]

현실, 실제, 진실임

Some people doubt the reality of God.
신의 실체를 의심하는 사람도 있다.

☑ realize 圖깨닫다, 실현하다
- stern reality 냉엄한 현실
- reality of love 사랑의 본질

---

agriculture
[ǽgrəkʌ̀ltʃər]

농업, 농학

He spoke on the types of agriculture used
by the American Indians.
그는 아메리카 인디언의 농경 형태에 대해 연설했다.

☑ agricultural 圐농업의
- type of agriculture 농경의 형태

---

harvest
[háːrvist]

수확, 대가, 수확기
圖 수확하다

The rice harvest was small this year because of the
bad weather.
금년 쌀 수확은 악천 후 때문에 적었다.

We have a festival after the rice harvest.
우리는 쌀을 수확한 후 축제를 한다.

- rice harvest 벼 수확
- abundant(bad, poor) harvest 풍(흉)작

grain
[gréin]

곡물, 낱알

He ate up every grains of rice.
그는 쌀 한 톨도 남김 없이 먹었다.

- not a grain of~ ~은 조금도 없다
- in grain 타고난, 본질적으로
- a grain of corn 옥수수 한 알
- chief grain 주요 곡물

flood
[flʌ́d]

홍수, 범람, 쇄도
图 ~을 범람시키다

The floods are out all along the valley.
그 골짜기 일대에 홍수가 났다.

- flood of letters 쇄도하는 편지
- flood(ebb) tide 만(간)조

climate
[kláimit]

기후, 풍토, 분위기

The climate in the mountains was cool and dry.
그 산의 기후는 선선하고 건조했다.

- dry climate 건조한 기후
- tropical climate 열대성 기후
- political climate 정치 정세
- cultural climate 문화적 풍토

spectacle
[spéktəkl]

광경, 장관, (~s) 안경

The stars make a fine spectacles tonight.
오늘 밤 별들은 정말로 장관이다.

- ☑ spectacular 혱 구경거리의, 장관인
- spectacular scene 장엄한 광경

factory
[fǽktəri]

공장, 회사

My uncle works in a car factory.
나의 삼촌은 자동차 공장에서 일하신다.

- factory girl 여공
- glass factory 유리 공장

economy
[ikánəmi]

경제, 절약

By various economies we are fighting with the inflation.
여러 가지 경제면에서 우리는 인플레이션과 싸우고 있다.

- ☑ economic 혱 경제의 / economics 몡 경제학
- national(domestic) economy 국민(국내) 경제
- economy of time and labor 시간과 노동의 경제

commerce

[káməːrs]

상업, 무역

The recession will hit both industry and commerce.

불황이 공업과 상업에 모두 타격을 줄 것이다.

☑ **commercial** 혱상업의 몡광고 방송

- domestic commerce 국내 무역
- the Chamber of Commerce 상공회의소

wage

[weidʒ]

임금, 일당
주급, 대가

Workers complained to the boss about their wages.

노동자들은 임금에 대해 상사에게 불평을 말했다.

- daily wages 일급
- wages of sin 죄의 대가

income

[ínkʌm]

수입, 소득

He has an income of five hundred dollars a week.

그는 일주일에 5백 달러의 수입이 있다.

- annual income 연소득
- gross(net) income 총(순)소득
- income tax 소득세

device

[diváis]

장치, 고안, 계획

She knows nothing about the mechanical device of her car.

그녀는 자기 차의 기계 장치에 대해서는 무지하다.

☑ **devise** 통~을 생각해 내다, 고안하다

- safety device 안전 장치

labor

[léibər]

노동, 근로

The labor union and the management compromised over wages.

노동조합과 회사측은 임금에 대해 타협했다.

☑ **laborer** 몡노동자

   laboratory 몡실험실

- labor cost 인건비
- labor dispute 노동 쟁의
- labor force 노동력
- labor productivity 노동 생산성

profession
[prəféʃən]
전문직, 직업

What profession are you going to follow?
너는 이 다음에 어떤 직업을 가질 것이니?

☑ **profess** 통 ~을 공언하다, 고백하다
professional 형 전문직의, 프로의 명 프로
- by profession 직업은
- profession of a lawyer 변호사업

glory
[glɔ́ːri]
영광, 번영, 장관

The aristocrat clings to the glory of his past.
그 귀족은 과거의 영광에 매달리고 있다.

☑ **glorious** 형 영광의
- gain glory 영예를 얻다
- the glories of Rome 로마 제국의 위업
- glory of a sunset 석양의 아름다움
- morning glory 나팔꽃

function
[fʌ́ŋkʃən]
기능, 역할
통 작용하다

The chief function of language is to communicate ideas and feelings.
언어의 주요 기능은 생각과 감정을 교류하는 것이다.

☑ **functional** 형 기능의, 실용적인
- vital function 생활 기능

ease
[íːz]
편안, 안심, 쉬움
통 ~을 안심시키다

Teachers are concerned about the ease with which their children can access porno on the Internet.
교사들은 어린이들이 인터넷을 통해 포르노를 쉽게 접근할 수 있는 것을 걱정한다.

- at (one's) ease 마음 편히, 느긋하게
- with ease 쉽게
- ease from pain 아픔의 완화

※ easy의 명사형

comfort
[kʌ́mfərt]
안심, 위로
통 ~을 위로하다
안심시키다

This medicine will give you some comfort.
이 약을 먹으면 좀 편해질 것이다.

☑ **comfortable** 형 편안한, 쾌적한
- be a comfort to~ ~의 위안이 되다
- in comfort 편안하게, 안락하게
- words of comfort 위로의 말

trade
[tréid]

무역, 매매, 장사
图 매매하다, 교환하다

China does a lot of trade with Korea.
중국은 한국과 대량으로 무역을 하고 있다.
- trade A with B A를 B와 교환하다
- trade in A for B A에 웃돈을 주고 B를 사다
- domestic trade 국내 상거래
- free trade 자유 무역
- wholesale(retail) trade 도매(소매)업

prospect
[práspekt]

가능성, 전망,

There is a prospect of a worldwide food shortage in the near future.
가까운 미래에 세계적인 식량 부족의 가능성이 있다.
- ☑ prospective 圈 유망한, 장래의 圀 가망
- future prospect 장래성
- prospective bride 예비 신부
- prospective writer 작가 지망생

welfare
[wélfèər]

복지, 후생, 행복

We must work for the welfare of our nation.
우리는 국민의 행복을 위해 일하지 않으면 안 된다.
- on welfare 생활 보조를 받아
- child welfare 아동 복지
- public welfare 공공 복지

luxury
[lʌ́kʃəri]

사치, 사치품
圈 사치스러운, 호화로운

I cannot buy luxuries on my low salary.
나의 적은 월급으로는 사치품을 살 수 없다.
- ☑ luxurious 圈 사치스러운, 호화로운
- live in luxury 호사스럽게 지내다
- luxury of health 건강의 기쁨
- luxury liner 호화 여객선

prosperity
[praspérəti]

번영, 번창

Korea's prosperity depends mainly on foreign trade.
한국의 번영은 주로 해외 무역에 의한 것이다.
- ☑ prosper 图 번영하다
  prosperous 圈 번창하는, 부유한
- live in prosperity 풍족하게 살다

miracle
[mírəkl]
기적, 경이

Her recovery was a miracle.
그녀의 회복은 기적이었다.
- ☑ **miraculous** 혱 경이적인, 불가사의한
- by a miracle 기적적으로

funeral
[fjúːnərəl]
장례식

His funeral service was held in the magnificent cathedral in Washington.
그의 장례식은 워싱턴의 웅장한 대성당에서 거행되었다.
- state funeral 국장
- funeral ceremony 장례식

fate
[féit]
운명
통 ~을 운명짓다

It is my fate to be unhappy.
불행한 것은 나의 운명이다.
- ☑ **fatal** 혱 치명적인
  fateful 혱 치명적인, 불길한
- meet one's fate 죽다, 파멸하다
- as fate would have it 운명으로

destiny
[déstəni]
운명, 숙명

It was his destiny to die in prison.
감옥에서 죽는 것이 그의 숙명이었다.
- ☑ **destine** 통 ~을 미리 정해 두다, ~을 운명짓다
  destination 멩 목적지
- be destined for ~ ~되도록 운명지어 있다
- by destiny 운명적으로, 운명에 따라

doom
[dúːm]
운명, 파멸, 죽음
통 운명에 처해 있다

He went to his doom.
그는 죽음의 길을 걸었다.
He was doomed to death.
그는 죽을 운명에 처했다.
- be doomed to~ ~하도록 운명지어져 있다

opportunity
[ɔ̀pərtjúːnəti]
(좋은) 기회, 찬스

They insisted on my making use of this opportunity.
그들은 나에게 이 기회를 이용하라고 주장했다.
- at(on) the first opportunity 기회가 닿는(있는) 대로

fortune
[fɔ́:rtʃən]
행운, 부, 재산

He married the woman for her fortune.
그는 재산 때문에 그녀와 결혼했다.
- ☑ fortunate ® 행운의
  fortuneteller ® 점쟁이
- be in good fortune 운이 좋다
- by good (bad) fortune 운좋게도(나쁘게도)
- make (build up) a fortune 부자가 되다, 재산을 모으다
- a man of fortune 재산가

occasion
[əkéiʒən]
(특정한) 때, 기회

She announced their engagement on the occasion of her birthday.
그녀는 생일을 기하여 그들의 약혼을 발표했다.
- on all (every) occasion 모든 경우에
- on occasion(s) 때때로
- on another occasion 다른 기회에

period
[píːəriəd]
기간, 시대

In every period of history, we can see new kinds of arts.
역사상 어떤 시대든 우리는 새로운 종류의 예술을 볼 수 있다.
He stayed with us for a short period.
그는 잠시 동안 우리와 함께 머물렀다.
- ☑ periodical ® 정기 간행물 ® 정기적인
- by periods 주기적으로
- put a period to~ ~마무리짓다
- for a long period 오랫동안
- the Socratic period 소크라테스 시대
- period of transition 과도기

epoch
[épək]
시대, 시기
신기원

The Industrial Revolution marked the beginning of an epoch of exodus from rural areas to city.
산업 혁명은 농촌에서 도시로 이동하는 신기원을 이뤘다.
- ☑ epoch-making ® 획기적인
- mark an epoch in~ ~에 신기원을 열다
- epoch of social revolution 사회 개혁의 시기
- epoch in biology 생물학상의 신기원

※ 특히 시대의 시작을 강조하는 단어

era

[íərə]

시대, 연대, 대사건

This invention marks the beginning of a new era.
이 발명은 새 시대의 시작에 획을 긋는 것이다.

- early in the Silla era 신라 시대 초기에
- era of miniskirts 미니스커트 시대

※ 역사상의 어느 특정한 시대

term

[tə́:rm]

기간, 학기
(사람과의) 관계, 조건
용어

Do you know when the next term starts?
언제 다음 학기가 시작되는지 알아요?

We are on good terms with our neighbors.
우리는 이웃 사람들과 사이가 좋다.

☑ terminology 명 전문 용어
   terminal 형 종점의 명 종착역
   terminate 통 끝내다, 끝나다

- in terms of~ ~의 말로, ~의 점에서 보면
- on easy terms 할부로
- terminal examination 기말 시험
- term of validity 유효 기간
- law terms 법률 용어   • term deposit 정기 예금

decade

[dékeid]

10년간

This drawing had been on the wall for three decades.
이 그림은 30년 동안 벽에 걸려 있었다.

※ century는 100년간, millennium은 1000년간

instance

[ínstəns]

경우, 예
통 ~을 예로 들다

I'll give you another instance.
한 가지 더 예를 들어 보겠다.

- for instance 예를 들면
- in this instance 이 경우
- instance of carelessness 부주의의 실례
- give a few instances 몇 가지 예를 들다

example

[igzǽmpl]

예, 본보기

He explained his theory by presenting several examples.
그는 몇 가지 예를 들어 그의 이론을 설명했다.

- for example 예를 들면
- take example by~ ~을 본보기로 하다
- example for the class 반의 모범

trend

[trénd]

경향, 유행
동 ~ 경향을 따다

There is a trend against getting married at a young age.

젊은 나이에 결혼하는 것을 피하는 풍조가 있다.

☑ trendy 형 최신 유행의
- trends in modern education 현대 교육의 추세
- trend of events 형세

---

defect

[difékt]

결함, 결핍

A defect in his hearing was another cause of the accident.

그의 청력 장애가 그 사고의 다른 하나의 원인이었다.

☑ defective 형 결함이 있는
- in defect 부족하여
- moral defect 도덕적 결함
- speech defect 언어 장애

---

stain

[stéin]

얼룩, 착색
동 ~을 더럽히다

You have some grease stains on your skirt.

당신의 스커트에 기름 얼룩이 묻었다.

☑ stainless 형 얼룩이 없는, 녹슬지 않는
- blood stain 핏자국
- stained glass 구워서 착색한 유리, 스테인드 글라스

---

sin

[sin]

죄, 과실
동 죄를 범하다

The sins of the fathers are visited on the children.

부모의 죄는 자식들에게 돌아온다. (속담)
- commit a sin 죄를 범하다

※ 도덕상의 죄

---

sum

[sʌ́m]

합계, 금액, 개요
동 ~을 합계하다

Johnson received the sum of 200 dollars.

존슨은 합계 200달러를 받았다.

The expense sums to 500 dollars.

비용은 총 500달러가 된다.

☑ summary 명 요약 형 계략의
　 summarize 동 ~을 요약하다
- in sum 요컨대, 즉
- to sum up 요컨대
- large sum of money 거금
- sum total 총계

amount

[əmáunt]

총액, 양

동 ~에 달하다

How are going to spend such a large amount of money.
이런 거액의 돈을 무엇에 쓰려고 하니?

- amount to~ ~에 달하다
- amount of rain 강우량   • large of money 거금
- fantastic amount of cost 엄청난 액수의 경비

---

plenty

[plénti]

풍부, 다량

형 충분한

There's always plenty to eat and drink at her parties.
그녀의 파티에서는 늘 음식물이 풍부하다.

- in plenty 풍부하게
- plenty of~ 다수 (다량)의~
- year of plenty 풍년

※ 수와 양에 두루 쓰이며, 보통 부정문에는 many나 much를, 의문문에는 enough를 쓴다.

---

deal ¹

[díːl]

거래, 협약

동 다루다

Our company made a deal with an American firm.
우리 회사는 미국 회사와 계약을 맺었다.

- a great deal of milk 다량의 우유
- a good deal of work 많은 일

※ 보통 great, good, vast 따위와 함께 쓰인다.

---

figure

[fígjər]

모습, 인물, 숫자

(~s) 계산

This figure shows the structure of the building.
이 도형은 그 건물의 구조를 나타낸다.

You'd better add it up, I'm no good at figures.
네가 그것을 계산하는 것이 낫다. 나는 계산에 약하니까.

- be good at figures 계산을 잘하다
- figure eight 8자형
- figure skating 피겨 스케이트
- figure of a man 사람의 모습

---

purchase

[pə́ːrtʃəs]

구매, 구입품

동 ~을 구입하다

He made an extravagant purchase at the store.
그는 그 가게에서 사치품을 샀다.

- make a good (bad) purchase 물건을 싸게(비싸게) 사다
- purchase of a car 차의 구입
- purchase a book 책을 사다

※ buy 보다 형식적인 단어

virtue

[vɔ́:rtʃu:]

미덕, 장점, 효능

Are modesty and patience virtue?
겸양과 인내가 미덕일까?

☑ **virtuous** 휑 고결한

- by (in) virtue of~ ~덕분으로
- a man of virtue 품행이 방정한 사람
- virtue of humility 겸양지덕
- virtues and shortcomings 장점과 단점

quality

[kwáləti]

품질, 특성
휑 상류의, 양질의

I prefer quality to quantity.
나는 양보다 질을 택한다.

- quality improvement 품질 개선
- the qualities of a leader 지도자의 자질
- goods of quality 고급품

quantity

[kwántəti]

양, 분량

She has a quantity of money and queens it.
그녀는 돈을 많이 가지고, 여왕처럼 행동한다.

- in quantity (quantities) 많이

route

[ru:t/raut]

길, 통로, 배달 구역

He flew from Korea to Europe by the polar route.
그는 북극 항로로 한국에서 유럽으로 날았다.

- overland route 육로

routine

[ru:tí:n]

일과, 정해진 순서
휑 판에 박힌, 일과의

A walk before breakfast is part of his daily routine.
아침 식사 전 산책은 그의 일상 중 일부이다.

- according to routine 늘 하는 순서에 따라
- routine work 일과
- break the routine 틀에 박힌 일에서 벗어나다

cause

[kɔ́:z]

원인, 논점
툉 원인이 되다
~을 야기하다

The cause of the fire was obviously a cigarette.
화재의 원인은 분명히 담배였다.

- in a good cause 대의 (명분)을 위해
- in the cause of~ ~을 위해
- cause and effect 원인과 결과
- cause for a crime 범죄의 동기

reason

[ríːzn]

이유, 이성
동 결론을 내리다

There are a number of reasons why she doesn't like Bill.
그녀가 빌을 좋아하지 않는 이유는 여러 가지(많이)가 있다.

There is no reason to suspect him.
그를 의심할 이유가 전혀 없다.

There is reason in what you say.
너의 말은 일리가 있다.

☑ **reasonable** 형 합리적인, 적당한

---

portion

[póːrʃən]

부분, 몫
동 ~을 분배하다

They serve children's portions at that restaurant.
그 식당에서는 어린이용(양이 적은 음식)을 제공한다.

- portion of the population 주민의 일부
- eat two portions 2인분을 먹다

※ share보다 형식적인 말

---

breadth

[bredθ]

폭, 넓이, 관용

The box was two feet in breadth.
그 상자는 폭이 2피트였다.

- by a hair's breadth 간발의 차이로
- breadth of view 견해의 넓음
- 5 meters in breadth 폭 5미터

※ broad의 명사형

---

width

[wídθ]

폭, 너비, 폭넓음

The road is twenty feet in width.
도로는 폭이 20피트이다.

※ wide의 명사형

---

flock

[flák]

(양, 염소, 새의) 떼, 무리
동 떼를 짓다

A flock of cranes flew across the sky.
학의 무리가 하늘을 날아갔다.

- flock of ducks 오리떼
- flocks and herds 양떼과 소떼

---

herd

[həːrd]

(짐승의) 떼, 사람의 무리
동 떼를 이루다

A herd of cattle was grazing in the field.
소떼가 풀밭에서 풀을 먹고 있었다.

- herd of cows 소의 무리
- herds of used cars 수많은 중고차

effect

[ifékt]

영향, 효과, 결과
동 ~을 초래하다

The new medicine had an immediate effect.
그 신약은 즉시 효과를 보였다.

☑ effective 형 유효한, 효과적인
- in effect 사실상
- take effect 효과가 나타나다, (법이) 발효하다
- sound effects 음향 효과
- effect a change 변화를 가져오다
- effect a cure 병을 고치다

---

result

[rizΛlt]

결과, (계산의) 답
동 (결과로서) 일어나다

He was not at all satisfied with the result.
그는 전혀 그 결과에 만족하지 않았다.

- as a result of~ ~의 결과로서
- result in~ ~으로 끝나다
- results of operation 경영 성적
- get results 좋은 결과를 얻다

---

consequence

[kánsəkwèns]

결과, 성과, 중요성

The Japanese fear the consequences of not conforming.
일본인은 순응하지 않을 경우의 결과를 두려워한다.

☑ consequent 형 결과적으로 명 결과
   consequently 부 그 결과, 그러므로(=therefore)
- as a consequence of~ ~의 결과로서
- of little(no) consequence 거의(전혀) 중요치 않은
- necessary consequence 필연적인 결과

---

architecture

[á:rkɪtèktʃər]

건축, 설계, 건축양식

Jim is studying architecture at college.
짐은 대학에서 건축학을 공부하고 있다.

☑ architect 명 건축가
- marine architecture 조선술
- Greek architecture 그리스 건축 양식

---

structure

[strΛktʃər]

구조, 건축물, 체계

In Kyoto there are many fine wooden structures.
교토에는 아름다운 목조 건축물이 많이 있다.

☑ structural 형 구조상의
- structural defect 구조적 결함

---

construction

[kənstrʌ́kʃən]

건설, 건축물, 공사

A tall building is now under construction.
고층 빌딩이 지금 건설 중이다.

☑ construct 통 ~을 건설하다
   constructive 형 건설적인
- under construction 공사중
- solid construction 견고한 건물

institution

[ìnstətjúːʃən]

기관, 조직, 협회

I would like to study law in your institution.
저는 학원에서 법률 공부를 하고 싶습니다.

☑ institute 통 ~을 설립하다 명 연구소
- institution of laws 법률의 제정
- institution of a school 학교의 설립
- literary institution 문예협회

multitude

[mʌ́ltətjùːd]

다수, 군중
(the~)서민, 대중

A great multitude of students assembled in the auditorium.
아주 많은 수의 학생들이 강당에 모였다.

- multitude of plans 많은 계획
- multitudes of admirers 수많은 찬양자
- multitude of problems 많은 문제

province

[právins]

도, 주(the ~s)
시골, 지방, 분야

That is outside my province.
그것은 나의 전문 분야가 아니다.

- tour the province 지방을 순회하다

frontier

[frʌntíər]

국경(지방)
미개척 분야

They lived in log cabins on the frontier.
그들은 변경의 통나무집에 살았다.

- frontier spirit 개척자 정신
- frontier town 변경의 마을

border

[bɔ́ːrdər]

국경, 경계, 가장자리
통 ~에 인접하다

They crossed the border into Mexico.
그들은 국경을 넘어 멕시코로 들어갔다.

☑ borderline 명 국경선, 경계선 형 경계상의
- border army 국경 경비대
- border of a lake 호숫가
- borders of death 임종

boundary

[báundəri]

경계(선), 한계

The Rio Grande forms the boundary between the US and Mexico.

리오그란데 강은 미국과 멕시코의 경계를 이룬다.

- boundary line 경계선
- boundary of a country 국경

domain

[douméin]

영토, 영역, 도메인

This problem is outside my domain.

그 문제는 나의 영역이 아니다.

- in the domain of~ ~분야에서
- public domain 공유지

realm

[rélm]

영역, 분야, 왕국

The realm of possibilities for the new invention was endless.

새로운 발명의 가능성의 영역은 끝이 없었다.

- realm of fancy 공상의 세계
- realm of nature 자연계
- realm of England 잉글랜드 왕국
- realm of science 과학의 영역

view

[vjú:]

견해, 전망
동 간주하다
~을 바라보다

We have a fine view of the mountain from the cottage.

우리는 별장에서 산의 근사한 경치를 볼 수 있다.

☑ viewer 명 시청자

　viewpoint 명 관점, 견해

- view A as B A를 B로 간주하다
- views of life 인생관
- field of view 시야
- point of view 관점

sight

[sáit]

시각, 풍경, 전망

What a beautiful sight it is!

얼마나 아름다운 광경인가!

She lost her sight in an accident.

그녀는 사고로 시력을 잃었다.

- do the sight of~ ~을 구경하다
- in sight 보이는 범위에
- long(short) sight 원(근)시

※ see의 명사형

38

practice
[prǽktis]

연습, 실천, 관습
동 ~을 연습하다

You need practice if you want to play the violin.
바이올린을 연주하려면 연습이 필요하다.
- ☑ practically 분 사실상
- in practice 실제로
- office practice 회사의 일상 업무
- practice playing the piano 피아노 연습을 하다

opponent
[əpóunənt]

(경쟁 따위의) 상대, 적수
형 반대의, 맞은편의

He is a worthy opponent of mine.
그는 나의 호적수이다.
- opponent in a debate 논적(논쟁의 상대)

habit
[hǽbit]

습관, 버릇, 풍습

He got into the habit of reading every night before going to bed.
그는 매일 밤, 잠자리에 들기 전에 독서하는 습관이 붙었다.
- be in the habit of ~ing ~하는 버릇이 있다
- alcohol habit 술버릇
- habit of early marriage 조혼 풍습
- cheerful habit 쾌활한 성질

custom
[kʌ́stəm]

관습, (~s) 관세
(the ~s) 세관
애호, 단골

When you come into the country, you have to pass through customs.
그 나라에 들어가려면 세관을 통과해야 한다.
It is not easy to break a custom.
관습을 깨는 것은 쉽지 않다.
- ☑ customary 형 습관적인
  customer 명 고객
- custom and practice 관행
- have a large custom 단골이 많다

tradition
[trədíʃən]

전통, 관습

They try to maintain old tradition.
그들은 오랜 전통을 지키려고 노력한다.
It's a tradition of my family.
그것은 우리 집안의 전통이다.
- ☑ traditional 형 전통의, 전통적인

reverse

[rivə́ːrs]

(the~) 반대, 역, 실패
[형] 반대의, 역으로

He can recite the alphabet in reverse order.
그는 알파벳을 역순으로 말할 수 있다.
- in reverse 거꾸로
- on the reverse (자동차가) 후진하여
- on the reverse side 반대쪽으로
- reverse of fortune 운명의 역전
- unexpected reverses 뜻밖의 불운
- military reverse 군사적 패배

truth

[truːθ]

진리, 사실

You must always tell the truth.
너는 언제나 진실을 말해야 한다.
Truth is stranger than fiction.
사실은 소설보다 더 기이하다.
- ☑ true [형] 진실의, 충실한
- to tell the truth 사실은

arithmetic

[əríθmətik]

산수, 셈

Do another problem in arithmetic.
다른 산수 문제를 풀어라.
- mental arithmetic 암산
- decimal arithmetic 십진산

※ 대수는 algebra, 수학은 mathematics

electricity

[ilektrísəti]

전기, 전기학

In South America, remote villages have not been served with electricity.
남미의 외딴 마을에는 전기가 들어오지 않는다.
- ☑ electric [형] 전기의
  electrical [형] 전기의, 전격적인
- static electricity 정전기
- negative(positive) electricity 음(양)전기

compromise

[kámprəmàiz]

타협, 양보
[동] 타협하여 해결하다

They are ready to compromise with us on the matter of price.
그들은 가격 건에 대하여 우리와 타협할 용의가 있다.
- by compromise 타협하여
- make a compromise with~ ~와 타협하다

acquaintance
[əkwéintəns]

아는 사이, 교제

You will meet some of your acquaintances in the party.
너는 파티에서 아는 사람 몇 명을 만나게 될 것이다.

☑ acquaint 동 알려주다, 전하다
- acquaint oneself with~ ~를 알다, 알고 지내다
- be acquainted with~ ~와 아는 사이다
- make a one's acquaintance ~와 사귀다, 아는 사이가 되다
- casual acquaintance 우연히 알게 된 사람
- speaking acquaintance 이야기를 나눌 정도의 사이

analysis
[ənǽləsis]

분석, 분해, 해석

We have to make a close analysis of the cause of the accident.
우리는 사고의 원인을 상세하게 분석하지 않으면 안 된다.

☑ analyze 동 ~을 분석하다
analytic 형 분석적인
- in the last analysis 결국은

conduct
[kándʌkt]

행위, 품행
동 안내하다, 지휘하다

Your conduct is unacceptable.
너의 행동은 용납할 수 없다.

☑ conductor 명 안내자, 지휘자, 차장

※ action은 1회의 행동, conduct는 도덕적으로 본 일련의 행동

attitude
[ǽtitjùːd]

태도, 마음가짐

The United States took a firm attitude toward the problem.
미국은 그 문제에 대하여 강경한 태도를 취했다.

- weak attitude 약한 태도, 저자세
- hostile attitude 적대적인 태도

astronaut
[ǽstrənɔ̀ːt]

우주비행사

The boy wants to be an astronaut when he grows up.
그 소년은 커서 우주비행사가 되고 싶어한다.

☑ astronomer 명 천문학자
astronomical 형 천문학의
astronomy 명 천문학

tax

[tǽks]

세, 세금
동 ~에 과세하다

The tax increases affected our everyday lives greatly.
세금 증가는 우리 일상생활에 커다란 영향을 끼쳤다.

☑ **taxation** 명 과세, 징세
- before(after) tax 세금을 포함하여(떼고 난 후에)
- free of tax 면세로
- income tax 소득세
- direct(indirect) tax 직접(간접)세

duty

[djúːti]

의무, 직무, 관세

It is our duty to build a peaceful country.
평화로운 나라를 건설하는 것은 우리의 의무이다.

☑ **duty-free** 형 면세의 명 면세품
dutiful 형 임무에 충실한
- off(on) duty 비번(당번)인, 근무 시간 외(중)에
- do one's duty 의무를 부과하다
- neglect one's duty 의무를 게을리 하다
- take on a duty 직무를 인수하다

rage

[reídʒ]

격노, 맹렬
동 격노하다

The customer left the shop in a rage.
손님은 격노해서 그 가게를 나왔다.

- fly(fall) into a rage 벌컥 화를 내다
- with rage 화가 나서
- rage of the waves 파도의 사나움
- in a rage of excitement 극도로 흥분하여

fury

[fjúəri]

분노, 맹위

We were filled with fury.
우리는 심한 분노로 가득 찼다.

☑ **furious** 형 격노한
- in a fury 격노하여
- cold fury 꾹 참았던 분노

※ rage 보다 강함

discipline

[dísəplin]

훈련, 규율, 학문 분야
동 훈련하다

He followed a regimen of discipline which was very strict.
그는 매우 엄격한 식이요법 규칙을 따랐다.

- mental discipline 두뇌 훈련
- moral discipline 도덕적 규율

temperature
[témpərətʃər]

온도, 기온, 체온

A man s normal temperature is about 98.4 degree F.

사람의 정상 체온은 화씨 약 98.4도이다.

- have a(no) temperature 열이 있다(없다)
- absolute temperature 절대 온도

thermometer
[θərmámitər]

온도계

The thermometer dropped below 10°C

온도계는 섭씨 10도 이하로 떨어졌다.(ten degrees centigrade로 읽는다.)

- centigrade(Celsius) thermometer 섭씨 온도계
- Fahrenheit thermometer 화씨 온도계
- clinical thermometer 체온계

scent
[sént]

냄새, 흔적, 향수

Everyone loves the scent of roses.

모든 사람들은 장미꽃 향기를 좋아한다.

- on the scent 추적하여
- cold(hot) scent 희미한(강한) 냄새 흔적
- scent of fruits(roses) 과일(장미)의 향기

track
[trǽk]

자취, 궤도, 선로
통 발자국을 쫓다

He followed the animal tracks.

그는 동물의 발자국을 따라갔다.

- keep track of~ ~의 자국을 뒤밟다
- single(double) track 단선(복선)

solution
[səlúːʃən]

해결, 해명, 용해

This workbook has algebra problems with their solutions.

이 연습 문제집에는 해답이 붙은 대수 문제가 실려 있다.

- ☑ solve 통 ~을 해결하다, 풀다
- solve a problem 문제를 풀다
- solution of the problem 문제의 해답
- rubber solution 고무풀

issue
[íʃuː]

문제, 쟁점, 발행
(잡지의) ~호

His article appeared in the Christmas issue.

그의 기사는 크리스마스 특별호에 실렸다.

- at issue 논쟁중인
- the question at issue 논쟁중인 문제
- the current issue of~ ~의 최신호

instruction [instrʌkʃən] 지도, 지시, 교육	Carefully read the instructions that come with the vacuum cleaner. 진공 청소기에 들어 있는 사용설명서를 주의 깊게 읽으시오. Please follow the instructions when you use it. 사용하실 때는 사용 설명서를 따라 주시기 바랍니다. ☑ instruct 동 ~을 가르치다 instructive 형 교육적인 ● instructive experience 유익한 경험 ● instruction book 사용 설명서
account [əkáunt] 계좌, 회계, 설명 동 설명하다	There is no money in my bank account. 나의 은행 계좌에는 돈이 없다. ● keep account of~ ~을 기록하다 ● on account of~ ~때문에 ● account for~ ~을 설명하다 ● news accounts 신문 기사
explanation [èksplənéiʃən] 설명, 변명, 해석	Her explanation clearly showed a lack of common sense. 그녀의 설명은 상식 부족을 여실히 보여주었다. ☑ explain 동 ~을 설명하다 ● news explanation 시사 해설
experiment [ikspérəmənt] 실험 동 실험하다	They conducted a series of scientific experiments. 그들은 일련의 과학 실험을 수행했다. ☑ experimental 형 실험적인 ● do experiments on~ ~의 실험을 하다 ● on experiment 시험적으로 ● chemical experiment 화학 실험 ● experiment on animals 동물 실험
ambulance [ǽmbjuləns] 구급차, 앰뷸런스	The sick person was rushed to the hospital by ambulance. 환자는 구급차로 병원에 급히 옮겨졌다. ● call (for) an ambulance 구급차를 부르다

appetite

[ǽpətàit]

식욕, 시장기, 성향

The cook was astonished at his incredible appetite.

요리사는 그의 믿을 수 없는 식욕에 놀랐다.

- have a good(poor) appetite 식욕이 좋다(없다)
- sexual appetite 성욕
- appetite for reading 독서욕

phenomenon

[finámənàn]

현상, 이상 현상, 장관

This phenomenon seems to be specific to Korean.

이 현상은 한국인에게만 해당되는 것 같다.

- phenomenon of nature 자연 현상
- social phenomenon 사회 현상

※ 복수형은 phenomena

incident

[ínsədənt]

사건, 우발 사건

Some strange incidents happened during our trip.

여행 중에 몇 가지 이상한 일이 일어났다.

- ☑ incidental 형 우연의
  incidentally 부 우연히, 그런데
- surprising incident 놀라운 사건
- religious incident 종교 분쟁

thread

[θréd]

실, 섬유

Never leave a needle and thread on the floor.

실을 꿴 바늘을 마루에 놓아두지 말아라.

- needle and thread 실을 꿴 바늘
- a thread of light 한 줄기 빛

clothes

[klóuz]

옷, 의류

Put on your clothes quickly.

빨리 옷을 입어라.

- ☑ cloth 명 직물, 옷감
  clothe 통 ~에게 옷을 입히다
  clothing 명 의류
- secondhand clothes 헌옷
- a suit of clothes 옷 한 벌

certificate

[sərtífikəit]

증명서, 자격증
[동] ~을 인증하다

One month later, if the student passes the test, he or she receives a certificate.

1개월 후, 시험에 합격한 학생은 증명서를 받는다.

☑ certify [동] ~을 증명하다
- This is to certify that ~ ~임을 증명하다
- health certificate 건강 진단서
- birth certificate 출생 증명서

evidence

[évədəns]

증거, 근거, 명백함

There is no evidence that extensive reading is the most effective in the study of a foreign language.

외국어 공부에 다독이 가장 효과적이라는 증거는 없다.

- in evidence 눈에 띄게
- on evidence 증거에 근거하여
- direct evidence 직접 증거
- circumstantial evidence 상황 증거

aspect

[æspekt]

양상, 외관, 상황

We considered the problem in all it's aspects.

우리는 모든 각도에서 그 문제를 생각했다.

- in all aspects 모든 면에서
- aspect of affairs 국면, 상황
- serious aspect 심각한 양상

facility

[fəsíləti]

(~ies) 시설, 설비, 재능

Does this building have facilities of the disabled?

이 건물에는 장애인를 위한 시설이 있습니까?

- facilities of civilization 문명의 이기
- medical facilities 의료 시설
- facility of speech 말솜씨, 말재간

utility

[ju:tíləti]

유용, 실용, 공공시설

It is of no utility.

그것은 아무 쓸모가 없다.

☑ utilize [동] ~을 이용하다 / utilization [명] 이용, 활용
- utility of a disarmament conference 군축회의의 효과
- utility knife 만능 칼
- utility goods 실용품

exception
[iksépʃən]

예외, 제외, 반대

In many Asian countries, English has been accepted as a second language of course, Korea is not an exception to this.

아시아의 많은 나라에서 영어가 제2외국어로 받아 들여지고 있으며, 한국도 예외는 아니다.

☑ except 图 ~을 제외하다 젠 ~을 제외하고는 젭 ~이지만
exceptional 혱 예외적인
● without exception 예외 없이
● exception to a rule 규칙의 예외

necessity
[nəsésəti]

필요성, 필수품

He faced the necessity of appearing on court.
그는 법정에 출두할 필요성에 직면했다.
Necessity is the mother of invention.
필요는 발명의 어머니다.

☑ necessary 혱 필요한
necessarily 뮈 어쩔 수 없이
necessitate 图 ~을 필요로 하다
● on necessity 필연적으로
● daily necessities 일용품
● necessities of life 생활 필수품

emphasis
[émfəsis]

강조, 역설, 중점

Freedom is so basic that we cannot emphasize it's importance too much.
자유는 기본적인 것이므로, 그 중요성은 아무리 강조해도 지나치지 않다.

☑ emphasize 图 ~을 강조하다
emphatic 혱 강조의
emphatically 뮈 단호히
● put emphasis on~ ~을 강조하다

vigor
[vígər]

힘, 활기

He put new vigor into protecting civil rights through administrative action.
그는 행정을 통해 시민권을 지키는 운동에 새 활력을 더했다.

☑ vigorous 혱 활기찬
● vigorous youngster 발랄한 젊은이
● vigor of mind 정신력

method [méθəd] 수단	He has introduced a new method of teaching foreign language. 그는 새로운 외국어 교수법을 소개했다. ☑ methodical 휑 체계적인 　 methodology 몡 방법론 ● with method 질서 정연하게 ● deductive method 연역법 ● inductive method 귀납법 ※ method는 계통적인 순서, means는 목적을 달성하는 수단
means [mi:nz] 수단, 방법, 부	Wealth is a means to an end, not the end itself. 부는 목적 그 자체가 아니라, 목적에 도달하는 수단이다. ● by means of~ ~에 의하여 ● by no means 결코 ~하지 않다 ● live within one's means 분수에 맞는 생활을 하다 ● by all means 반드시 ● fair means 정당한 수단 ● means to an end 목적 달성의 수단
grace [gréis] 우아, 품위, 호의	She walked with grace. 그녀는 우아하게 걸었다. ☑ graceful 휑 우아한 　 gracious 휑 친절한 ● social grace 사교적인 소양 ● by special grace 특별한 호의로 ● with a smiling grace 싹싹하게
detail [dí:teil] 세부 사항, 상세	The detective asked us about the case in detail. 그 탐정은 그 사건에 대해 우리에게 상세하게 물었다. ☑ detailed 휑 상세한 ● in detail 상세하게 ● matter of detail 사소한 문제

measure
[méʒər]

척도, 치수, 측정
(~s) 대책

We must adopt stronger measures to stop drunken driving.
음주 운전을 못하게 하려면 더욱 강력한 조치를 강구해야 한다.

Money is the measure of worth.
돈은 가치의 척도이다.

- a measure of 일정량의
- waist measure 허리 둘레의 치수

length
[léŋkθ]

길이, 세로, 기한

Modern medicine has succeeded in doubling the length of life.
현대 의학은 수명을 두 배로 늘리는 데 성공했다.

- at length 마침내
- at full length 상세하게
- length of a line 선의 길이
- 10 feet on length 길이 10피트
- length of a day 하루의 길이

※ long의 명사형

height
[háit]

높이, 키, 고도

The plane is currently flying at a height of 1,000 feet.
비행기는 현재 고도 1천 피트를 날고 있다.

☑ heighten 图 ~을 높이다

- height above (the) sea level 해발
- at a height of 2,000 feet 2천 피트 고도에서

※ high의 명사형

depth
[dépθ]

깊이, 난해성, 심오

We measured the depth of the river.
우리는 그 강의 깊이를 재었다.

- in depth 철저하게, 넓은 범위에 걸쳐서
- in the depth of~ ~의 한창때에
- in the depth of winter 한겨울에
- the depths 심해
- depth of a river 강의 깊이
- a foot in depth 깊이 1피트
- novel of unusual depth 매우 깊이 있는 소설

※ deep의 명사형

layer
[léiər]

층, 겹쳐 쌓음

Traffic fumes damage the ozone layer **in the atmosphere.**
자동차 배기 가스는 대기의 오존층을 파괴한다.

- in alternate layer 번갈아 층을 이루어
- middle layer 중간층
- layer of clay 점토층
- lie in layers 층을 이루고 있다

span
[spǽn]

한 뼘, 기간
전 범위

Within the brief span **of just two years, this computer has become old-fashioned.**
불과 2년이라는 단기간 사이에 이 컴퓨터는 구식이 되어 버렸다.

- span of life 수명
- span of one's arms 팔의 길이

strength
[streŋkθ]

힘, 세력

We pulled the rope with all our strength.
우리는 밧줄을 힘껏 잡아당겼다.

☑ strengthen 통 ~을 강하게 하다

- on the strength of~ ~의 도움으로
- strength of will 의지력
- strength of a rope 로프의 내구력

※ strong의 명사형

force
[fɔːrs]

힘, 군대
통 ~을 강요하다

The tent was blown down by the force **of the wind.**
텐트는 바람에 쓰러졌다.

☑ forcible 형 강제적인
enforce 통 ~을 시행하다, ~을 강제하다

- by force 강제로
- force of a blow 타격의 세기
- allied forces 연합군
- naval force 해군

degree
[digríː]
정도, 급, 학위

The thermometer stood at 26 degrees.
온도계는 26도를 가리키고 있었다.

To what degree are you interested in music?
어느 정도 음악에 흥미를 가지고 있니?

- by degrees 단계적으로
- five degrees of frost 영하 5도
- 100 degrees Celsius 섭씨 100도

characteristic
[kæriktərístik]
특징, 특성
[형] 독특한, 특징적인

The town preserves it's ancient characteristics.
그 마을은 옛날의 특색을 간직하고 있다.

- be characteristic of~ ~의 특징을 나타내다
- school characteristic 학교의 특색

feature
[fíːtʃər]
특징, 볼거리, (~s) 용모
[동] 특색을 이루다

Dry weather is a feature of life in Arizona.
건조한 기후는 애리조나 생활의 특징이다.

- striking feature 현저한 특징
- do a feature Korea 한국 특집을 하다

soul
[sóul]
영혼, 정신

He put his heart and soul into the plan.
그는 그 계획에 심혈을 기울였다.

- body and soul 심신
- immortality of the soul 영혼 불멸
- two souls in breast 이중 인격

article
[áːrtikl]
기사, 논설
물품, 조항

We had to finish our articles quickly and give them to the editor.
우리는 빨리 기사를 마무리해서 편집자에게 건네주지 않으면 안 되었다.

- editorial article (신문의) 사설
- missing articles 분실물

philosophy
[filásəfi]
철학, 원리

Confucianism is also a philosophy.
유교도 하나의 철학이다.

☑ philosopher [명] 철학자
philosophical [형] 철학의

- philosophical analysis 철학적 분석
- philosophy of religion 종교 철학

thought

[θɔ́ːt]

생각, 사상, 의향

I had one thought in my mind.
나는 한 가지 생각이 마음 속에 있었다.

☑ thoughtful 사려 깊은

- on second thought(s) 다시 생각한 뒤에
- profound thought 심오한 사상
- organized thought 체계적인 사상
- original thought 독창적인 착상

※ think의 명사형

notion

[nóuʃən]

생각, 관념, 견해

I have no notion of marrying such a proud girl as she.
나는 그녀처럼 오만한 여자와 결혼할 마음이 없다.

He has no notion of economy.
그는 경제를 전혀 모른다.

- have a notion for~ ~하고 싶다
- have no notion (of)~ ~을 전혀 모른다, ~할 마음이 없다

※ idea보다 불완전하며 애매한 생각

weapon

[wépən]

무기, 병기

Nuclear weapons must never be used in combat again.
핵무기는 다시는 전투에 사용되어서는 안 된다.

Tears are a woman's weapon.
눈물은 여자의 무기다.

- chemical weapon 화학 무기

※ 총검류에 한정되지 않고 무기 일반을 가리킨다.

arms

[áːrmz]

병기, 무기, 군사력

The citizens rose up in arms against the dictator.
시민은 독재자에 대항해 무기를 들고 봉기했다.

☑ armament 몡 군비
　disarm 톙 ~을 무장 해제하다

- by (force of) arms 무력에 호소하여
- small arms 소화기, 권총
- suspension of arms 휴전

※ 전쟁에서 사용하는 병기를 가리킨다.

wisdom
[wízdəm]

지혜, 교훈, 학문

He had enough wisdom to refuse the offer.
그는 그 제안을 거절할 만큼 현명했다.

- wisdom tooth 사랑니
- commercial wisdom 장사의 요령
- a man of wisdom 현인

※ wise의 명사형

implement
[ímpləmənt]

연장, 도구

Shopkeepers should not be allowed to sell sharp implements to children.
상점 주인은 어린이들에게 날카로운 도구를 팔면 안 된다.

- farm implements 농기구
- gardening implements 원예 기구
- writing implements 필기 도구
- household implements 가재 도구, 세간

instrument
[ínstrəmənt]

악기, 도구, (정밀) 기구

My father cannot play any musical instrument.
아버지는 어떤 악기도 연주할 줄 모르신다.

☑ instrumental 휑중요한, 악기로 연주 되는

- medical instruments 의료 기기
- optical instruments 광학 기계
- percussion instruments 타악기
- wind instruments 관악기

reputation
[rèpjutéiʃən]

평판, 명성, 호평

Don't risk losing your reputation by doing such a foolish thing.
그런 어리석은 짓을 해서 평판이 나빠질 위험을 범하지 말라.

☑ reputable 휑평판이 좋은

- good(bad) reputation 좋은(나쁜) 평판
- lose one's reputation 명성을 잃다

prestige
[prestí:ʒ]

명성, 위신
휑 명성이 있는

Several universities in this country enjoy great prestige.
이 나라의 몇 개 대학은 명성이 매우 높다.

☑ prestigious 휑유명한

- prestige school 명문학교
- national prestige 국위

fame
[féim]

명성, 평판, 인기
(동) ~을 유명하게 하다

Babe Ruth won fame through baseball.
베이브 루스는 야구로 명성을 얻었다.

☑ infamous (형)악명높은
- good fame 호평
- ill fame 오명

※ famous의 명사형

---

ray
[réi]

광선, 빛

There is not a ray of hope left for the climbers.
등반자들의 생존 가망은 조금도 없었다.

- the rays of the sun 태양 광선
- ultraviolet rays 자외선

---

shade
[ʃéid]

그늘, 명암

She sat in the shade of a tree and read a book.
그녀는 나무 그늘에 앉아서 책을 읽었다.

- light and shade 빛과 그늘
- shades of night 밤의 장막
- delicate shade of meaning 의미의 미묘한 차이

---

shadow
[ʃǽdou]

그림자, 어둠
(동) ~을 그늘지게 하다
미행하다

The tall tree cast a lengthening shadow on the ground.
키 큰 나무가 지면에 긴 그림자를 드리웠다.

He testified that he had been shadowed by a man.
그는 한 남자에게 미행당했다고 증언했다.

☑ shadowy (형)그늘진
- shadow of a person 사람의 그림자
- shadow of death 죽음의 그림자

---

surface
[sə́:rfis]

표면, 지표의
(형) 표면의

He looks only at the surface of things.
그는 사물의 겉모습만 본다.

- surface tension 표면 장력
- surface of the earth 지구의 표면
- plane surface 평면
- curved surface 곡선면
- surface kindness 표면적인 친절

bottom
[bátəm]

바닥, 아래

Write your name at the bottom of the sheet.
용지 맨 아래에 이름을 기입하라.
- at (the) bottom 사실은
- bottom of a tree 나무의 밑동
- at the bottom of hill 언덕의 기슭에

current
[kɔ́:rənt]

흐름, 전류
형 현재의, 최신의

Wire conducts electric current.
철사는 전류가 통한다.
- ☑ currency 명 통화, 유통
- alternating current 교류
- direct current 직류
- tidal current 조류
- current news 시사 뉴스
- current thoughts 현대 사조
- current rumor 풍문

horizon
[həráizn]

지평선, 수평선, 시야

The sun was disappearing below the horizon.
태양은 수평선 아래로 사라지고 있었다.
- ☑ horizontal 형 수평의
- above the horizon 지평선(수평선) 위
- beyond the horizon 수평선 너머로
- mental horizon 식견

dawn
[dɔːn]

새벽, 여명
동 날이 새다

The sky at dawn is beautiful.
새벽 하늘은 아름답다.
The discovery marked the dawn of a new age.
그 발견은 새 시대의 획을 그었다.
- at dawn 새벽에
- before dawn 동이 트기 전에

twilight
[twáilàit]

석양, 황혼, 쇠퇴기
형 황혼의, 어슴푸레한

I like walking in the twilight.
나는 황혼에 산책하기를 좋아한다.
Twilight of one's life.
인생의 황혼기

voyage

[vɔ́iidʒ]

항해, 여행
图 항해하다

She made a voyage across the Atlantic Ocean.
그녀는 대서양을 횡단하는 여행을 했다.

- go on a voyage 항해하다
- voyage to the moon 달나라 여행
- voyage of life 인생 항로
- the voyages of the Marco Polo 마르코 폴로의 여행기

landscape

[lǽndskèip]

풍경, 경치, 전망

We admired the landscape of the Colorado Valley.
우리는 콜로라도 협곡의 경치에 감탄했다.

☑ landscaper 图 정원사

continent

[kántənənt]

대륙
(영국에서 본) 유럽 대륙

Australia is the smallest continent in the world.
호주는 세계에서 가장 작은 대륙이다.

☑ continental 图 유럽 대륙의

- continental climate 대륙성 기후
- the New Continent 신대륙

dispute

[dispjú:t]

논쟁, 분쟁, 문제
图 논쟁하다

The brothers had a hot dispute about her marriage.
형제들은 그녀의 결혼에 대해 뜨거운 논쟁을 벌였다.

The fact cannot be dispute.
그 사실은 논쟁할 여지가 없다.

- in dispute 논쟁중인, 미해결의
- point in dispute 논점
- bitter(hot) dispute 격론
- labor dispute 노동 쟁의

controversy

[kántrəvə̀:rsi]

논쟁, 토론
언쟁(장기간에 걸친 논쟁)

That new theory aroused much controversy.
그 새 이론은 많은 논쟁을 일으켰다.

☑ controversial 图 토론의

- beyond (without) controversy 당연히
- academical controversy 학문상의 논쟁

ancestor

[ǽnsestər]

조상, 선조

Their ancestors came from Ireland in the 18th century.
그들의 조상은 18세기에 아일랜드에서 왔다.

☑ ancestral 혱조상의, 전래의

● ancestor worship 조상 숭배

---

heir

[ɛ́ər]

상속인, 후계자

Though Mr. Goldbug is the heir to a gold mine, he lives like a miser.
골드버그는 금광의 상속자이지만 구두쇠처럼 산다.

● the heir to the crown 왕위 계승자

※ 여성은 heiress (여자 상속인)

---

globe

[glóub]

(the ~) 지구
세계, 공 모양의 것

Let's eliminate nuclear weapons from the globe.
핵무기를 지구상에서 제거합시다.

☑ global 혱전세계의

● all over the globe 전세계에
● electric globe 전구
● global market 세계 시장
● global problem 포괄적(세계적) 문제
● global standard 세계 표준

---

heaven

[hévən]

천국, 하늘, 신

Bright stars appeared in the heavens.
반짝이는 별이 하늘에 나타났다.

Heaven helps those who help themselves.
하늘은 스스로 돕는 자를 돕는다.

● Good Heavens! 큰일이군!, 세상에!
● go to heaven 죽다
● the kingdom of heavens 천국
● the Buddhist heavens 극락
● starry heavens 별이 빛나는 하늘

---

hell

[hél]

지옥, 제기랄
(the~) 도대체

Sinners go to hell after they die.
죄인들은 사후에 지옥에 간다.

Where the hell were you?
도대체 어디 있었니?

origin

[ɔ́:rədʒin]

기원, 출처
태생, 혈통

At last he published it in his book : The Origin of Species.

마침내 그는 「종의 기원」 이라는 그의 저서에서 그것을 발표했다.

☑ original 형 최초의, 독창적인

- by origin 태생은, 기원은
- in origin 본래는
- original inhabitants 원주민
- country of origin 원산지
- origin of the river 하천의 발원지

flavor

[fléivər]

맛, 풍미
동 ~에 맛을 내다

Which flavor do you like, strawberry or vanilla?

딸기 맛과 바닐라 맛 중에서 어느 쪽을 좋아하니?

- sweet flavor 단맛
- flavor enhancer 화학 조미료

insight

[ínsàit]

통찰력, 식견

He has great insight into the psychology of criminals.

그는 범죄자 심리에 대한 깊은 식견을 가지고 있다.

- have an insight into ~ ~을 꿰뚫어보다
- a man of keen insight 통찰력이 예리한 사람

forecast

[fɔ́rkæ̀st]

예보, 예측
동 전망하다, 예상하다

The weather forecast says that it will frost tomorrow morning.

일기 예보에서는 내일 아침 서리가 내릴 것이라고 한다.

- weather forecast 일기 예보
- business forecast 경기 예측
- forecast the weather 일기 예보를 하다

obstacle

[ábstəkl]

장애(물), 방해, 고장

Once you have made up your mind, do be courageous to overcome every obstacle.

일단 결심을 하면, 모든 장애를 극복할 용기를 가져라.

- obstacle to progress 진보의 장애
- obstacle race 장애물 경주

peril

[pérəl]

위기, 위험
图 위태롭게 하다

Nothing substantiated the stories of peril in the Bermuda Triangle.
그 버뮤다 트라이앵글의 위험성을 실증할 것은 아무 것도 없었다.

She is in peril of her life.
그녀는 생명이 위험하다.

☑ perilous 圈 위험한

- in peril (of) ~ ~의 위험에 직면하여
- peril of war 전쟁의 위험

species

[spíːʃi(ː)z]

종[genus(속)의 하위 분류 단위]
종류, 인종

There are dozens of species of fish in this pond.
이 연못에는 수십 종의 물고기가 있다.

- a species of 일종의
- The Origin of Species 종의 기원

evolution

[èvəlúːʃən]

진화, 전개, 발전

The theory of evolution was proposed by Charles Darwin in 1858.
진화론은 1858년에 찰스 다윈에 의해 발표되었다.

☑ evolve 图 진화하다

- evolution of man 인류의 진화
- evolution of a drama 연극의 전개

progress

[prágres]

진보, 발전, 진행

After millions of years of progress, we are still so selfish.
오랜 세월 진보해 왔지만, 우리는 아직도 매우 이기적이다.

- in progress 진행중인
- progress in civilization 문명의 발달
- progress of a disease 질병의 추이

fault

[fɔ́ːlt]

결점, 잘못, 고장
(과실의) 책임

Everything that happened today is your fault.
오늘 일어난 모든 것은 너의 책임이다.

- find fault with~ ~의 흠을 찾다, 비난하다
- fault in the machine 기계 결함
- grave fault 중대한 과실

biography
[baiágrəfi]

전기, 일대기

My father recommended the biography of the physicist Albert Einstein.
아버지는 물리학자 아인슈타인의 전기를 추천하셨다.

- ☑ **biographer** 명 전기 작가
  biographical 형 전기의, 전기제의
- biographical dictionary 인명 사전

---

estate
[istéit]

토지, 부지, 재산

He has a large estate in the country.
그는 시골에 큰 땅을 가지고 있다.

- leave an estate of~ ~의 재산을 남기다
- suffer in one's estate 어렵게 살다
- personal estate 동산
- real estate 부동산

---

site
[sait]

장소, 부지, 사이트

Which city will be the site of the next Olympic Games?
다음 올림픽 개최 도시는 어디입니까?

The bank has a good site in town.
그 은행은 시에서도 좋은 장소에 있다.

- historic sites 유적지
- tourist site 관광지

---

emotion
[imóuʃən]

감정, 감동

Grief, joy, and pity are the emotions that can bring tears to one's eyes.
슬픔, 기쁨 그리고 연민은 인간에게 눈물을 흘리게 하는 감정이다.

- ☑ **emotional** 형 감정적인
- sentimental emotion 감상적인 감정
- man of strong emotion 격정적인 사람

---

sentiment
[séntəmənt]

감정, 감상, 심리

There is no room for sentiment in competition.
승부에는 감정이 들어갈 여지가 없다.

- ☑ **sentimental** 형 감상적인
- general sentiment 여론
- sentiment of pity 연민의 정
- patriotic sentiment 애국심

pity
[píti]

연민, 동정, 유감
동 ~을 불쌍히 여기다

Pity is akin to love.
동정과 애정은 종이 한 장 차이.
It's a pity you cannot drive a car.
네가 차를 운전할 수 없는 것이 아쉽다.

☑ pitiable 형 가엾은
pitiful 형 측은한 / pitiless 형 냉혹한
● feel pity for ~ ~을 불쌍히 여기다
● It's a pity that ~ ~은 유감이다

sympathy
[símpəθi]

동정, 애도, 공감

He felt deep sympathy for the children.
그는 아이들에게 깊은 동정심을 느꼈다.

☑ sympathize 동 동정하다, 공감하다
sympathetic 동 동정적인
● sympathize with ~ ~에 공감하다
● in sympathy with ~ ~와 일치하는, ~에 찬성하는

anger
[ǽŋgər]

분노, 화
동 ~를 화나게 하다

She turned red with anger.
그녀는 화가 나서 얼굴이 빨개졌다.

● in anger 분노 속에
● be angered by ~ ~에 화내다
● incur the anger of~ ~의 노여움을 사다

※ angry의 명사형

desire
[dizáiər]

욕망, 요구
동 ~을 (강하게) 바라다

Our desire is to maintain the peace.
우리의 소망은 평화를 유지하는 것이다.

☑ desirable 형 바람직한
● desire for fame 명예욕
● bad desires 나쁜 욕망

temper
[témpər]

화, 성격
동 ~을 완화하다
~을 단련하다

She has a quick temper.
그녀는 성미가 급하다.

☑ temperate 형 절제하는, 온화한
temperance 명 온건, 금주
● have a temper 성미가 급하다
● keep one's temper 노여움을 참다
● lose one's temper 화를 내다

passion
[pǽʃən]
열정, 흥미, 격노

His passion for the little girl soon cooled down.
그 소녀에 대한 그의 열정은 곧 냉정해졌다.
- ☑ passionate 혱 열렬한
- ● have a passion for~ ~을 열애하다, ~을 매우 좋아하다

courage
[kə́:ridʒ]
용기, 배짱, 정신력

Have the courage to tell her you love her.
용기를 내어 좋아한다고 그녀에게 말해 보라.
- ☑ courageous 혱 용감한
- ● cool courage 침착한 용기
- ● high courage 대단한 용기

core
[kə́:r]
핵심, 속, 과심

What has stimulated the growth of suburbs outward from the core of the cities?
도시의 중심부에서 퍼져나가는 교외의 성장을 무엇이 자극했는가?
- ● core of a problem 문제의 핵심

stem
[stém]
줄기, 대, 혈통
통 일어나다

She cut the stems on the flowers.
그녀는 꽃줄기를 잘랐다.
- ● stem from~ ~에서 기인하다

frame
[fréim]
골조, 체격, 액자
통 ~을 조립하다
~을 고안하다

He framed the picture he had bought on the street.
그는 거리에서 산 그림을 액자에 넣었다.
- ● frame up ~을 함정에 빠뜨리다
- ● frame of a house 집의 뼈대
- ● strong frame 건장한 체격
- ● frame of government 정치 기구
- ● window frame 창틀

joy
[dʒɔ́i]
기쁨, 즐거움, 행복

The people shouted and danced with joy.
사람들은 기뻐서 소리 지르고, 춤을 추었다.
- ☑ joyful 혱 즐거운
- ● joys and sorrows 애환(고락)
- ● cry for joy 기뻐서 울다

※ delight보다 큰 기쁨

delight
[diláit]

기쁨, 환희
동 ~을 기쁘게 하다

History exist to delight, instruct, and console us.
역사는 우리를 기쁘게 하고, 교육하고, 그리고 위로하기 위해 존재한다.

☑ delightful 형 기쁨을 주는, 유쾌한
● be delighted with ~ ~에 크게 기뻐하다

stuff
[stʌf]

재료, 원료, 소질
동 채우다

She put all kinds of stuff into the box.
그녀는 자질구레한 것들을 상자 속에 넣었다.

● building stuff 건축 자재

goods
[gúdz]

상품, 물건

They sell various kinds of goods at that store.
그 가게에서는 다양한 종류의 물건을 판다.

● goods in stock 재고품
● essential goods 필수품
● canned goods 통조림류

merchandise
[mə́ːrtʃəndàiz]

상품, 제품
동 매매하다, 거래하다

This shop deals in merchandise from all over the world.
이 가게에는 전 세계의 상품을 취급하고 있다.

☑ merchandiser 명 상인
● general merchandise 잡화
● several pieces of merchandise 물품 몇 점

commodity
[kəmádəti]

상품, 일용품, 필수품

The country's most valuable commodities are copper and wool.
그 나라의 가장 귀중한 상품들은 구리와 양모이다.

● staple commodity 중요 상품
● household commodities 생활용품

fabric
[fǽbrik]

직물, 구조, 조직

The psychologist must study and analyze the elements that constitute the fabric of society.
심리학자는 사회 구조의 구성 요소를 연구하고 분석하지 않으면 안 된다.

● silk fabric 견직물
● fabric of society 사회 구조

prejudice

[prédʒudis]

편견, 선입견
(동) ~에 편견을 갖게 하다

If you dislike someone without reason, you are prejudiced against him.
이유도 없이 어떤 사람을 싫어한다면, 그에게 편견을 가지고 있는 것이다.

- be prejudiced against~ ~에 반감을 품다

conflict

[kənflíkt]

분쟁, (의견의) 충돌
(동) 대립하다, 충돌하다

Many people in the world expect these conflicts to be resolved soon.
세계의 많은 사람들은 이러한 분쟁이 조기에 해결 되기를 기대한다.

- be in conflict with~ ~와 충돌하다, 모순되다

conscience

[kánʃəns]

양심, 도덕심

It's a matter of conscience.
그것은 양심의 문제이다.

☑ conscientious (형) 양심적인
- in conscience 마음에 걸려서
- social conscience 사회적 양심
- qualms of conscience 양심의 가책

legend

[lédʒənd]

전설, 전설적 인물

There are a lot of ancient legends told in this area.
이 지방에는 옛날의 전설이 많이 있다.

☑ legendary (형) 전설의

myth

[míθ]

신화, 지어낸 이야기, 미신

The mountain is famous in myth and legend.
그 산은 신화나 전설로 잘 알려져 있다.

☑ mythology (명) (집합적으로) 신화
- the Greek myths 그리스 신화

ambition

[æmbíʃən]

야망
(동) 열망하다

He has great ambitions.
그는 여러 가지 큰 야심을 가지고 있다.

☑ ambitious (형) 대망을 품은
- be ambitious for~ ~을 열망하다
- ambition for distinction 공명심

enthusiasm
[inθú:ziæzm]

열광, 열중

I have a feeling of enthusiasm for this project.
나는 이 계획에 매우 열중하고 있다.

- with enthusiasm 열심히

fuel
[fjú:əl]

연료, 식량
동 ~에 연료를 공급하다

We need a new form of fuel to replace petroleum and coal.
우리는 석유와 석탄을 대신할 새로운 형태의 연료를 필요로 한다.

- liquid fuel 액체 연료
- solid fuel 고체 연료
- nuclear fuel 핵연료
- fuel a ship 배에 연료를 공급하다

liquid
[líkwid]

액체, 유동체
형 액체의

Pour the liquid into the empty glass.
그 액체를 빈 컵에 부어라.

- liquid diet(food) 유동식
- liquid air 액체 공기
- liquid capital 유동 자본

※ gas 기체, fluid 유동체, solid 고체

dignity
[dígnəti]

위엄, 존엄, 명예

A great man can maintain his dignity in any state.
위대한 사람은 어떤 상태에 있든 위엄을 유지할 수 있다.

- stand on one's dignity 거드름 피우다
- with dignity 위엄을 갖추어
- man of dignity 위엄이 있는 사람
- human dignity 인간의 존엄
- dignity of labor 노동의 존엄성

psychology
[saikálədʒi]

심리학, 심리

He studied psychology at Seoul University.
그는 서울대에서 심리학을 공부했다.

☑ psychological 형 심리학의, 심리적인
  psychologist 명 심리학자

- child psychology 아동 심리학
- group psychology 집단 심리학
- criminal psychology 범죄 심리학

slave
[sléiv]

노예

As I would not be a slave, so I would not be a master.

나는 노예가 되고 싶지 않듯이 주인도 되고 싶지 않다.

☑ **slavery** 몡노예의 신분, 노예 제도

- slave to ~ ~의 노예
- make a slave of ~ ~을 노예처럼 부려먹다

liberty
[líbərti]

자유, 해방

President Lincoln granted liberty to slaves.

링컨 대통령은 노예들에게 자유를 주었다.

☑ **liberal** 혱자유로운
   liberate 통~을 해방하다

- at liberty to ~ ~제멋대로
- religious liberty 종교의 자유
- defend one's liberty 자유를 지키다

※ liberty는 억압에서 해방된 자유, freedom은 속박이 없는 자유

load
[lóud]

(무거운) 짐, 무게, 부담
통짐을 싣다
~에 장전하다

John was carrying a heavy load on his shoulder.

존은 어깨에 무거운 짐을 메고 나르고 있었다.

- load A with B A에 B를 쌓다
- load of sin 죄의 무거운 짐

burden
[bə́:rdn]

부담, 짐, 중책
통무거운 짐을 지우다

His old mother has become a burden to him.

그의 노모가 그에게는 짐이 돼 있었다.

- be a burden to ~ ~의 부담이 되다
- burden of proof 입증 책임

medicine
[médisn]

약, 의학

You should take the medicine three times a day.

너는 하루에 세 번 약을 먹어야 한다.

☑ **medical** 혱의학의

- medicine for a cold 감기약

disease
[dizíːz]

질병, 퇴폐, 부패

It took 3 months for her to recover from the disease.
그녀가 그 병에서 회복하는 데에 3개월이 걸렸다.

- acute (chronic) disease 급(만)성 질환
- family disease 유전병
- social disease 사회적 병폐

※ 병명이 확실한 병

danger
[déindʒər]

위험, 위협, 경고

The police fear the mountain climbers are in danger.
경찰은 그 등산객들이 위험한 상태에 처할까 봐 걱정하고 있다.
A little learning is a danger thing.
선무당이 사람 잡는다.

☑ dangerous 형 위험한

- in danger 위험에 직면해서
- be danger of~ ~할 위험이 있다
- risk danger 위험을 무릅쓰다

crisis
[kráisis]

위기, 사태

There will be an economic crisis at the end of this year.
금년 말에 경제 위기가 올 것이다.

☑ critical 형 위태로운, 비평의

- financial crisis 금융(재정) 위기
- avert a crisis 위기를 회피하다
- overcome a crisis 위기를 극복하다

threat
[θrét]

위협, 우려, 징조

We mustn't give in to any threat.
어떤 위협에도 굴복해서는 안 된다.
There is a threat of snow.
눈이 올 것 같다.

☑ threaten 동 ~을 위협하다, ~의 징조를 보이다
　 threatening 형 위협하는

- serious threat to democracy 민주주의에 대한 중대한 위협

reign
[réin]

통치, 지배

The king's reign lasted ten years.
그 왕의 통치는 10년간 계속되었다.

- reign of law 법치주의
- reign over people 국민 위에 군림하다

passenger

[pǽsəndʒər]

승객, 여행자

Mobile phones can disturb other passengers.
휴대전화는 다른 승객에게 피해가 될 수 있다.
- ☑ **passage** 몡 통행
- foot passenger 보행자, 통행인
- passenger car 객차

---

pain

[péin]

아픔, 고통
(~s)노고, 고생

I took great pains to solve this question.
나는 이 문제를 푸는 데에 무척 힘들었다.
- ☑ **painful** 혱 아픈, 괴로운
  painstaking 혱 애쓴
- back pain 등의 통증

---

fatigue

[fətíːg]

피로, 피곤
동 ~을 지치게 하다

The missing boy was found almost dead from cold and fatigue.
행방불명이었던 소년은 추위와 피로로 빈사 상태가 되어 발견되었다.
I was fatigued with work.
나는 일에 지쳐 있었다.

---

triumph

[tráiəmf]

승리, 대성공
동 이기다

There was triumph on her face.
그녀의 얼굴에는 승리의 빛이 역력했다.
- ☑ **triumphant** 혱 의기양양한
- in triumph 의기양양하게
- triumphs of modern science 현대 과학의 개가

---

right

[ráit]

권리, 정의
혱 옳은, 정확한

You have the right to remain silent.
당신은 묵비권을 행사할 권리가 있다.
- win(gain) a right 권리를 획득하다
- give up a right 권리를 포기하다
- right to vote 투표권
- right of way 통행권

---

vote

[vóut]

투표, (the ~) 투표권, 표
동 투표하다, 표결하다

He cast his vote for(against) the proposal.
그는 그 제안에 찬성(반대)의 한 표를 던졌다.
- vote for~ ~에 투표하다
- direct vote 직접 투표
- open(secret) vote 기명(무기명) 투표

privilege

[prívəlidʒ]

특권, 혜택, 영광

We give foreign tourists the privilege of tax exemption.

외국인 여행자에게는 면세의 특권이 있다.

- ☑ privileged 형 특권이 있는
- privileged classes 특권 계급
- parental privilege 친권

revolution

[rèvəlúːʃən]

혁명, 개혁, 회전
(천체의) 공전

Suddenly a revolution broke out in Albania.

갑자기 알바니아에서 혁명이 일어났다.

The earth makes one revolution round the sun each year.

지구는 매년 태양 주위를 1회 회전한다.

- ☑ revolve 동 회전하다
  revolutionary 형 혁명적인
- the Industrial Revolution 산업 혁명
- bloodless revolution 무혈 혁명

equality

[ikwάləti]

평등, 동등

They live in a state of equality.

그들은 평등하게 살고 있다.

- ☑ equal 형 똑같은, ~에 필적하는 동 ~과 같다
- racial equality 인종적 평등
- equality in size 크기가 같은
- equality between the sexes 남녀 평등
- equality of opportunity 기회의 균등

justice

[dʒʌstis]

정의, 정당
사법, 재판관

You should treat all men with justice.

모든 사람을 공정하게 취급하지 않으면 안 된다.

- in justice to ~ 사람(물건)을 공평하게 다루다
- man of justice 정의로운 사람
- sense of justice 정의감 • social justice 사회 정의
- justice of a claim 요구의 정당성

accident

[æksidənt]

사고, 재난
우연한 사고

There was an accident yesterday on that corner.

어제 저 모퉁이에서 사고가 있었다.

- ☑ accidental 형 우연한
- by accident 우연히
- accidental fire 실화

victory

[víktəri]

승리, 정복

The Lions had a string of victories last month.
라이온즈 팀은 지난 달 연전연승했다.

- ☑ victorious 형 승리하는
  victor 명 승리자
- gain a victory over~ ~에 이기다
- decisive victory 결정적인 승리
- easy(narrow) victory 낙승(신승)

crime

[kráim]

죄, 범죄

Murderers always return to the scene of the crime.
살인범은 반드시 범행 현장으로 돌아온다.

- ☑ criminal 형 범죄의, 형법의 명 범인
- perfect crime 완전 범죄
- commit a crime 범죄를 저지르다
- crime rate 범죄율

sentence

[séntəns]

판결, 문장
동 ~에게 판결을 내리다

He is under sentence of death.
그는 사형 선고를 받았다.

The English teacher likes to dictate a long sentence to the class.
영어 선생님은 수업에서 긴 문장을 받아쓰게 하기를 즐겨 하신다.

- severe sentence 중형
- ten-year prison sentence 징역 10년형
- life sentence 종신형
- death sentence 사형 판결

prison

[prízn]

교도소, 감금

He was sent to prison for two years.
그는 2년 간 감옥에 보내졌다.

- ☑ prisoner 명 죄수, 포로
  imprisonment 명 투옥
- be in prison 수감(구류)중이다
- break prison 탈옥하다
- prison camp 포로 수용소

desert¹

[dézərt]

사막, 황무지 형 불모의

This plant grows in desert region.
이 식물은 사막 지대에서 자란다.

- the Sahara Desert 사하라 사막
- desert island 무인도

cell
[sél]

세포, 방, 독방

These cells produce protein.
이 세포들은 단백질을 만들어낸다.
- ☑ **cellular** 형 세포의
  - cellular phone 휴대 전화
  - cancer cells 암세포

sacrifice
[sǽkrəfàis]

희생, 산 제물

The war involved the sacrifice of many lives.
전쟁으로 많은 인명이 희생되었다.
- at the sacrifice of~ ~을 희생하여
- great sacrifice 순국
- human sacrifice 인신 제물

shelter
[ʃéltər]

보호, 대피소
동 ~을 보호하다, 피난하다

He built a nuclear bomb shelter under his house.
그는 지하에 핵 피난처를 만들었다.
- air-raid shelter 방공호
- bus shelter 버스 대기소
- food, clothing and shelter 의식주

perspiration
[pə̀ːrspəréiʃən]

땀, 발한, 노력

There was a film of perspiration on his forehead.
그의 이마에 땀이 맺혔다.
- ☑ **perspire** 동 땀을 흘리다
  - a drop of perspiration 한 방울의 땀

mankind
[mǽnkáind]

인류, 인간

Atomic power is a two-edged sword to mankind.
원자력은 인류에게 양날의 검이다.
- welfare of mankind 인류의 복지

humanity
[hjuːmǽnəti]

인간성, 인류
자비, 친절

Jesus Christ has probably influenced humanity more than anyone who ever lived.
예수는 이제까지 어느 누구보다 인류에게 강한 영향을 주었다.
- ☑ **human** 형 인간의 명 사람
  - **humane** 형 인간적인
  - **humanitarian** 형 인도주의의
  - **humanitarianism** 명 인도주의
- out of humanity 자비심에서
- crimes against humanity 비인도적 범죄

pedestrian
[pədéstriən]

보행자 형 도보의

A pedestrian was killed in the traffic accident.
그 교통사고로 보행자 한 명이 사망했다.
- pedestrian bridge 보행교
- No pedestrians 보행자 통행금지

hunger
[hʌ́ŋɡər]

굶주림, 갈망
동 굶주리다, 열망하다

A piece of bread was not enough to satisfy their hunger.
한 조각의 빵으로 그들의 굶주림을 만족시키기에는 충분하지 않았다.
Hunger is the best sauce.
시장이 반찬이다.

☑ hungry 형 배고픈
- feel hunger 시장기를 느끼다
- die of hunger 굶어 죽다
- hunger for fame 명예욕

thirst
[θəːrst]

갈증, 갈망
동 목이 마르다

We never satisfied our feelings of thirst when (while) we were in the desert.
사막에 있을 때, 우리는 결코 갈증을 풀지 못했다.

☑ thirsty 형 목이 마른
- thirst for knowledge 지식욕
- thirst to be famous 유명해지고 싶은 열망

disaster
[dizǽstər]

재해, 사고
완전한 실패

Earthquake and floods are natural disasters.
지진과 홍수는 자연 재해(천재)이다.

☑ disastrous 형 처참한
- man-made disaster 인재
- disaster area 재해 지역

famine
[fǽmin]

기근, 흉작, 기아

Famine has struck at least one area of the world every few years.
기근은 수년마다 적어도 세계의 어딘가에서 일어났다.
- house famine 주택난

drought
[dráut]

가뭄, 부족

Crops in the whole area shriveled in the drought.
가뭄 때문에 전 지역의 농작물이 말라죽었다.
- serious drought 심한 가뭄

poverty

[pávərti]

가난, 부족

The mother had to forsake her children due to poverty.
그 어머니는 빈곤 때문에 아이들을 버리지 않으면 안 되었다.

- poverty of blood 빈혈
- poverty of vitamins 비타민 부족

※ poor의 명사형

hardship

[háːrdʃip]

고난, 궁핍

Hunger is a hardship.
배고픔은 고통이다.

- bear hardship 고난을 견디다
- hardship of life 생활고

damage

[dæmidʒ]

손해, 피해, 배상금
동 ~에 손해를 입히다

The storm did a lot of damage.
폭풍은 많은 손해를 입혔다.

- bit of damage 작은 손해
- a lot of damage 큰 손해

tragedy

[trædʒədi]

비극, 참사

I prefer tragedy to comedy.
나는 희극보다 비극이 좋다.

It was a great tragedy for us.
그것은 우리에게 큰 비극이었다.

☑ tragic 형 비극적인

- tragedy king 비극 배우
- tragedy of war 전쟁의 비극

misery

[mízəri]

비참, 불행, 고통

Don't be such a misery!
그렇게 불평만 하지 마라!

Tell me the end of the story, put me out of my misery.
약올리지 말고 그 이야기의 결말을 얘기해 봐.

Misery me!
(탄식하여) 이게 뭐람!

☑ miserable 형 비참한

- be in misery with~ ~으로 괴로워하다
- live in misery 궁핍한 생활을 하다

tear [1]

[tíər]

(~s) 눈물, 물방울
슬픔, 찢음, 째진 틈

She ran away with tears in her eyes.
그녀는 눈물을 글썽이며 도망쳤다.

She tore the letter into little bits.
그녀는 편지를 잘게 찢었다.

- burst into tears 와락 눈물을 터뜨리다
- tears of joy 기쁨의 눈물

---

infant

[ínfənt]

갓난 아기, 유아
형 유아의, 어린

Kindergarten will be the first gateway for infants to learn sociality.
유치원은 유아들이 사회성을 배울 수 있는 첫 관문이 될 것이다.

☑ infancy 명 어릴 때, 초기, 유년기

- infant years 유년기
- infant industry 신생 산업

---

nursery

[nə́:rsəri]

육아실, 보육원

She went to work, leaving her baby to the care of a nursery.
그녀는 보육원에 아기를 맡겨두고 일하러 갔다.

☑ nurse 명 유모, 간호사 동 간호하다

- nursery rhyme 동요

---

cradle

[kréidl]

요람, (the~)유년시대
발상지

The old man pointed to the cape, which is the cradle of civilization, with his cane.
노인은 문명 발상지인 그곳을 지팡이로 가리켰다.

- rock a cradle 요람을 흔들다
- cradle of civilization 문명의 발상지

---

grave [1]

[greiv]

무덤, 죽음

We visited our grandfather's grave.
우리는 할아버지 묘를 참배했다.

- dig one's own grave 자멸하다
- worship at a grave 묘에 참배하다
- dread the grave 죽음을 무서워하다

※ tomb는 묘석이 있는 큰 묘

trash
[træʃ]
쓰레기, 잡동사니

We produce huge amounts of trash every day.
우리는 매일 거대한 양의 쓰레기를 만들어낸다.
- trash can 쓰레기통

mischief
[místʃif]
장난, 해악, 재해

The girl's eyes were full of mischief.
그 소녀의 눈은 장난기로 가득 차 있었다.
- come to mischief 재난을 만나다
- go (get) into mischief 장난을 시작하다
- a piece of childish mischief 유치한 장난

limitation
[lìmətéiʃən]
제한, 규제, (~s)한계

Limitation of armaments will administer to world peace.
군비 제한은 세계 평화에 기여할 것이다.
- limitation on imports 수입 제한
- knows one's limitation 자기의 한계(분수)를 알다

※ limit의 명사형

traffic
[træfik]
교통, 왕래, 차량

I made a detour to beat the traffic jam in the main street.
주요 도로의 교통 정체를 피하기 위해 우회했다.
- traffic accident 교통 사고
- traffic regulation 교통 규칙
- traffic jam 교통 정체

vehicle
[víːikl]
이동수단, 차량
매개물

The invention of the wheel has greatly improved the human vehicles.
바퀴의 발명은 인간의 수송 수단을 크게 진보시켰다.
- space vehicle 우주선

wheel
[hwíːl]
차바퀴, 핸들
동 ~을 회전시키다

They heard the sound of carriage wheels coming down the dark road.
그들은 어두운 길에서 마차 바퀴소리가 가까이 다가오는 것을 들었다.
- ☑ wheelchair 명 휠체어
- at the wheel 운전하여

carriage

[kǽridʒ]

마차, 객차
운반, 몸가짐

The first-class carriages are in front.
1등 객차는 앞쪽에 있다.

☑ carrier 몡 운송인, 보균자

- closed(open) carriage 유·(무)개 마차
- sleeping carriage 침대차
- graceful carriage 우아한 몸가짐

※ carry의 명사형

---

applause

[əplɔ́:z]

박수, 성원, 칭찬

Let's hear another round of applause for the last performer.
마지막 연주에 다시금 박수를 보냅시다.

☑ applaud 통 ~에게 박수를 치다

- burst of applause 갑자기 터진 박수갈채

---

candidate

[kǽndidèit]

후보자, 지원자

Mr. Jung will be the New Democratic candidate for President.
정씨가 신민주당 대통령 후보가 될 것이다.

- put up a candidate 후보를 내세우다
- run candidate at~ ~에 입후보하다
- candidate for an exam 수험생

---

advocate

[ǽdvəkèit]

옹호자, 지지자
통 주장(지지)하다

Our group is an advocate of equal opportunity.
우리 단체는 기회 균등의 지지자이다.

- birth control advocate 산아 제한 주장자
- advocate of peace 평화론자
- advocate peace 평화론을 제창하다

---

scholarship

[skάlərʃìp]

장학금, 학문

The university granted him a scholarship.
대학은 그에게 장학금을 주었다.

☑ scholar 몡 (인문계의) 학자
　 scholarly 혱 학자의, 박식한

- award(receive, win) a scholarship 장학금을 주다(받다)
- study on a scholarship 장학금을 받고 공부하다
- a scholarship student 장학생

---

client

[kláiənt]

의뢰인, 고객
단골손님

Mr. Michael tried to get Hyundai Motors to be a client of his company.
마이클씨는 현대자동차 회사를 자기 회사의 고객이 되게 하려고 노력했다.

- potential client 잠재 고객

pension

[pénʃən]

연금, 퇴직금

He lives on a pension.
그는 연금으로 생활하고 있다.

- live on one's pension 연금으로 생활하다
- retire on a pension 연금을 받고 퇴직하다
- old-age pension 노령 연금

insurance

[inʃúərəns]

보험, 보험금
보호 수단 혱 보험의

You need to have insurance if you are going to own a car.
자동차를 소유하려면 보험에 들어야 할 것이다.

- accident insurance 상해 보험
- unemployment insurance 실업 보험
- life insurance 생명 보험

compliment

[kámpləmənt]

찬사, (~s) 인사
동 ~에게 찬사를 말하다

I do thank you for the really great compliment.
당신의 훌륭한 칭찬에 감사드립니다.

- empty compliment 입에 발린 칭찬
- compliment of the season 계절 인사

industry

[índəstri]

산업, 제조업, 근면

Industry thrives in this area.
이 지역에서는 산업이 번창하고 있다.

You cannot succeed without industry.
너는 근면하지 않으면 성공할 수 없다.

☑ industrial 혱 산업의
　 industrious 혱 근면한
- growth industry 성장 산업
- high-tech industry 첨단 산업
- heavy industry 중공업

tribute
[tríbju:t]
찬사, 진상품 , 공물

We bowed our heads in silent and pay tribute to her memory.
우리는 조용히 그녀의 명복을 빌며 고개를 숙였다.
- pay tribute to~ ~에게 경의를 표하다
- tribute of praise 찬사

grocery
[gróusəri]
식품점

I bought some cans of fruit at the grocery.
나는 식품점에서 과일 통조림 몇 개를 샀다.
☑ grocer 명식료 잡화상

stationery
[stéiʃənèri]
문방구, 문구

She works at a stationery store.
그녀는 문구점에서 일한다.
☑ stationer 명문방구

※ stationary(움직이지 않는)와 발음이 같으니, 철자에 주의

envelope
[énvəlòup]
봉투, 싸는 것

She folded the letter in half and put it in the envelope.
그녀는 편지를 반으로 접어서 봉투에 넣었다.
☑ envelop 동~을 싸다, ~을 봉해 넣다
　 envelopment 명포장

baggage
[bǽgidʒ]
수화물, 가방

All the baggage was put on the car.
짐은 모두 차에 실렸다.
- a piece of baggage 수화물 한 개

※ 영국에서는 luggage라고 함

contract
[kántrækt]
계약, 계약서
동 계약하다

We have a five-year contract with this company for the supply of automobile parts.
우리는 이 회사와 5년간의 자동차 부품 공급 계약을 맺고 있다.
☑ contractor 명계약자, 건설업자
- written contract 서면 계약
- verbal(oral) contract 구두 계약
- draw up a contract 계약서를 작성하다

corporation
[kɔ̀ːrpəréiʃən]
기업, 회사, 법인

He didn't want to work for a small corporation.
그는 소기업에서 일하고 싶지 않았다.

- trading corporation 무역 회사
- corporation law 회사법
- multinational corporation 다국적 기업

monopoly
[mənápəli]
독점(권), 전매(권)

The only supermarket in the town has a monopoly on almost all commodities.
마을에서 유일한 그 슈퍼마켓이 거의 모든 상품을 독점하고 있다.

☑ monopolize 통~을 독점하다

- make a monopoly of~ ~을 독점하다
- government monopoly 정부의 전매
- monopoly of oil 석유의 독점(권)

code
[kóud]
암호, 부호, 법규

This letter is written in code.
이 편지는 암호로 씌어 있다.

☑ encode 통~을 암호화하다
decode 통~을 해독하다

- in code 암호로
- civil code 민법(전)
- criminal code 형법(전)
- moral code 도덕률

colleague
[káliːg]
(관직, 직업상의) 동료

Do you get along well with your colleagues?
동료와 잘 지내고 있느냐?

☑ colleagueship 명동료 관계

※ 일반적으로 co-worker라고 함

peer
[píər]
동료

To lose face before one's peers is a terrible thing.
동료 앞에서 체면이 상하는 것은 참을 수 없는 일이다.

- without a peer 비길 데 없는

※ 나이나 지위가 동등한 사람

79

fellow

[félou]

녀석, 동료, 동년배

He's a funny fellow.
그는 재미있는 녀석이다.
Poor fellow!
가엾어라!, 불쌍한 녀석!

- fellows in crime 공범자
- fellows at school 동창생

※ 친근하게 부르는 말

---

grief

[gríːf]

큰 슬픔, 재난

The parents suffered terrible grief at the loss of their only child.
그 부모는 외아들을 잃고 슬픔에 빠졌다.
Time tames the strongest grief.
세월이 약이다.

☑ grieve 통 몹시 슬퍼하다(슬프게 하다)
grievous 형 슬프게 하는, 지독한

---

sorrow

[sárou]

슬픔, 후회
통 슬퍼하다

He has seen all the joys and sorrows in life.
그는 인생의 모든 기쁨과 슬픔을 보아 왔다.

☑ sorrowful 형 슬픈

- in sorrow and in joy 슬프거나 즐겁거나

---

distress

[distrés]

고민, 고통, 곤란
통 근심하게 하다

She is in economic distress.
그녀는 경제적으로 고통을 받고 있다.

- suffer distress 비탄에 잠기다
- economic distress 생활고
- be distressed for money 돈에 쪼들리다

---

solitude

[sálətjùːd]

고독, 외딴 곳

People need a chance to reflect on spiritual matters in solitude.
사람들은 혼자 영적인 문제에 대해 곰곰히 생각해 볼 기회가 필요하다.

☑ solitary 형 고독한

- in solitude 고독하게

dread

[dréd]

공포, 불안

[동] ~을 두려워하다

Earthquakes have inspired dread and superstitious awe since ancient times.

지진은 태고 시대부터 공포와 미신적 두려움을 일으켰다.

A burnt child dreads the fire.

자라 보고 놀란 가슴 솥뚜껑 보고 놀란다.(속담)

☑ dreadful [형] 무서운

※ fear 보다 의미가 강하다

religion

[rilídʒən]

종교, 신조

Buddhism is one of the world s major religions.

불교는 세계의 주요 종교 중 하나이다.

☑ religious [형] 종교의, 믿음이 깊은

● primitive religion 원시 종교

belief

[bilíːf]

믿음, 확신, 신념

My belief is that the pen is mightier than the sword.

펜이 칼보다 강하다라는 것이 나의 신념이다.

☑ believe [동] 믿다, 생각하다

● believe in~ ~의 존재를 믿다, ~을 좋다고 생각하다

● Believe it or not, that is a fact 믿거나 말거나 그것은 사실이다

faith

[féiθ]

신뢰, 신앙, 믿음

I have no faith in a silly superstition.

나는 어리석은 미신을 믿지 않는다.

☑ faithful [형] 충실한

● in good(bad) faith 성실(불성실)하게, 신뢰(불신)하여

● faithful copy 원본 그대로의 사본

● faithful translation 충실한 번역

품사의 전환 (동사 → 명사)

- ure

depart 출발하다 ▶ departure 출발
fail 실패하다 ▶ failure 실패
please 기뻐하다 ▶ pleasure 즐거움
sign 서명하다 ▶ signature 서명

- ry

discover 발견하다 ▶ discovery 발견
inquire 묻다 ▶ inquiry 조사
recover 회복하다 ▶ recovery 회복
injure 해치다 ▶ injury 해, 부상

- age

marry 결혼하다 ▶ marriage 결혼
pass 지나가다 ▶ passage 통과
break 깨뜨리다 ▶ breakage 파손
store 저장하다 ▶ storage 저장

- th

die 죽다 ▶ death 죽음
grow 성장하다 ▶ growth 성장

- ance

endure 참다 ▶ endurance 인내
remember 기억하다 ▶ remembrance 기억
signify 의미하다 ▶ significance 의미

- ation

explain 설명하다 ▶ explanation 설명
prepare 준비하다 ▶ preparation 준비
organize 조직하다 ▶ organization 조직

- ence

confer 협의하다 ▶ conference 회의
exist 존재하다 ▶ existence 존재
occur 발생하다 ▶ occurrence 발생
refer 언급하다 ▶ reference 언급

- tion

act 행동하다 ▶ action 행동
collect 수집하다 ▶ collection 수집
describe 설명하다 ▶ description 서술, 설명
intend ~할 작정이다 ▶ intention 의도
resolve 결심하다 ▶ resolution 결심

- sion

conclude 결론짓다 ▶ conclusion 결론
discuss 토론하다 ▶ discussion 토론
permit 허가하다 ▶ permission 허가
succeed 계속하다 ▶ succession 연속

- t

complain 불평하다 ▶ complaint 불평
pursue 추적하다 ▶ pursuit 추격
conquer 정복하다 ▶ conquest 정복
require 요구하다 ▶ request 요구

- ce, -cy

advise 충고하다 ▶ advice 충고
choose 고르다 ▶ choice 선택
devise 고안하다 ▶ device 고안
prophesy 예언하다 ▶ prophecy 예언

- ce

defend 방어하다   ▶ defence 방어
pretend ~체하다   ▶ pretence 가식, 핑계

- on

compare 비교하다   ▶ comparison 비교
suspect 의심하다   ▶ suspicion 의심, 혐의
achieve 성취하다   ▶ achievement 성취
develop 발전하다   ▶ development 발전
improve 개선하다   ▶ improvement 개선

- al

approve 승인하다   ▶ approval 승인
arrive 도착하다   ▶ arrival 도착
deny 부정하다   ▶ denial 부정
dismiss 해고하다   ▶ dismissal 해고
remove 제거하다   ▶ removal 제거, 이동
try 시도하다   ▶ trial 시도, 시련

v → f

believe 믿다   ▶ belief 믿음
grieve 슬퍼하다   ▶ grief 슬픔
live 살다   ▶ life 생명
prove 증명하다   ▶ proof 증명
relieve 구조하다   ▶ relief 구조

- ght

see 보다   ▶ sight 시력, 봄
think 생각하다   ▶ thought 생각

endure
[indjúər]
견디다, 참다

The pioneers endured many hardships.
선구자들은 많은 곤란을 견뎌냈다.
I couldn't endure his selfishness.
나는 그의 이기적인 태도를 참을 수 없었다.

☑ endurance 몡 인내(력), 지구력
  enduring 혱 인내심이 강한, 지속하는

---

endeavor
[indévər]
노력하다 몡 노력

He endeavored to arrange an agreement between two countries.
그는 양국간에 협정을 맺게 하려고 노력했다.

● make one's best endeavor 최선을 다하다

---

cultivate
[kʌ́ltəvèit]
재배하다, 개발하다

Sports are effective to cultivate friendship.
스포츠는 우정을 쌓는 데에 효과적이다.

☑ cultivation 몡 재배
  cultivator 몡 경작자

---

polish
[páliʃ/pɔ́l-]
~을 닦다, ~을 다듬다
몡 윤내기, 광택

You have to polish up your English before you go abroad.
너는 해외에 가기 전에 영어실력을 연마해야 한다.

☑ polished 혱 매끄럽게 된, 품위 있는
● polish up~ ~에 광을 내다, ~을 숙달시키다

---

proceed
[prəsíːd]
계속하다, 진행하다

The construction of the building was proceeding as planned.
그 건물의 건설은 예정대로 진행되고 있었다.

☑ procedure 몡 진행, 절차
  process 몡 과정, 제조법 통 ~을 가공하다
● proceed to~ ~으로 나아가다
● proceed on~ ~에 따라 행동 (진행)하다

develop

[divéləp]

발전하다, 개발하다
만들다

They developed a special computer system.
그들은 특별한 컴퓨터 시스템을 개발했다.

☑ developed 웹 발달된
developed 명 발전, 개발
● developing countries 개발 도상국

produce

[prədjúːs]

생산하다, 만들다

The factory can produce 300 TV sets a day.
그 공장은 하루에 300대의 텔레비전을 생산할 수 있다.

☑ production 명 생산 / product 명 산물, 성과
productive 웹 생산적인
reproduce 통 ~을 재생하다, (종족)을 번식시키다
● produce the goods 기대에 부응하다, 약속을 지키다

behave

[bihéiv]

처신(행동)하다

How should you behave in such a case?
그럴 때 당신은 어떻게 처신하겠습니까?
The little ones didn't behave.
아이들은 버릇이 없었다.
behave(yourself!)
얌전히 굴어라!

☑ behavior 명 행동

complain

[kəmpléin]

불평하다, 호소하다

She is always complaining of her children.
그녀는 늘 그녀의 아이들에게 잔소리를 한다.
I complained to the police about the noise
next door.
나는 이웃집의 소음을 경찰에 호소했다.

☑ complaint 명 불평, 호소, 고소
● complain about(of)~ ~에 대해 불평하다
● complain against~ ~에 대해 항의하다

hate

[heit]

미워하다, 증오하다
명 증오

He hates me for it.
그는 그 일 때문에 나를 미워한다.

☑ hatred 명 증오
hateful 웹 미운, 가증스러운

※ dislike보다 의미가 강하고, detest보다 약하다

despise [dispáiz] 경멸하다, 깔보다	**The rich sometimes despise the poor.** 부자들은 때때로 가난한 사람들을 깔본다. ☑ **despicable** 휑 천한, 비열한
ignore [ignɔ́:r] 무시하다, 묵살하다	**He ignored the traffic light.** 그는 교통신호를 무시했다. ● ignore another's remarks 남의 의견을 무시하다 ※ disregard보다 의미가 강하다.
neglect [niglékt] 무시하다, 방치하다 게을리하다	**It is silly of you to neglect your studies.** 학업을 게을리하는 것은 어리석은 짓이다. ☑ **negligent** 휑 태만한 **negligence** 똉 태만 ● with neglect 되는 대로, 아무렇게나 ● neglect one's duty 의무를 게을리하다
appear [əpíər] 나타나다, (~처럼) 보이다 출현하다, 출석하다	**He did not appear until late at night.** 그는 밤늦게까지 나타나지 않았다. ☑ **appearance** 똉 출현, 외관 **apparent** 휑 명백한 **apparently** 閉 겉보기에는, 명백히 ● It appears (to me) that~ 분명히 ~인 것 같다 ● appear in sight 나타나다, 보이기 시작하다
occur [əkə́:r] (사건 따위가) 일어나다 생각나다	**This incident occurred when their marriage was already on the rocks.** 이 사건은 그들의 결혼이 깨졌을 때 일어났다. ☑ **occurrence** 똉 발생 ● it occurred to me that~ ~가 생각났다

arise

[əráiz]

(문제 따위가) 발생하다
몸을 일으키다

How did this misunderstanding ever arise?
어떻게 이런 오해가 생겼을까?
- arise from the chair 의자에서 일어나다

※ arise - arose - arisen

---

encounter

[inkáuntər]

~와 우연히 만나다
직면하다 명 마주침

Ted happened to encounter the same
lady that he saw in the plane.
테드는 비행기 안에서 만난 그 여성을 우연히 마주쳤다.
- encounter with danger 위험을 만나다

---

create

[kriéit]

창조하다, 일으키다

Air pollution is believed to create the
greenhouse effect.
대기 오염은 온실 효과를 발생시킨다고 여겨졌다.
- ☑ creation 명 창조, 창조물
  creative 형 독창적인
  creature 명 생물
- be creative of~ ~을 창조하다
- God's creatures 신의 창조물

---

succeed

[səksíːd]

성공하다
계속되다, 뒤를 잇다

If you do not succeed at first, you may try again.
처음에 성공하지 못하면, 다시 해 보는 것이 좋다.
- ☑ success 명 성공
  successful 형 성공한
  succession 명 연속, 후계
  successive 형 연속한
- succeed in~ ing ~하는 데에 성공하다
- succeed to~ ~을 계승하다, 상속하다

---

enter

[éntər]

~에 들어가다
~을 기입하다

The man entered my house through the back door.
그 남자는 뒷문을 통해 나의 집으로 들어왔다.
- ☑ entrance 명 입구, 입학(입사), 입장
  entry 명 입구, 입장, 등록
- enter a name 이름을 적어 넣다

fail

[féil]

실패하다, 낙제하다
부족하다

The car failed to stop at the red light.
그 차는 적신호에서 멈추기를 실패했다.

He failed every subject last year.
그는 작년에 전과목에서 낙제했다.

☑ failure 명 실패, 낙제
- fail in~ ing ~하는 데에 실패하다
- fail to do ~ ~하지 못하다(문어체임. 구어체는 cannot do)
- never fail to ~ 반드시 ~하다
- without fail 반드시

---

graduate

[grǽdʒuət]

졸업하다

Sora graduated from college long before her younger sister did.
소라는 자기 여동생보다 훨씬 전에 대학을 졸업했다.

☑ graduation 명 졸업
- graduate from ~ ~을 졸업하다

---

achieve

[ətʃíːv]

달성하다, 성취하다

You cannot achieve anything without effort.
노력 없이는 아무것도 달성할 수 없다.

☑ achievement 명 달성, 업적

---

accomplish

[əkámpliʃ]

(일 등)을 이루다
성취하다

They accomplished their mission without any difficulty.
그들은 아무 어려움 없이 임무를 완수했다.

☑ accomplished 형 완성한, 교양이 있는
  accomplishment 명 업적, 완성, (~s)소양

---

harm

[háːrm]

~에게 해를 끼치다
명 손해, 상해

Lack of exercise may harm your health.
운동 부족은 건강에 해를 끼칠지 모른다.

☑ harmful 형 해로운
  harmless 형 해가 없는
- come to harm 혼나다, 쓰라림을 겪다
- do~ harm, do harm to~ ~에게 해를 입히다

injure

[índʒər]

~에게 상처를 입히다

His wife is in the hospital because she was injured in a car crash.
그의 아내는 자동차 충돌 사고로 부상 당해 입원해 있다.

☑ injurious 혱 해로운, 상처를 주는
injury 명 부상, 손해

hurt

[hə́:rt]

다치게 하다, 해치다
명 상처, 고통

He was seriously hurt in the car accident.
그는 자동차 사고로 심하게 다쳤다.

● feel hurt 불쾌하게 여기다
● do hurt to~ ~을 해치다

wound

[wú:nd]

~을 상처입히다
명 상처

More than 80 people were killed or wounded in the accident.
그 사고로 80명 이상의 사상자가 있었다.

● willing to wound 악의 있는
● inflict a wound upon a ~ ~에게 상처를 입히다

ruin

[rú:in]

파괴하다, 망쳐놓다
명 폐허

Too much fertilizer and pesticides can ruin soil.
대량의 화학 비료와 살충제는 토양을 망칠 수 있다.

● ruin oneself 파멸하다
● in ruins 폐허가 되어

destroy

[distrɔ́i]

파괴하다, 박살내다

The Brazilian rain forest is being destroyed by too much development.
브라질의 열대 우림은 과도한 개발로 파괴되어 가고 있다.

☑ destruction 명 파괴, 멸망
destructive 혱 파괴적인

● destroy oneself 자살하다

※ destroy는 철저한 파괴, damage는 복구 가능한 파괴

spoil
[spɔ́il]

망쳐놓다
우쭐거리게 하다

We think that the new building under construction will spoil the beauty of the historic site.
건축 중인 새 건물이 유적지의 아름다움을 해칠 것이라고 생각한다.
Spare the rod and spoil the child.
매를 아끼면 아이를 망친다.

- spoil~with praise ~를 칭찬하여 우쭐거리게 하다

---

establish
[istǽbliʃ]

설립하다, 확립하다

The sheriff established order in the town.
보안관은 그 마을의 질서를 확립했다.
This school was established in 1898.
이 학교는 1898년에 설립되었다.

☑ established 휑확립된
  establishment 몡설립

- established fact 확립된 사실
- firmly established scheme 확정된 계획
- establish a business 사업을 시작하다

---

constitute
[kánstətjùːt]

구성하다, 제정하다

The workers constituted themselves into a union.
노동자들은 스스로 노동조합을 결성했다.

☑ constitution 몡헌법

- constitute oneself 스스로 ~이 되다
- constitute oneself a guide 안내역을 자청해 나서다

---

compose
[kəmpóuz]

구성하다, 작곡하다

The troop was composed entirely of American soldiers.
그 부대는 전부 미국 군인으로 구성되어 있다.
She has written the words, and he has composed the music.
그녀가 작사를 했고, 그는 작곡을 했다.

☑ composition 몡작문, 작곡, 구성 / composed 휑침착한
  composer 몡구성자, 작곡가

- be composed of~ ~으로 구성되다
- compose oneself (마음을) 가다듬다

found
[fáund]
~을 창립하다
~에 근거를 두다

The company was founded in 1951.
그 회사는 1951년에 설립되었다.
- ☑ foundation 명 토대, 창립, 기금

organize
[ɔ́:rgənàiz]
조직하다, 구성하다

He has organized the workers into a labor union.
그는 노동자를 조직하여 노동조합을 만들었다.
- ☑ organization 명 기구, 조직화
  organized 형 조직적인, 유기적인

claim
[kleim]
주장하다, 요구하다
명 요구, 권리

He claimed ownership of the store.
그는 그 가게의 소유권을 주장했다.
- ☑ claimant 명 권리 주장자, 원고
- ● lay claim to~ ~에 대한 권리를 주장하다

require
[rikwáiər]
필요로 하다
요구하다

Playing the violin requires much practice.
바이올린을 연주하는 데에는 많은 연습이 필요하다.
- ☑ requirement 명 필요 조건, 요구
- ● It requires that~ ~할 필요가 있다

insist
[insíst]
주장하다, 강요하다

He insisted that we should go to rescue her.
그는 우리가 그녀를 구하러 가야한다고 주장했다.
- ☑ insistence 명 주장, 강요
  insistent 형 강요하는, 집요한
- ● insist on~ ~을 주장하다

persist
[pərsíst]
계속 주장하다
고집하다

They persisted with the tax reform.
그들은 세제 개혁을 끝까지 주장했다.
- ☑ persistence 명 집요함
  persistent 형 고집하는, 집요한
- ● persist in~ ~을 고집하다

recognize

[rékəgnàiz]

~을 보고 알아보다
분간하다, 인정하다

Having seen him only once before,
I didn't recognize him.
단 한 번만 보았으므로, 그를 알아보지 못했다.

☑ recognition 몡 인식, 인정

---

notice

[nóutis]

알아차리다, 주목하다
몡 주목, 사전 통고

We noticed the man enter her room.
우리는 그 남자가 그녀의 방에 들어가는 것을 보았다.

☑ noticeable 혱 이목을 끄는
- take notice of~ ~에 주의를 기울이다
- take no notice of~ ~을 무시하다
- worthy of notice 주목할 만한
- a month's notice 1개월 전의 예고

---

praise

[préiz]

~을 칭찬하다
몡 칭찬

Her performance was praised by the audience.
그녀의 연기는 관중들로부터 찬사를 받았다.

God be praise!
신을 찬미하라, 고마우셔라!

- in praise of~ ~을 칭찬하여
- beyond all praise 이루 다 칭찬할 수 없는

---

respect

[rispékt]

~을 존경하다
몡 존경, (어떤) 점

As a teacher, he was deeply respected.
교사로서 그는 깊이 존경받고 있었다.

☑ respectable 혱 훌륭한
  respectful 혱 경의를 표하는, 정중한
  respective 혱 각각의
- in this respect 이 점에서
- with respect to~ ~에 대하여
- have respect to~ ~와 관계가 있다
- in no respect 어떤 점에서도 ~아닌

---

worship

[wə́ːrʃip]

~을 숭배하다
몡 숭배, 존경

They worshiped him as a hero.
그들은 그를 영웅으로 숭배했다.

- worship money 돈을 숭배하다

admire
[ædmáiər]
존경하다, 감탄하다

Everybody admired his courage greatly.
모든 사람들이 그의 용기에 크게 감탄했다.
We admired the beautiful sunset.
우리는 아름다운 일몰에 감탄했다.
☑ admirer 명 숭배자 / admiration 명 감탄
admirable 형 훌륭한, 기특한
● admire oneself 자부하다, 자만하다

impress
[imprés]
감동시키다
~에게 인상을 주다

The audience was greatly impressed by his speech.
청중들은 그의 연설에 크게 감동을 받았다.
☑ impression 명 인상
impressive 형 감동적인, 인상적인
● be impressed by~ ~에 감동하다
● be favorably impressed 좋은 인상을 받다

appreciate
[əpríːʃièit]
~을 감사하다
~을 높이 평가하다

I appreciate your kindness.
친절에 감사드립니다.
☑ appreciation 명 감사, 평가
appreciative 형 감사의
● be appreciative of~ ~에 감사하다

regard
[rigáːrd]
~을 (~으로) 간주하다
~을 고려하다

We regard him as a great man.
우리는 그를 위대한 사람으로 여긴다.
☑ regardless 형 무관심한
● regardless of~ ~에도 불구하고
● regard A as B A를 B로 여기다
● in regard to (또는 of) ~에 관해서는
● in this regard 이 점에 있어서는

bow
[báu]
(~에게) 인사하다, 절하다
명 인사, 활

The pianist bowed to the audience.
그 피아니스트는 청중에게 절을 했다.
I put an arrow to the bow.
활에 화살을 끼었다.
● make a bow to~ ~에게 절(경례)하다
● exchange bows 서로 인사를 주고 받다

greet

[griːt]

~에게 인사하다
환영하다

Never forget to greet your teacher when you see him in the morning.
아침에 선생님을 만나면 인사하는 걸 잊지 마라.

The hero was being greeted with cheers.
그 영웅은 환호를 받으며 환영받고 있었다.

☑ greetings 몡 인사의 말
greeting card 몡 인사장, 크리스마스 카드, 연하장

---

consider

[kənsídər]

~라고 생각하다
숙고하다

I consider him to be an excellent teacher.
나는 그가 훌륭한 선생님이 될 것이라고 생각한다.

☑ consideration 몡 고려
considerable 혱 상당한, 중요한
considerate 혱 동정심이 많은, 사려 깊은

● all things considered 만사를 고려하여
● to a considerable extent 대단히, 무시못할 정도로

---

conceive

[kənsíːv]

상상하다
~이라고 여기다

For modern man it is impossible to conceive of a world without electricity.
현대인에게 전기가 없는 세계는 상상할 수 없다.

☑ conceivable 혱 상상할 수 있는
concept 몡 생각, 발상, 기본적 태마
conception 몡 개념

---

glance

[glæns]

힐끗 보다

He glanced at her face.
그는 그녀의 얼굴을 힐끗 보았다.

● at a glance 척 보아, 곧
● at first glance 일견하여
● steal a glance at~ ~을 슬쩍 보다

---

stare

[stɛər]

(유심히) 쳐다보다
응시하다

The boy stared at the stranger.
소년은 그 낯선 사람을 응시했다.

● stare~in the face ~의 얼굴을 빤히 쳐다보다
● stare at~ ~를 뚫어지게 바라보다

gaze

[géiz]

(호기심이나 놀라서)
응시하다, 가만히 보다
뗑 응시

They gazed curiously at the strange new visitor.
그들은 낯선 방문자를 흥미 있게 바라보았다.

- gaze away 하염없이 바라보다

please

[plíːz]

~을 기쁘게 하다
~의 마음에 들다

The old woman tried to please her grandson
in every way.
할머니는 모든 수단을 써서 손자를 기쁘게 하려고 했다.

- ☑ pleased 혱 기쁜, 만족스러운
  pleasure 뗑 기쁨
  pleasant 혱 유쾌한, 상냥한
- be pleased with~ ~가 마음에 들다, ~에 기뻐하다
- be pleased to do~ ~해서 기쁘다, 기꺼이 ~하다
- if you please 좋으시다면(please '제발'는 이것의 단축형)

prefer

[prifə́ːr]

~을 더 좋아하다

Most students prefer playing to working.
대부분의 학생은 공부보다 놀기를 좋아한다.

- ☑ preference 뗑 선호
  preferable 혱 오히려 더 나은, 바람직한
- prefer A to B B보다 A를 좋아하다

satisfy

[sǽtisfài]

~을 만족시키다

He was satisfied with his new car.
그는 새 차에 만족했다.

- ☑ satisfaction 뗑 만족
  satisfactory 혱 만족할 수 있는
- make satisfaction for~ ~을 배상하다
- be satisfied with~ ~에 만족하다

depend

[dipénd]

의존하다
믿다, 좌우되다

People depend too much on coal and oil.
사람들은 석탄과 석유에 지나치게 의존하고 있다.

- ☑ dependence 뗑 의존
  dependent 혱 의존하는
- depend on~ ~에 의존하다

rely

[rilái]

의지하다, 믿다

My old parents rely on me for everything.
나의 늙으신 부모님은 모든 것을 나에게 의지하신다.
He cannot be relied upon.
그는 믿을 수 없다.

- ☑ reliable 형 믿을 수 있는
    reliance 명 신뢰
- rely on~ ~에 의존하다
- rely upon it 틀림없이

lean

[li:n]

굽히다, 기울다, 기대다

She leaned forward to hear his explanation.
그녀는 그의 설명을 들으려고 몸을 앞으로 숙였다.

- lean toward (to)~ ~로 기울다

refer

[rifə́:r]

~에게 언급하다
(to) 참조하다

He referred me to you for information.
그가 당신에게 문의하라고 나에게 말했다.

- ☑ reference 명 참조, 참고 문헌
    referee 명 심판, 중재자
- with reference to~ ~에 관하여
- refer to A as B A를 B라고 부르다

supply

[səplái]

~을 공급하다

This is the pipeline which supplies the town with gas.
이것은 마을에 가스를 공급하는 파이프라인이다.

- have a good supply of~ ~를 충분히 준비해 두다
- in short supply 재고가 부족하여

provide

[prəváid]

~에게 주다, 공급하다

We must provide food and clothes for the victims.
우리는 희생자들에게 음식과 옷을 제공해야 한다.

- ☑ provision 명 공급, (~s) 식량
- be provided with~ ~이 준비되어 있다
- be well provided for~ 아무 부족함이 없이 살다
- provide oneself with~ ~을 갖추다(가지다)

allow

[əláu]

허락하다

Democracy allows citizens to decide for themselves matters of importance.

민주주의는 시민에게 중요한 일을 자기 스스로 결정할 권리를 준다.

☑ allowance 명수당, 용돈

- allow for~ ~을 참작하다
- allowing that~ ~이라 하더라도
- allow of~ ~을 허용하다, ~의 여지가 있다

permit

[pərmít]

허가하다

Smoking is not permitted in the station.

역에서 담배를 피우는 것은 허용되지 않는다.

☑ permission 명허가, 허락

※ allow보다 형식을 갖춘 단어

concern

[kənsɔ́ːrn]

영향을미치다
~을 걱정하다
명 관심사, 걱정

I heard something that concerns you.

나는 너에게 관계된 것을 들었다.

The parents were concerned for their children.

그 부모는 자녀들을 걱정했다.

☑ concerning 형~에 관하여

- so (또는 as) far as ... be concerned~ ~에 관한 한
- be concerned about~ ~을 걱정하다
- have no concern with~ ~와는 아무 관계도 없다

relate

[riléit]

~을 관계시키다
연결되다

A closer examination will reveal that these two cultures are related to each other.

좀 더 자세히 살펴보면, 이들 두 문화가 서로 관련돼 있음이 밝혀질 것이다.

☑ relation 명관계, 친족 관계

relationship 명관계

relative 형상대적인

- be relation to(with)~ ~와 관계가 있다
- relating to~ ~에 관하여

add

[ǽd]

~을(~에) 더하다(to)

My mother forgot to add sauce to the salad.
어머니는 샐러드에 소스 넣는 것을 잊으셨다.

- ☑ addition 몡 추가, 덧셈
  - add to~ ~을 더하다
  - add up~ ~을 합계하다
  - in addition 그 위에
  - in addition to~ ~에 더하여

---

accept

[æksépt]

~을 (기꺼이) 받아들이다

He accepted my gift.
그는 나의 선물을 받았다.

I am glad to accept your invitation.
나는 기꺼이 초대에 응하겠다.

- ☑ acceptable 혱 받아들일 수 있는, 마음에 드는
  - acceptance 몡 수용, 수락
  - accept one's hand in marriage ~의 청혼에 응하다

---

admit

[ædmít]

~을 들이다
인정하다, 허락하다

Few politicians admit their mistakes.
자기의 과오를 인정하는 정치가는 거의 없다.

He was admitted to Yonsei University.
그는 연세대학의 입학을 허가받았다.

- ☑ admission 몡 입(입장) 허가
  - admittance 몡 입장 허가, 입장
  - admit~ing ~하는 것을 인정하다

---

gain

[géin]

~을 노력하여 얻다
~를 증가하다
(시계가) 빠르다

At last we gained a victory.
마침내 우리는 승리를 획득했다. (가치 있는 것을 남과 다투어 획득하는 점을 강조한다.)

The church clock gains three minutes a week.
교회의 시계는 일주일에 3분 빠르다.

- gain on(upon)~ ~을 따라붙다, 다가가다
- gain weight 체중이 늘다

---

acquire

[əkwáiər]

얻다, 습득하다

An easy way to acquire a foreign language is to live in the country where it is spoken.
외국어를 습득할 간단한 방법은 그 언어를 말하는 나라에서 사는 것이다.

- ☑ acquired 혱 후천적인
  - acquisition 몡 취득, 습득

obtain

[əbtéin]

~을 (노력하여) 얻다
획득하다

Most of the food was obtained by hunting or fishing.
음식의 대부분은 사냥이나 어업에 의해 얻어졌다.

☑ obtainable 휑 얻을 수 있는

---

offer

[ɔ́ːfər / áf-]

~을 제공하다, 권하다
제시하다 휑 신청, 제안

I offered to help her with her homework.
나는 그녀의 숙제를 도와주겠다고 제안했다.

You offer. 당신이 먼저 값을 말하시오.

● offer one's hand 손을 내밀다, 결혼을 신청하다

---

earn

[ɔ́ːrn]

(돈을) 벌다

He earns five thousand dollars a month by writing novels.
그는 소설을 써서 한 달에 5천 달러를 번다.

☑ earning 휑 벌기, (~s) 소득, 벌이
● earn one's living~ ~로 생계를 꾸려가다
● earn one's way 자립하여 살아가다

---

demand

[dimǽnd]

요구하다, 요청하다
휑 요구, 수요

The policeman demanded that the woman show him her driver's license.
경찰관은 그 여성에게 운전면허증을 제시할 것을 요구했다.

This problem demands further discussion.
이 문제는 더욱 충분한 토의가 필요하다.

● make demands on~ (시간, 돈 따위)를 들게 하다
● on demand 요구에 따라

---

furnish

[fɔ́ːrniʃ]

공급하다, 제공하다
~에 가구를 비치하다

Aunt Janet furnished her room with a bed, dressing table and chair.
자넷 아주머니는 자기의 방에 침대와 화장대와 의자를 들여놓았다.

☑ furniture 휑 가구
● furnish A (with) B A에 B를 공급하다, A에 B를 비치하다
● furnish oneself with ~ ~을 사(가져)오다

grant [grǽnt] ~을 주다, 수여하다 인정하다	He will grant permission for you to go out. 그는 당신이 외출 하는 것을 허락할 것이다. ● granted (that)~ 설사 ~이라 할지라도 ● take ~ for granted ~을 당연한 일로 생각하다
bother [báðər / bɔ́ð-] ~을 괴롭히다 당황케 하다	" What's bothering you?" " I've got something in my eye." "왜 그러니?" "눈에 뭔가 들어간 것 같아" ● bother A with B A를 B로 괴롭히다 ● bother to~ 일부러 ~하다
suffer [sʌ́fər] (피해)를 입다 괴로워하다, 참다	After the accident, he suffered from constant ache in his back. 사고 후, 그는 줄곧 등에 통증을 느꼈다. I cannot suffer his insolence. 나는 그의 무례를 참을 수 없다. ● suffer from~ ~으로 괴로워하다
confuse [kənfjúːz] 혼동하다	Remember that we sometimes confuse freedom with egoism. 우리는 이따금 자유와 방종을 혼동하고 있음을 잊지 말자. ☑ confusion 명 혼란, 혼동 ● confuse A with B A를 B로 혼동하다 ● get (be, become) confused about~ ~에 당황하다
worry [wɔ́:ri/wʌ́ri] 걱정하다 명 걱정, 근심	I'm worried about next week's exams. 나는 내주 시험에 대해 걱정하고 있다. I should worry! 조금도 상관없다! Don't worry. 염려하지 마.
abandon [əbǽndən] 단념하다, 버리다	I don't want to abandon a convention I acquired in childhood. 나는 어린 시절에 얻은 습관을 버리고 싶지 않다. ☑ abandonment 명 포기

obey

[oubéi]

복종하다, 따르다

Adam and Eve obeyed the law of God.
아담과 이브는 신의 섭리에 복종했다.

Do you obey the dictates of your conscience?
너는 양심의 명령에 따르고 있느냐?

☑ obedient 휑 순종하는
　　obedience 몡 순종

bend

[bénd]

~을 구부리다
~을 굴복시키다

The man can bend metal with his mind.
그 남자는 염력으로 금속을 구부릴 수 있다.

● bend oneself to ~ ~에 정력을 쏟다
● bend one's mind to ~ ~에 전념하다

recommend

[rèkəménd]

~을 추천하다

I can recommend him as a superior engineer.
나는 그를 우수한 엔지니어로서 추천할 수 있다.

☑ recommendation 몡 추천, 충고
● recommend A to B A를 B에 추천하다

assure

[əʃúər]

~을 보증하다
~에게 확신시키다

The office manager assured the secretary that
she would receive a raise.
지배인은 비서에게 승급될 것이라고 확신시켰다.

I (can) assure you.
내가 장담할 수 있다.

☑ assurable 휑 보증할 수 있는
　　assurance 몡 보증, 확신
● assure oneself of ~ ~을 확신(확인)하다

convince

[kənvíns]

~에게 확신시키다
~을 설득하다

I cannot convince him (that) it is true.
나는 그에게 그것이 사실임을 납득시킬 수 없다.

☑ convincing 휑 설득력 있는, 확실한
● convince A of B A에게 B를 납득시키다
● be convinced of (that) ~ ~을 확신하다
● convince oneself of ~ ~을 확인(확신)하다

persuade

[pəswéid]

~을 설득하다

He tried to persuade me to study English.
그는 나에게 영어를 공부하라고 설득하려고 했다.

☑ persuasion 몡 설득
persuasive 톙 설득력 있는
- persuade A of B A에게 B를 믿게 하다
- persuade A into doing B A를 설득하여 B하게 하다
- persuade oneself 확신하다

urge

[əːrdʒ]

~을 다그치다
~을 역설하다

Nancy urged me to grant the boy's request.
낸시는 나에게 그 소년의 요청을 들어주라고 재촉했다.

The committee urged that something(should) be done to stop air pollution.
위원회는 대기 오염을 억제하기 위해 어떤 조치가 필요하다고 주장했다.

☑ urgency 몡 긴급, 강요
urgent 톙 급박한
- urge one's way 길을 빨리 가다(서두르다)

promote

[prəmóut]

~을 홍보하다
~을 활성화 시키다

The president published the news that I would be promoted to directorship.
사장은 내가 이사로 승진한다는 소식을 발표했다.

☑ promoter 몡 주동자, 조성자
promotion 몡 촉진, 승진
- promote A to B A를 B로 승진시키다

propose

[prəpóuz]

~을 제안하다
청혼하다

He will soon propose marriage to Nancy.
그는 곧 낸시에게 청혼할 것이다.

☑ proposal 몡 제안, 프로포즈
proposition 몡 제안, 계획
- make~a proposition ~에게 제안하다

argue

[áːrgjuː]

~을 논하다
~라고 주장하다

It is no use arguing with such a foolish man.
그런 바보 같은 녀석과 논의해봤자 소용없다.

☑ argument 몡 논의, 토론
- argue out 논쟁을 끝내다

debate

[dibéit]

~을 토론하다
명 논쟁, 토론회

The teachers debated the problem with the parents.

교사들은 학부모들과 그 문제를 토의했다.

- after much debate 심사 숙고한 후에
- hold a debate on~ ~에 관해 토의하다

---

express

[iksprés]

~을 표현하다 명 급행
형 급행의, 명확한

No words can express how sad I feel because of his death.

그가 죽어서 얼마나 슬픈지 이루 말할 수 없다.

☑ expression 명 표현
expressive 형 표현하는, 표정이 풍부한

- by express 급행으로
- express oneself 느낀 바를 나타내다

---

describe

[diskráib]

묘사하다, 표현하다

He described exactly what had happened in the class.

그는 반에서 일어난 일을 정확히 묘사했다.

☑ description 명 서술, 묘사, 종류
descriptive 형 설명적인, 묘사적인

- beyond description 형용할 수 없을 만큼
- give a description of~ ~을 기술하다

---

mention

[ménʃən]

~에 언급하다
명 언급

He mentioned to me that he would go shopping in Busan.

그는 부산으로 쇼핑하러 간다고 나에게 말했다.

(영) Don't mention it. 천만에, 별말씀을
(미) You're welcome.

- make mention of~ ~에 대해 말하다
- not to mention ~은 말할 것도 없고

---

grasp

[grǽsp]

붙잡다, 이해하다
명 붙잡기, 이해, 파악

I cannot grasp the meaning of this sentence.

나는 이 문장의 뜻을 파악할 수 없다.

- have a good grasp of~ ~를 잘 이해하다
- grasp the gist 요점을 파악하다
- grasp an argument 논점을 이해하다

imply [implái] ~의 뜻을 내포하다 암시하다	She implied to us that she had changed her mind. 그녀는 마음이 변했음을 우리에게 넌지시 알렸다. ☑ implication 뎽함축, 암시 • by (way of) implication 함축적으로
seize [síːz] ~을 잡다, 장악하다 ~을 파악하다	The boy seized the ladder, and began to climb. 그 소년은 사다리를 잡고 오르기 시작했다. **He was seized with terror.** 그는 공포에 사로잡혔다. • seize a rope 로프를 꽉 잡다 • seize the opportunity 기회를 잡다
strip [stríp] ~을 벗기다, 약탈하다	The king was stripped of his power. 그 왕은 권력을 박탈당했다. • strip A of B A에서 B를 벗기다 • strip away 벗겨내다
scratch [skrǽtʃ] ~을 긁다, 지워 없애다 뎽 스크래치	He merely scratched the surface of the subject. 그는 단지 그 문제의 표면만 건드렸다. • scratch a note 짧은 편지를 휘갈겨 쓰다 • from scratch 최초부터
tear ² [téər] 찢다, 잡아뜯다 뎽 찢기	She tore the letter into little bits. 그녀는 편지를 잘게 찢었다. • tear ~ in two ~을 둘로 찢다 • tear up a letter 편지를 찢다 • tear in a dress 옷의 해진 곳 ※ tear[tiər] 눈물과 구별
starve [stáːrv] 굶주리다 , 굶어 죽다	I was greatly shocked at the news that many people were starved to death because of long drought. 오랜 가뭄으로 많은 사람이 굶어 죽었다는 뉴스에 충격을 받았다. • starve for~ ~을 갈망하다 • starve to death 굶어 죽다

ache

[éik]

아프다, 쑤시다
(마음이) 아프다 <small>몡</small> 아픔

My heart aches for the poor orphan.
그 가여운 고아를 생각하면 마음이 아프다.

I ached all over.
온몸이 아팠다.

● ache for~ ~를 사모하다

---

boast

[bóust]

자랑하다
<small>몡</small> 자랑(거리), 허풍

He boasts of being rich.
그는 부자라고 자랑한다.

Seoul boasts many historic buildings.
서울은 많은 역사적 건축물을 자랑한다.(건축물이 많다)

☑ boastful <small>혱</small> 자랑하는, 허풍떠는

● boast of~ ~을 자만하다
● loud boast 호언 장담

---

clap

[klǽp]

(손바닥)을 치다
박수를 보내다 <small>몡</small> 굉음

We all clapped our hands when he ended his song.
그가 노래를 마쳤을 때에 우리는 모두 박수를 쳤다.

● clap a performer 연주자에게 박수를 보내다
● clap of thunder 천둥 소리

---

yell

[jél]

고함치다, 외치다

Mom yelled at me for breaking her favorite dish.
엄마는 내가 엄마의 좋아하는 접시를 깨뜨린 것에 대하여 소리를 질렀다.

● yell for help 소리쳐 도움을 청하다
● yell out an order 큰 소리로 명령하다
● yell with pain 고통으로 소리 지르다

※ scream보다 약함

---

exclaim

[ikskléim]

외치다, 소리치다
절규하다

He exclaimed that she is beautiful.
그는 그녀의 아름다움에 감탄하여 소리를 질렀다.

☑ exclamation <small>몡</small> 감탄, 외침
　 exclamatory <small>혱</small> 감탄하는

● exclaim with delight 기뻐서 소리를 지르다
● exclaim at her beauty 그녀의 아름다움에 탄성을 지르다
● exclaim against interference 간섭에 큰 소리로 항의하다
● exclamatory sermon 감탄사 설교
● exclamatory sentence 감탄사

※ 반드시 큰 소리는 아님

scream

[skri:m]

비명을 지르다
몡 비명

The girls screamed with laughter.
소녀들은 웃으며 소리를 질렀다.

- scream in anger 화가 나서 꽥 소리를 지르다
- give a scream 비명을 지르다

groan

[gróun]

신음하다, 투덜대다
몡 신음 소리, 불평 소리

The wounded groaned for medicine.
부상자들은 신음하며 약을 찾았다.

- groan with pain 아파서 끙끙거리다
- groan inwardly 남몰래 속태우다

roar

[rɔ̀:r]

고함치다, 포효하다
몡 고함

The tiger roared in anger.
호랑이는 화가 나서 울부짖었다.

- roar with laughter 크게 웃다
- roar at a joke 농담에 웃음을 터뜨리다

swear

[swéər]

맹세하다

I swear, John. As of today, I quit smoking.
존, 맹세컨대 나 오늘부터 담배 끊는다.

- swear true love 진정한 사랑을 맹세하다
- swear an oath 선서를 다짐하다

※ 동사 활용(불규칙) swear - swore - sworn

offend

[əfénd]

~을 화나게 하다
~에 불쾌감을 주다

I am offended by his blunt speech.
나는 그의 버릇없는 말에 화가 난다.

- ☑ offense 몡 위반, 범죄
  offensive 혱 불유쾌한, 공격적인
- be offended with~ ~에게 성을 내다
- offend the eye 눈에 거슬리다

curse

[kə́:rs]

~을 저주하다, 욕하다
몡 저주, 재앙

He cursed the driver for being so slow.
그는 느리게 운전하는 것에 대해 운전기사에게 독설을 퍼부었다.

Curses come home to roost.
누워서 침뱉기.

- curse at~ ~에게 욕하다

scold

[skóuld]

꾸짖다, 잔소리를 하다

Mother scolded Bill for being careless.
어머니는 부주의하다고 빌을 꾸짖었다.

- scold at each other 서로 욕하다

reproach

[ripróutʃ]

꾸짖다, 비난하다
圐 잔소리, 비난

He reproached me for being late for class.
그는 수업에 늦었다고 나를 꾸짖었다.

- ☑ reproachful 圀 비난에 찬
- reproachful look 비난의 눈초리
- meet with reproach 잔소리를 듣다

※ 이유를 따지며 꾸짖다.

cheat

[tʃíːt]

~을 속이다, 피하다
圐 속임수, 사기꾼

The old man was cheated of his money by
his son-in-law.
그 노인은 사위한테 돈을 사기 당했다.

- cheat on(in) an examination 시험에서 부정 행위를 하다
- cheat death 죽음을 면하다

pose

[póuz]

포즈를 취하다
(문제 따위를) 제기하다
圐 태도, 포즈

He posed her for a picture.
그는 사진을 찍기 위해 그녀에게 포즈를 취하게 했다.

- ☑ posture 圐 자세, 포즈

accuse

[əkjúːz]

고발하다
~을 비난하다

They were accused of agitating the public.
그들은 대중을 선동했다는 비난을 받았다.

- ☑ accused 圀 고발당한, 비난받는 圐 피고인, 피의자
  accusation 圐 비난, 고발
- accuse A as a murder A를 살인죄로 고발하다
- accuse oneself 자책하다

blame

[bléim]

비난하다, 전가하다
圐 비난, 죄

They blamed the driver for the accident.
그들은 그 사고의 책임을 운전자에게 돌렸다.

Don't blame me.
날 탓하지마.

- blame A for~ ~의 이유로 A를 나무라다
- be to blame 책임이 있다

oblige

[əbláidʒ]

~에게 강요하다
~에게 은혜를 베풀다

I am much obliged to you for your kind help.
당신의 친절한 도움에 대단히 감사드립니다.

I was obliged to go at once.
나는 당장 가지 않을 수 없었다.

☑ obligation 뗑 의무, 은혜
- obligation of tax 납세 의무

---

rob

[ráb / rɔb]

빼앗다, 강탈하다

The bad boy used to rob us of our purses.
그 나쁜 소년은 우리한테 지갑을 빼앗곤 했다.

☑ robber 뗑 강도
   robbery 뗑 강도질, 약탈
- rob A of B A로부터 B를 빼앗다
- bank robbery 은행 강탈
- rob a bank 은행을 털다

---

invade

[invéid]

~에 침입하다

Poland was invaded by Nazi Germany in 1939.
폴란드는 1939년에 나치 독일에 침략 당했다.

☑ invasion 뗑 침략

---

exploit

[iksplɔ́it]

착취하다, 개발하다

Governments are exploiting their natural resources in an attempt to pay off debt burdens.
각국 정부는 부채를 갚으려고 천연 자원을 개발하고 있다.

☑ exploitation 뗑 착취, 개발
- exploit a mine 광산을 개발하다

---

confess

[kənfés]

고백하다, 시인하다

He confessed to killing the boy and abandoning the body.
그는 소년을 죽이고 시체를 유기(내버려둠)했다고 자백했다.

I confess myself (to be) a radical.
나는 내가 급진주의자임을 고백했다.

☑ confession 뗑 자백
- confess one's crime 범행을 자백하다
- confess to a crime 죄를 인정하다

---

deprive

[dipráiv]

빼앗다, 박탈하다

Automation deprives the modern workers of the joy of creation.

자동화는 현대 노동자에게 창조의 즐거움을 빼앗는다.

- deprive A of B A로부터 B를 빼앗다
- deprive oneself 자제하다

repent

[ripént]

후회하다, 회개하다

The murderer repented having killed the child.

살인범은 아이를 살해한 것을 후회했다.

☑ repentance 명 후회

repentant 형 후회하는

- repent doing~ ~한 것을 후회하다
- repent of A's sins A의 죄를 회개하다

overlook

[òuvərlúk]

간과하다
~을 내려다보다

The store is so small that people usually overlook it.

그 가게는 너무 작아서 사람들은 대체로 그냥 지나치고 만다.

The castle overlooks the whole town.

그 성은 마을 전체를 내려다볼 수 있다.

- overlook a A's mistake A의 실수를 눈감아주다
- a house overlooking the ocean 바다가 내려다 보이는 집

forgive

[fərgív]

용서하다, 면제하다

I'll never forgive him for the terrible trick he played on me.

나는 그가 나에게 저지른 끔찍한 짓을 결코 용서할 수 없다.

May you be forgiven!

용서해 주세요.

- forgive A for~ A가 ~하는 것을 용서하다
- forgive a sin 죄를 용서하다

consent

[kənsént]

동의하다, 승낙하다
명 동의, 묵인

He finally consented to our plan.

그는 마침내 우리의 계획에 동의했다.

- consent to a suggestion 제안에 동의하다
- at the mutual consent 상호 합의로
- by common consent 만장일치로

assent

[əsént]

동의하다, 찬성하다
⑲ 동의

He assented to the request of the committee to research into the problem.

그는 그 문제를 조사하려는 위원회의 요청에 동의했다.

- assent to a proposal 제안에 찬성하다

※ consent보다 형식적인 표현

---

arrest

[ərést]

체포하다, 저지하다
⑲ 체포

The police arrested the thief and put him in prison.

경찰은 도둑을 체포해서 감옥에 넣었다.

- arrest A for murder A를 살인 혐의로 체포하다
- arrest the current of a river 강의 흐름을 막다

---

tremble

[trémbl]

떨(리)다, 흔들리다

He trembled with fear.

그는 공포에 떨었다.

- tremble with anger 분노로 떨리다
- tremble at one's voice ~의 목소리를 듣고 벌벌 떨다
- tremble in every limb 수족이 떨리다

---

shiver

[ʃívər]

(추위, 공포 따위에) 떨다
몸서리치다 ⑲ 전율, 한기

The child shivered with cold and his nose was running.

그 아이는 추위에 떨며, 콧물을 흘리고 있었다.

- shiver with cold 추위로 떨다

---

shudder

[ʃʌ́dər]

몸서리치다, 전율하다

I still shudder at the thought of his death.

나는 그의 죽음을 생각하면 아직도 소름이 끼친다.

- shudder at the sight of~ ~을 보고 몸서리치다

---

overcome

[òuvərkʌ́m]

~을 극복하다
~을 압도하다

Success is to be measured not so much by the position one has reached as by the obstacles one has overcome.

성공이란 그 사람이 도달한 지위라기보다, 오히려 그 사람이 극복한 장애로 평가되는 것이다.

- be overcome by~ ~에 압도되다
- overcome one's enemy 적에게 이기다
- overcome obstacles 장애를 극복하다

quiver

[kwívər]

전율하다, 흔들리다
명 떨림, 진동

His voice quivered with anger.
그의 목소리는 분노로 떨렸다.

- quiver in the wind 바람에 나부끼다
- quiver with fear 공포에 떨다
- quiver of excitement 흥분에 의한 떨림

correspond

[kɔ̀:rəspánd]

일치하다, 편지 왕래를 하다

The goods did not correspond to the sample.
그 상품은 견본과 일치하지 않았다.

- ☑ correspondence 명 일치, 편지 왕래
- correspond with(to)~ ~와 일치하다
- correspond to~ ~에 상당하다

dispose

[dispóuz]

배치하다, 처리하다
~의 경향을 갖게 하다

You must dispose of the garbage before your kitchen gets messy.
주방이 더러워지기 전에 쓰레기를 처리해야 한다.

My car is at your disposal.
내 차를 마음대로 쓰세요.

- ☑ disposal 명 처분, 배열
- dispose of~ ~을 처리하다, ~의 결말을 짓다
- dispose of oneself 태도를 정하다
- dispose troops 부대를 배치하다

remind

[rimáind]

~에게 상기시키다

This picture always reminds me of the good old days.
이 사진을 보면, 나는 늘 옛날 좋았던 시절이 생각난다.

- be reminded of~ ~을 떠올리다

recall

[rikɔ́:l]

~을 생각해내다, 소환하다
명 기억, 추억

I can't recall her name.
나는 그녀의 이름이 생각나지 않는다.

- as I recall 확실히, 아마
- recall~to one's mind ~을 생각해 내다

define

[difáin]

정의하다, 규정하다

The word is difficult to define.
그 단어는 정의하기 어렵다.

- ☑ definition 명 정의, 설명
- by definition 정의에 의하면

remark

[rimáːrk]

언급하다 명 의견, 주목

I should like to remark that he is insincere.
나는 그가 불성실하다고 말하고 싶다.

I remarked that it had got colder.
나는 날씨가 추워진 것을 깨달았다.

☑ remarkable 형 주목할 만한

● make a remark on~ ~에 관해 한마디 하다
● make remarks 비평하다, 연설하다

---

mumble

[mʌ́mbl]

중얼거리다
명 중얼거림

The old lady was mumbling incoherently.
노파는 알아들을 수 없는 말을 중얼거렸다.

● mumble to oneself 혼잣말로 중얼거리다

---

mutter

[mʌ́tər]

중얼거리다
명 중얼거림, 투덜거림

He is always muttering complaints.
그는 항상 불평을 늘어놓는다.

● mutter against ~ ~에게 불평을 말하다

---

check

[tʃek]

확인하다, 점검하다
명 점검, 수표

The boss should always check if the business is going well.
사장님은 사업이 잘 되고 있는지 항상 확인해야 한다.

● traveler's check 여행자 수표

---

agree

[əgríː]

(~에) 찬성하다
동의하다

I agree with her opinion.
그녀의 의견에 찬성한다.

☑ agreement 명 일치, 합의
agreeable 형 기분 좋은

● agree to differ 견해차를 확인하다
● agree with~ ~에 동의하다

---

approve

[əprúːv]

찬성하다, 승인하다

I cannot approve of your determination.
나는 너의 결정에 찬성할 수 없다.

☑ approval 명 찬성, 승인

● approve of~ ~을 찬성하다

---

trust

[trʌst]

~을 신뢰하다, 맡기다
명 신임, 위탁

I trusted him with all the money I had.
나는 가진 돈을 전부 그에게 맡겼다.

☑ trustworthy 형 신뢰할 수 있는

● on trust 신용으로, 외상으로
● trust A with B (= trust B to A) A에게 B를 맡기다

---

concentrate

[kánsəntrèit]

집중하다, 모이다
전력을 기울이다

You should concentrate on the road
when you are driving.
운전 중에는 도로에 집중해야 한다.

☑ concentration 명 집중(력)

● concentrate A on B A를 B에 집중하다
● concentrate on~ ~에 전념하다

---

pursue

[pərsú:]

뒤쫓다, 추구하다
~을 실행하다

The girl's younger brother always pursued for her.
그 소녀의 남동생은 항상 그녀를 쫓아다닌다.

☑ pursuit 명 추적, 연구

● pursue pleasure 쾌락을 추구하다
● pursue a plan 계획을 실행하다

---

contradict

[kàntrədíkt]

~을 부정하다
~에 모순되다, 반박하다

The facts contradict the theory.
그 사실은 이론과 상반된다.

I hate to contradict you, but I don't think so.
반박하고 싶지 않지만, 내 생각은 다르다.

☑ contradiction 명 부인, 모순

● contradict the rumor 소문을 부인하다

---

accord

[əkɔ́:rd]

일치하다, ~을 주다
명 일치, 합의

His actions do not accord with his words.
그는 언행이 일치하지 않는다.

We accorded a warm welcome to her.
우리는 그녀를 따뜻하게 맞이했다.

☑ accordance 명 일치 / according 부 ~에 따라서, 일치하여
accordingly 부 따라서

● according as~ ~에 따라서
● according to~ ~에 따라, ~에 일치하여
● accord with requirements 요구에 부응하다
● accord with reason 도리에 맞다

prove
[prú:v]

~을 증명하다, 입증하다
판명되다

I **proved** that he was innocent.
나는 그의 결백함을 증명했다.

What does that **prove**?
그래서 어떻다는 거야?

☑ **proof** 몡증거
● prove out 성공하다, ~을 확인하다

absorb
[æbsɔ́:rb]

~을 흡수하다
~을 몰두시키다

This cloth **absorbs** water well.
이 천은 물을 잘 흡수한다.

☑ **absorption** 몡흡수, 몰두
● be absorbed in~ ~에 몰두하다

inform
[infɔ́:rm]

~에게 알리다

I **informed** her of my departure.
나는 그녀에게 나의 출발을 알렸다.

☑ **information** 몡정보
● inform A of B A에게 B를 알리다
● be informed that~ ~을 통지하다

indicate
[índikèit]

~을 가리키다
~을 나타내다

He **indicated** the way to the station by pointing.
그는 역으로 가는 길을 손가락으로 가리켰다.

☑ **indication** 몡지시, 징후
● give indication of~ ~의 징후를 보이다

represent
[rèprizént]

~을 나타내다
~을 대표하다

The stripes on the U.S. flag **represent** the thirteen original colonies.
미국 국기의 줄은 건국 당시의 13개 식민지를 나타낸다.

☑ **representative** 혱대표적인 몡대표자
● represent much(little) to~
　~에게 큰(별로) 의미가 있다(없다)

reveal
[rivíːl]

드러내다, 밝히다

She **revealed** her real intentions to him.
그녀는 그에게 본심을 밝혔다.

☑ **revelation** 몡폭로
● reveal itself 나타나다, 알려지다

pronounce

[prənáuns]

발음하다, 선언하다

Australians pronounce "today" as "to die".

오스트레일리아 사람은 "투데이"를 "투 다이"라고 발음한다.

- ☑ **pronunciation** 명 발음
- ● pronounce against(for) ~

  ~에 반대(찬성) 의견을 말하다, ~에 불리(유리)한 결정을 내리다

predict

[pridíkt]

~을 예측하다, 전망하다

Is it really possible to predict an earthquake?

지진을 예측한다는 것이 정말로 가능한가?

- ☑ **prediction** 명 예언

  predictor 명 예언자

utter[1]

[ʌ́tər]

말하다, 이야기하다

She uttered a scream of terror.

그녀는 공포에 질린 비명을 질렀다.

He could not utter a word.

그는 한 마디도 할 수 없었다.

- ☑ **utterance** 명 (말 따위를)입 밖에 내기, 발언

whisper

[hwíspər]

속삭이다, 휘파람 불다
명 속삭임

"I m sorry", my sister whispered.

"미안해"라고 나의 여동생이 속삭였다.

A breeze whispered through the pines.

산들바람이 솔밭을 살랑살랑 불고 지나갔다.

- ● give the whisper 살짝 귀속말을 하다, 힌트를 주다

interpret

[intə́:rprit]

~을 해석하다
설명하다

Our eyes interpret what we see according to what we expect to see.

눈은 우리가 보고 싶다고 생각하는 것에 따라 보는 것을 해석한다.

- ☑ **interpreter** 명 해석자, 통역(자)

  interpretation 명 해석, 통역

publish

[pʌ́bliʃ]

~을 출판하다
~을 공표하다

Our company publishes books on science.

우리 회사는 과학 관련 서적을 출판한다.

- ☑ **publishing** 명 출판

  publication 명 출판, 간행물

  publicity 명 광고, 홍보

display
[displéi]

~을 전시하다
명 전시, 표현

This year's new cars are being displayed at the motor show.
올해의 신차가 모터쇼에 전시되어 있다.

He was eager to display his new bicycle to his friends.
그는 친구들에게 새 자전거를 과시하고 싶었다.

● make a display of~ ~을 과시하다

exhibit
[igzíbit]

~을 전시하다
(감정 따위)를 나타내다
명 전람회, 전시품

His picture was exhibited at the art museum.
그의 그림은 미술관에 전시되어 있었다.

☑ exhibition 명 전람회
● on exhibit 전시(진열, 공개)되어

expose
[ikspóuz]

드러내다, 폭로하다

As a photographer in the war, he was exposed to many dangers.
전쟁 중 사진가로서의 그는 많은 위험에 노출되었다.

☑ exposition 명 박람회, 설명회
　 exposure 명 폭로, 노출
● be exposed to~ ~에 노출되다

justify
[dʒʌ́stəfài]

~을 정당화하다
해명하다

The end does not always justify the means.
목적이 항상 수단을 정당화하는 것은 아니다.

☑ justification 명 정당화, 명분
● be justified in doing~ ~하는 것은 당연하다
● justify oneself 자기를 옹호하다

reply
[riplái]

대답하다 명 대답

She replied that she would be happy to come.
그녀는 기꺼이 오겠다고 대답했다.

● reply for~ ~을 대표하여 답하다
● in reply to~ ~에 답하여

※ reply는 자동사, answer는 타동사

determine
[ditə́:rmin]

~을 결심하다

We must determine what to do next.
우리는 다음에 무엇을 할지 정하지 않으면 안 된다.

☑ determination 명 결의, 결단력
● be determined to~ ~하려고 굳게 결의하다

116

decide
[disáid]
정하다, 결정하다

I decided to become a doctor when he died.
나는 그가 죽었을 때, 의사가 되기로 결심했다.

☑ decision 명 결정
decisive 형 결정적인
decidedly 부 단호하게
● decide on~ ~으로 정하다
● decide between~ ~의 하나로 결정하다

resolve
[rizálv/-zólv]
결심하다, 해결하다

She resolved to work as a volunteer.
그녀는 자원봉사자 활동을 결심했다.

The House resolved to take up the bill.
의회는 그 법안의 채택을 결의했다.

☑ resolution 명 결의, 결심
resolute 형 단호한
● make a resolve 결심하다
● resolve to quit smoking 금연을 결심하다

conclude
[kənklú:d]
결론짓다, 맺다

The judge concluded that the prisoner
was innocent.
재판관은 그 죄수가 무죄라고 결론 지었다.

☑ conclusion 명 결론, 종료
conclusive 형 결정적인
● in conclusion 결론적으로
● come to the conclusion that~ ~이라는 결론에 도달하다
● To be concluded 다음 호에 완결

settle
[sétl]
~을 결정하다
~을 해결하다
~에 정착하다, 진정시키다

They are planning to settle in New Zealand.
그들은 뉴질랜드에 정착할 계획을 세우고 있다.

☑ settlement 명 정착, 해결, 이민
● settle down 안정하다, 자리잡다
● settle in 이사하다, 거처를 정하다

perceive
[pərsí:v]
감지하다, 이해하다

I perceived a slight change in her attitude.
나는 그녀의 태도에서 약간의 변화를 감지했다.

☑ perception 명 지각, 인식

identify [aidéntəfài] 확인하다 ~을 동일시하다	He had to identify the body of his dead neighbor. 그는 죽은 이웃 사람의 신원을 확인하지 않으면 안 되었다. ☑ identity 몡 동일성, 신원 　identification 몡 검증, 신분 증명 ● become identified with~ ~와 제휴하다 ● identify A as B A를 B라고 확인하다 ● identification card 신분증(ID 카드)
search [sə́:rtʃ] 탐색하다, 연구하다 몡 탐색, 조사	He searched the room for the lost key. 그는 잃어버린 열쇠를 찾기 위해 방을 뒤졌다. **You can search me! Search me!** 난 몰라, 내가 알리 있나! ● in search of~ ~을 찾아서 ● search out~ ~을 찾아(알아)내다 ● make a search for(after, of)~ ~을 수색하다
seek [sí:k] ~을 찾다 ~을 조사하다	He sought shelter from the rain. 그는 비를 피할 피난처를 찾았다. ● seek after~ ~을 찾다, 구하다 ● hide - and - seek 술래잡기 ※ 동사 활용 seek - sought - sought
explore [iksplɔ́:r] 탐험하다, 조사하다 개척하다	He wants to explore the question more thoroughly before making a decision. 그는 결론을 내리기 전에 그 문제를 더욱 철저하게 조사하고 싶다고 생각했다. ☑ exploration 몡 탐험, 조사
violate [váiəlèit] 위반하다, 침해하다	They contend that taking DNA samples from people will violate their privacy. 그들은 국민들로부터 DNA 샘플을 채취한다는 것은, 국민의 프라이버시를 침해하는 것이라고 주장한다. ☑ violation 몡 위반, 침해 ● violate an agreement 협정을 어기다

investigate

[invéstəgèit]

조사하다

The police are investigating the murder.

경찰은 그 살인 사건을 수사중이다.

☑ investigation 명 조사, 연구

convict

[kənvíkt]

~의 유죄를 선고하다
입증하다
명 죄수

She was convicted of having committed theft.

그녀는 절도죄로 유죄 선고를 받았다.

- convicted prisoner 기결수
- be convicted of having committed theft
  절도죄로 유죄 선고를 받다
- be convicted one's mistake 과오를 뉘우치다

estimate

[éstəmèit]

~을 추정하다, 평가하다
명 평가, 어림

I estimate that it would take three weeks to finish this work.

나는 이 일을 끝내는 데에 3주일은 걸릴 거라고 예상한다.

☑ estimation 명 의견, 평가

- at a rough estimate 대충 어림잡아
- make an estimate of~ ~의 견적을 내다, ~를 평가하다

survey

[sərvéi]

~을 둘러보다
자세히 조사하다
명 개관, 조사, 측량

You can survey the countryside from the top of the hill.

너는 언덕 위에서 이 지방 일대를 내려다볼 수 있다.

- make a survey of~ ~을 조사하다

trace

[tréis]

~을 추적하다
밝혀내다
명 발자국, 흔적

They traced the river to it's source.

그들은 그 강의 원천을 추적했다.

- trace back to~ ~거슬러 오르다
- without (a) trace 흔적도 없이
- the trace of war 전쟁의 상처

derive

[diráiv]

유래하다, 끌어내다

You will derive much pleasure from reading.

당신은 독서에서 많은 즐거움을 얻을 것이다.

He derives his character from his father.

그의 성격은 아버지에게서 물려받은 것이다.

☑ derivation 명 유래, 파생

- derive from~ ~에서 유래하다

prepare

[pripéər]

준비하다, 대비하다

A beautiful garden was specially prepared for him.
아름다운 정원이 그를 위해 특별히 준비되었다.

- ☑ prepared 휑준비된
  preparation 명준비
- be prepared to ~ ~할 각오를 하다, 기꺼이 ~하다

apply

[əplái]

~을 적용하다
~에 지원하다

This rule does not apply to foreigners.
이 규칙은 외국인에게는 적용하지 않는다.
He applied for the scholarship.
그는 장학금을 신청했다.

- ☑ appliance 명기구(특히 가정용품)
  application 명적용, 지원
- apply A to B A를 B에 적용하다
- apply oneself to ~ ~에 전념하다
- apply to ~ ~에 꼭 들어맞다
- apply for ~ ~을 신청하다

engage

[ingéidʒ]

~에 종사시키다
~를 약혼시키다

At that time she was engaged in some sort of work.
그 당시, 그녀는 어떤 일에 종사하고 있었다.
My son is engaged to his secretary.
나의 아들은 그의 비서와 약혼했다.

- ☑ engagement 명서약, 약혼
- engage oneself in ~ ~에 종사하다, 참여하다
- engage oneself to ~ ~을 약속하다, ~과 약혼하다

isolate

[áisəlèit / ísə-]

~을 격리시키다
고립시키다

The infectious case was isolated from other patients.
그 전염병 환자는 다른 환자와 격리되었다.

- ☑ isolated 휑고립된, 유례없는
  isolation 명고립
- be isolated from civilization 문명으로부터 격리되다
- isolated house 외딴 집
- isolated example 예외

scatter

[skǽtər]

분산시키다
쫓아버리다

The boys scattered for fear that bees should sting them.

소년들은 벌이 쏠까봐 무서워 흩어졌다.

☑ scattered 휑 흩뿌려진, 분산된
- scatter to the winds~ ~을 날리다(낭비하다)

compare

[kəmpéər]

~을 비교하다

Compare the two picture and tell me which you like better.

두 그림을 비교해서, 어느 것이 더 좋은지 나에게 말해줘.

☑ comparative 휑 비교의
comparable 휑 비교할 수 있는, ~와 동종의
comparison 명 비교
- (as) compared with (to)~ ~와 비교하여
- beyond compare~ ~비길 데 없이, 무쌍한
- in comparison to(with)~ ~와 비교하면

differ

[dífər]

다르다, 달라지다

He differs with his friends about where to go on their vacation.

그는 휴가를 어디로 가느냐에 대해 그의 친구들과 의견을 달리하고 있다.

☑ difference 명 차이, 다름
different 휑 다른
differential 휑 차별적인, 특징 있는
- differ with (from)~ ~와 의견이 다르다

distinguish

[distíŋgwiʃ]

~을 구별하다
~을 특징짓다

Can a child of her age distinguish good from bad?

그녀 또래의 아이가 선악을 구별할 수 있을까?

She distinguished herself by winning award one after another.

그녀는 연이어 상을 받아 유명해졌다.

☑ distinct 휑 뚜렷한, 다른
distinction 명 구별, 우수성
distinctive 휑 독특한
- distinguish oneself 유명해지다
- as distinguished from~ ~와 구별하여

베이직 영단어 1000

레벨업 영단어 547

파이널 영단어 263

121

examine

[igzǽmin]

검토하다, 조사하다

I examined the pictures carefully.
나는 주의 깊게 그 사진들을 살폈다.

He examined by touch whether the kettle was hot or not.
그는 그 주전자가 뜨거운지 아닌지 만져 보았다.

☑ examination 몡 시험, 조사, 진찰
examinee 몡 수험생

● examine oneself 반성하다
● examine a proposal 제안을 검토하다

---

observe

[əbzə́:rv]

관찰하다, 보다
~을 목격하다

The naturalist continued to observe the behavior of the birds.
자연주의자는 그 새의 행동을 계속 관찰했다.

☑ observance 몡 준수, 따르기
observant 혱 주의깊은, 엄수하는
observation 몡 관찰, 감상

---

aim

[éim]

~를 겨누다
목표로 삼다

He aimed a gun carefully at a target.
그는 조심스럽게 과녁을 향해 총을 겨누었다.

I always aim at amusing others.
나는 늘 타인을 즐겁게 하려고 마음먹고 있다.

● aim for~ ~(장소)를 목표로 나아가다
● take aim at~ ~을 겨냥하다

---

intend

[inténd]

~을 의도하다
~할 작정이다

We intend to go to Hawaii for our holidays.
우리는 휴가때 하와이에 갈 작정이다.

☑ intended 혱 의도된, 미래의
intention 몡 의도, 계획 / intentional 혱 의도적인

● without intention 우연히

---

attempt

[ətémpt]

~을 시도하다
몡 시도, 노력

He boldly attempted to climb Mont Blanc, but the attempt failed.
그는 과감하게 몽블랑 등정을 시도했지만, 실패했다.

☑ attempted 혱 시도한, 미수의

● attempt too much 지나치게 욕심내다
● make an attempt at~ ~을 꾀하다

direct

[dirékt/dai-]

지도하다, 감독하다
형 똑바른, 직접의

She directs her brother s homework.
그녀는 남동생의 숙제를 지도한다.

☑ direction 명 방향, 지시 / director 명 감독, 지도자
　direturing 명 전화번호부
● to be direct with you 솔직히 말해서

manage

[mǽnidʒ]

~을 경영 [관리]하다
~을 잘 해내다

This department store is managed by Mr. Henry.
이 백화점은 헨리씨가 경영하고 있다.

☑ management 명 관리, 경영자측
● manage to~ 어떻게든 ~하다

introduce

[ìntrədjúːs]

~을 소개하다

Tom introduced himself.
탐은 자기를 소개했다.

☑ introduction 명 소개, 서론
● introduce oneself 자기 소개를 하다

forbid

[fərbíd]

~을 금하다

My father forbids me to go out at night.
아버지는 내가 밤에 외출하는 것을 금지하고 있다.

☑ forbidden 형 (forbid의 과거분사) 금지된
● forbid smoking 흡연을 금지하다
● forbidden fruit 금단의 열매

restrict

[ristríkt]

~을 제한하다
(법으로) 금지하다

Freedom of speech was tightly restricted.
언론의 자유는 엄하게 제한되었다.

☑ restriction 명 제한
　restrictive 형 제한하는
● restrict freedom 자유를 제한하다

hinder

[híndər]

~을 방해하다
장애가 되다

The repair work on the road hindered the flow of traffic.
도로의 보수 공사는 교통의 흐름을 방해했다.

She hindered me in my study.
그녀가 나의 공부를 훼방놓았다.

☑ hindrance 명 방해
● hinder A from ~ing A가 ~하는 것을 방해하다

join

[dʒɔ́in]

(~에) 참여하다
가입하다, 잇다

I joined the golf club three years ago.
나는 3년 전에 그 골프 클럽에 가입했다.
A tunnel joins Hokkaido with Honshu.
훗카이도는 혼슈와 터널로 연결돼 있다.

- ☑ joint 혱 공동의 몡 관절
- ● join company with~ ~와 어울리다

participate

[pa:rtísəpèit]

참가하다

They want to participate in the Olympic Games.
그들은 올림픽에 참가하기를 원했다.

- ☑ participation 몡 참가
- ● participate in~ ~에 참가하다

belong

[bilɔ́(:)ŋ \ -láŋ]

(~에) 소속하다(to)

This book belongs to the school library.
이 책은 학교 도서관에 소장되어 있다.

- ☑ belonging 몡 소지품, 가족, 친척
- ● belong in~ ~에 살다, ~에 알맞다
- ● belong with~ ~와 관계가 있다, ~의 자격이 있다

cooperate

[kouápərèit]

(~와) 협력하다, 협조하다

We should cooperate with each other to fight against injustice.
우리는 불의와 싸우기 위해 서로 협력해야 한다.

- ☑ cooperation 몡 협력
  cooperative 혱 협력적인 몡 협동 조합

accompany

[əkʌ́mpəni]

~와 동반하다
~와 동시에 일어나다

He was not accompanied by anyone.
그는 아무도 동반하지 않았다.

- ☑ accompaniment 몡 부속물, 반주(음악)
- ● be accompanied by(with)~ ~을 동반하다

associate

[əsóuʃièit]

관련시키다
~을 연합시키다

You must associate with people of good character.
성격이 좋은 사람과 교제해야 한다.
White is often associated with something clean.
흰색은 왠지 청결한 것과 연상된다.

- ☑ association 몡 연상, 교제, 협회
- ● associate A with B A를 B와 연결지어 생각하다

spread
[spréd]

확산되다, 퍼뜨리다
명 퍼짐, 분포

Violent crime spread into the suburbs.
강력 범죄는 교외로 퍼져나갔다.

● spread oneself out 주제넘게 나서다

extend
[iksténd]

연장하다, 확장하다

The Bullet Train will probably be extended to Pyongyang.
고속 열차는 아마도 평양까지 연장될 것이다.

☑ extension 명 연장, 확장, 내선
  extensive 형 광범위한
  extent 명 넓이, 정도
● to a great extent 대부분은, 크게
● to a certain extent 어느 정도까지
● extended memory 확장 메모리

gather
[gǽðər]

수집하다

I gathered more information about it.
나는 그것에 관한 더 많은 정보를 수집했다.

I gathered that he was upset.
나는 그가 당황하고 있다고 생각했다.

A rolling stone gathers no moss.
구르는 돌에는 이끼가 끼지 않는다.

☑ gathering 명 집회, 모임
● gather wealth 부를 축적하다
● gather experience 경험을 쌓다

attract
[ətrǽkt]

~을 끌다, 끌어당기다

Many people were attracted by her singing voice.
많은 사람들이 그녀의 노랫소리에 매혹되었다.

☑ attraction 명 매력, 인력
  attractive 형 매력적인
● be attracted by ~ ~에 매혹되다

invite
[inváit]

~을 초대하다

Nick invited her to dinner.
닉은 그녀를 저녁식사에 초대했다.

☑ invitation 명 초대(장)
  inviting 형 초대하는, 매력적인
● invite A to~ A에게 ~하도록 권하다

adopt

[ədápt]

입양하다, 채택하다

You will save time if you adopt this new procedure.
이 새로운 절차를 택하면, 시간을 절약할 수 있다.

☑ adoption 명 채용, 입양
- adopted son 양자

adjust

[ədʒʌ́st]

~을 조정하다
~을 적응시키다

Children adjust easily to new environments.
어린이들은 새 환경에 쉽게 적응한다.

☑ adjustment 명 조정, 적응
- adjust oneself (~에) 적응하다
- adjust A to B A를 B에 적응시키다

attach

[ətǽtʃ]

~을 붙이다
소속시키다

You must attach this label to your suitcase.
이 스티커를 너의 옷가방에 붙여야 한다.

☑ attachment 명 애착, 붙이기
- attach oneself to~ ~을 그리워하다
- attach importance to~ ~에 중요성을 두다
- be attached to~ ~에 애착을 가지다

consist

[kənsíst]

(으로) 이루어져 있다
구성되다

Ice cream consists of milk, egg, and sugar.
아이스크림은 우유, 달걀, 설탕으로 구성되어 있다.

☑ consistent 형 일치하는
- consist of~ ~으로 이루어져 있다
- consist in~ ~에 있다

contain

[kəntéin]

~을 포함하다
억누르다

Orange contains a lot of Vitamin C.
오렌지는 비타민 C가 많이 포함되어 있다.

I cannot contain my anger.
나는 화가 치밀어서 참을 수 없다.

☑ container 명 그릇, 컨테이너
contents 명 내용물
- contain oneself 자제하다

include

[inklú:d]

~을 포함하다

Does this price include the consumption tax?
이 가격은 소비세가 포함돼 있습니까?

☑ inclusion 명 포함
  inclusive 형 포괄적인
- all charges included 일체의 요금을 포함하여
- postage included 우송료 포함(하여)

tease

[tí:z]

놀리다, 괴롭히다

Don't tease him about his French pronunciation he has been studying it hard.
그의 프랑스어 발음에 대해 놀리지 말라. 열심히 공부하고 있으니까.

The child teased his mother to buy him a bicycle.
그 아이는 엄마에게 자전거를 사달라고 졸랐다.

- tease A to~ A에게 ~해달라고 졸라대다
- tease a girl 소녀를 못살게 굴다

bully

[búli]

괴롭히다
명 불량배, 골목대장

That big boy is bullying the little children.
저 큰 소년은 작은 아이들을 괴롭히고 있다.

- play the bully 약자를 못살게 굴다

mock

[mák/mɔ́k]

~을 조롱하다, 놀리다
명 조롱, 놀림감
형 가짜의

The pupils mocked their teacher's speech.
학생들은 선생님의 말투를 흉내냈다.

- mock examination 모의 시험
- mock trial 모의 재판
- mock battle 모의 전투
- mock modesty 거짓 겸손

involve

[inválv]

(필연적으로) 수반하다
~을 끌어들이다

The new defense program involves a huge amount of expenditure.
새로운 국방계획에는 거액의 비용이 뒤따른다.

☑ involvement 명 휘말림, 연루
- be involved in~ ~에 휘말리다, ~에 몰두하다
- get involved with~ ~에 휘감기다, ~와 (깊은) 관계를 갖다

surround
[səráund]

~을 둘러싸다

The fort was completely surrounded by the Indians.
그 요새는 인디언들에 의해 완전히 포위되었다.

☑ surroundings 명 주위의 상황, 환경
- be surrounded with (by)~ ~에 둘러싸이다

remove
[rimú:v]

제거하다, 삭제하다

He was removed from his post because he was idle.
그는 게으르므로 그의 지위에서 해임되었다.

☑ removal 명 이동, 제거
- remove oneself 물러나다
- the removal of a disease 병의 제거
- remove furniture 이삿짐을 옮기다

vary
[véəri]

~을 바꾸다
(서로) 다르다

What students wear in school varies
greatly from one high school to another.
고등학교에 따라 입고 있는 교복은 다르다.

☑ variation 명 변화
　 varied 형 다양한
　 various 형 여러 가지의
　 variety 명 다양, 변화, 종류

attend
[əténd]

~에 참석하다
(학교에) 다니다
~을 돌보다

A lot of people attended their wedding.
많은 사람들이 그들의 결혼식에 참석했다.

Attend to what I am saying now.
지금 내가 하는 말을 잘 들어라.

☑ attendance 명 출석, 출석자수
　 attention 명 주의, 배려 / attentive 형 주의 깊은
- be attended by~ ~을 수반하다, ~의 시중을 받다
- be attended with~ ~을 수반하다, ~이 따르다
- pay attention to~ ~에 주의를 기울이다
- attend school 학교에 다니다

devote
[divóut]

바치다, 헌신하다

Mr. John devoted all his life to the study of sociology.
존 씨는 그의 생애를 사회학 연구에 바쳤다.

☑ devoted 형 헌신적인 / devotion 명 헌신
- devote oneself to~ ~에 전념하다

occupy

[ákjupài]

~를 차지하다
점유하다

We sold a grand piano which occupied half of our living room.

우리는 거실의 반을 점령한 그랜드 피아노를 팔았다.

☑ occupation 圆직업, 일, 점유
- be occupied with(in)~ ~으로 바쁘다, 여념이 없다
- occupy oneself by(with)~ ~에 빠지다, 몰두하다

---

employ

[implɔ́i]

고용하다, 사용하다

Several young engineers were employed and years were devoted to developing a new computer.

몇 명의 젊은 엔지니어를 고용하고, 새로운 컴퓨터 개발에 수년의 세월이 투입되었다.

☑ employer 圆고용주, 사용자
   employee 圆종업원 / employment 圆고용, 사용
- enter the employ of~ ~에 고용되다

---

contribute

[kəntríbju:t]

공헌하다
~을 기부하다

Poor as she was, she contributed to the orphanage what little money she had.

그녀는 가난했지만, 가지고 있던 적은 돈을 고아원에 기부했다.

☑ contribution 圆공헌, 기부
- contribute to~ ~에 공헌하다
- contribute A to B A를 B에 기부하다

---

enable

[inéibl]

가능하게 하다

His good health enabled him to continue playing sports.

그는 건강 덕택에 스포츠를 계속할 수 있었다.

☑ able 圆할 수 있는, 유능한
   ability 圆능력
- enable A to~ A에게 ~하기를 가능하게 하다
- be able to~ ~할 수 있는

---

suit

[sú:t]

~에게 적합하게 하다
어울리다
圆 의복, 소송

Some people aren't suited for some jobs.
It's absurd to go against your nature.

사람에 따라 맞지 않는 일이 있다. 자기 성격에 거슬리는 것은 어리석은 짓이다.

☑ suitable 圆적절한
- be suited to(for)~ ~에 적합하다(맞다)
- bring a suit against~ ~을 상대로 소송을 제기하다

fit

[fít]

적합하다, 꼭 맞다
형 알맞은

She was wearing a men's shirt which did not fit her.
그녀는 그녀에게 어울리지 않는 남성용 셔츠를 입고 있었다.

- fit A to B A(예정 따위)를 B에 알맞게 하다
- fit A with B A에 B를 설치하다
- see (think) fit to~ ~하는 것이 적당하다고 생각한다

reflect

[riflékt]

~을 반영하다
~을 숙고하다

The beautiful mountains were reflected in the lake.
아름다운 산들이 호수에 비치고 있었다.

☑ **reflection** 명 반사, 숙고, 비난

- be reflected in~ ~에 나타나다, 반영되다
- reflect on(over)~ ~을 숙고하다
- reflect on oneself 반성하다

store

[stɔ́:r]

~을 비축하다
명 저장, 가게

The minor happenings can also be stored away in our memory.
사소한 일도 우리의 기억에 저장된다.

- a great store of 많은
- in store 비축하여, 준비하여

preserve

[prizə́:rv]

~을 보존하다
(동물 따위)를 보호하다

We must preserve our forests to ensure supplies of wood.
우리는 목재의 공급을 확보 하기 위해서 삼림을 보전하지 않으면 안 된다.

☑ **preservation** 명 보존

- preserve silence 침묵을 지키다
- preserve one's eyesight 시력을 유지하다
- preserve game 사냥을 금하다

manufacture

[mænjufǽktʃər]

~을 제조하다 명 제조, 생산

They manufacture cars in that factory.
그들은 그 공장에서 자동차를 제조하고 있다.

☑ **manufacturer** 명 제조업자

invent

[invént]

발명하다, 날조하다

Do you know who invented the telephone?
전화를 발명한 사람이 누군지 아니?

☑ **invention** 명 발명, 발명품
　　inventive 형 발명의, 재주있는

- invent a story 이야기를 꾸며내다

130

discover

[diskʌvər]

~을 발견하다
~을 깨닫다

Radium was discovered by Madame Curie.
라듐은 퀴리 부인에 의해 발견되었다.

- ☑ discovery 몡 발견
- ● discover oneself to~ ~에게 이름을 밝히다

---

repeat

[ripíːt]

~을 반복하다 몡 반복

I repeated I cannot agree with you.
되풀이해 말하지만, 나는 너의 의견에 찬성할 수 없다.

- ☑ repetition 몡 반복
- ● repeat oneself 반복해서 일어나다

---

continue

[kəntínjuː]

~을 계속하다

You continue making the same mistakes time after time.
그는 몇 번이나 똑같은 실수를 계속하고 있다.

- ☑ continuation 몡 계속
  continuity 몡 연속성
  continual 혱 연속적인
  continuous 혱 연속의, 끊임없는
- ● To be continued 다음 호에 계속

---

suppress

[səprés]

~을 억압하다
(사실)을 감추다

The police started a campaign to suppress the traffic in drugs.
경찰은 마약의 불법 거래를 금지하는 운동을 시작했다.

- ☑ suppression 몡 억제, 진압, 은폐
- ● suppress a laugh 웃음을 참다
- ● suppress a riot 폭동을 진압하다

---

oppress

[əprés]

~을 압박하다

The nobility and priesthood became more and more tyrannical, the common people were more and more oppressed.
귀족과 성직자들은 점점 더 잔학해지고, 서민은 점점 더 압박을 받았다.

- ☑ oppression 몡 압박(감)
  oppressive 혱 포학한, 압박감이 있는
- ● oppress the ethnic group 소수 민족을 억압하다
- ● oppressive taxes 가혹한 과세
- ● oppressive weather 음산한 날씨

aid [éid] ~을 돕다 명 도움, 원조	Two boys aided us in putting up the tent. 두 소년이 우리가 텐트 치는 것을 도와주었다. ● by the aid of~ ~의 도움을 빌려 ● in aid of~ ~을 원조하여
fix [fíks] 수리하다, 고정하다 명 곤경, 궁지	Can you fix the bike? 자전거를 수리해 주시겠어요? My mother fixed the painting to the wall with a nail. 어머니는 벽에 못을 박아 그림을 고정했다. ● fix on(upon)~ ~를 정하다, 고르다 ● be in a fix 곤경에 빠져 있다 ※ 간단한 수리, 정돈, 따위를 나타내는 편리한 단어
repair [ripéər] 수리하다, 치료하다 명 수리	I would like to have this car repaired as soon as possible. 나는 가능한 빨리 이 차를 수리하고 싶다. ● beyond repair 수리할 수 없을 정도로(의) ● in good(bad, poor) repair 손질이 잘 되어[잘 안되어] 있는 ● repair a road 도로를 보수하다 ● repair one's health 건강을 다시 찾다 ● repair a mistake 잘못을 정정하다 ● repair damage 손해를 벌충하다 ※ 기술을 필요로 하는 수리
mend [ménd] ~을 고치다, 개선하다	Alfred is trying to mend his house. 알프레드는 그의 집을 수리하려 하고 있다. ● on the mend (병, 사태가) 호전되어 ● mend one's ways(manners) 행실을 고치다 ※ 간단한 수리
improve [imprú:v] 개선하다, 좋아지다	I think you have improved in English. 나는 너의 영어가 향상되었다고 생각한다. ☑ improvement 명 개량, 개선 ● improve on (upon)~ ~보다 낫다, ~을 개량하다 ● improve oneself in~ ~이 늘다(향상되다)

cure

[kjúər]

~을 치료하다
몡 치료, 회복

The doctor cured me of my asthma.
그 의사는 나의 천식을 고치다.

- cure A of B A의 B(병 따위)를 고치
- beyond cure 불치의
- a sure cure for~ ~의 확실한 치료법

---

equip

[ikwíp]

~에 (~을) 갖추다
~에 설비하다

This submarine is equipped with missiles.
이 잠수함에는 미사일이 장착되어 있다.

- ☑ equipment 몡 장비, 설비, 비품
- equip oneself for a journey 여행 차림을 하다

---

adapt

[ədǽpt]

~을 적응시키다

Man is likely to adapt himself to the surroundings he finds himself in.
인간은 자기가 처한 환경에 적응하기 쉽다.

- ☑ adaptation 몡 적응
  adapted 혱 알맞은
- adapt oneself to~ ~에 익숙해지다

---

tire

[táiər]

~을 피곤하게 하다
~을 싫증나게 하다

I walked so fast that I tired her out.
내가 너무 빨리 걸었기 때문에 그녀는 지쳐 버렸다.

His dull lecture tired the audience.
그의 따분한 강연은 청중을 지루하게 한다.

- ☑ tired 혱 피로한, 싫증난
  tiresome 혱 지루한, 싫증나는
- be tired from~ ~으로 피로한
- be tired of~ ~에 싫증난

---

exhaust

[igzɔ́:st]

~를 소모하다
~으로 몹시 지치다

The long war exhausted the country.
긴 전쟁이 그 나라를 지치게 했다.

- ☑ exhaustion 몡 소모, 소진
  exhaustive 혱 철저한
- be exhaust from ~ing ~하여 녹초가 되다
- exhaust oneself ~ing ~해서 지치다
- exhaust one's patience 더 이상 참을수 없게 되다

alter
[ɔ́:ltər]

~을 바꾸다, 변경하다

He altered his plans.
그는 그의 계획을 변경했다.

☑ alteration 똉 변경, 개조
　alterable 똉 바꿀 수 있는
● alter for the better(worse) 호전(악화)하다
● alter one's course 방침을 바꾸다
● alter a house into a store 집을 가게로 개조하다

※ 부분적으로 수정하는 것

exchange
[ikstʃéindʒ]

~을 교환하다
똉 교환, 환전

I would like to exchange this dress for the blue one you showed me the other day.
이 드레스를 일전에 보여주었던 파란 것과 교환하고 싶습니다.

● exchange A for B A를 B와 교환하다
● in exchange 그 대신, 답례로

substitute
[sʌ́bstətjù:t]

~에 대신하다
똉 대리, 대역

You can substitute milk for cream.
크림 대신에 우유를 사용해도 된다.

☑ substitution 똉 대체, 대용
　substitutive 똉 대리의, 대제의
● substitute A for B B 대신 A를 사용하다

replace
[ripléis]

~에 대신하다, 교체하다

The old bridge was replaced by a new one.
낡은 다리가 새 다리로 교체되었다.

☑ replacement 똉 반환, 대제, 교환
● replace B by A B를 A로 대체하다

operate
[ápərèit]

운영하다, 수술하다
~을 운전하다

Do you know how to operate this new computer?
너는 이 새 컴퓨터의 작동 방법을 아니?

☑ operation 똉 작동, 수술, 작전
　operational 똉 기능을 다하는, 운전 가능한
　operator 똉 기사, 운전사
● operate on~ ~에게 수술하다

recover

[rikʌ́vər]

~을 되찾다, 회복하다

She has completely recovered from her illness.
그녀는 병이 완전히 나았다.

☑ **recovery** 몡 회복, 회수

- recover oneself 제정신이 들다, 건강을 되찾다

release

[rilíːs]

해방하다, 발표하다
(영화)를 개봉하다
몡 해방

He suddenly released the dog.
그는 갑자기 개를 풀어놓았다.

- on general release (영화가) 일반에 공개되어
- release an arrow 화살을 쏘다
- release a bomb from an airplane
  비행기에서 폭탄을 투하하다
- release a statement to the press
  보도진에게 성명서를 발표하다

submit

[səbmít]

제출하다, 복종하다

She managed to submit the science report to Mr. Smith yesterday.
그녀는 어제 스미스 선생님에게 과학 리포트를 가까스로 제출했다.

☑ **submission** 몡 복종, 제출
  submissive 혱 복종하는

- submit to ~ ~에 복종하다
- submit to authority 권위에 복종하다
- submit to one's fate 운명을 감수하다
- submit oneself to ridicule 조소를 감수하다
- submit a term paper 학기말 리포트를 제출하다

owe

[óu]

빚지다, 신세지다

I owe John two hundreds dollars.
나는 존한테 200달러의 빚이 있다.

- owe A to B A를 B에게 신세지고 있다, A는 B의 덕택이다
- IOU, I.O.U. 약식 차용서
  (I owe you.(나는 너에게 빚이 있다)의 약자)

afford

[əfɔ́ːrd]

~의 여유가 있다
~을 할 수 있다

I cannot afford the time for a vacation.
나는 휴가를 갈 여유가 없다.

☑ **affordable** 혱 알맞은, 감당할 수 있는

- cannot afford to ~ ~할 여유가 없다
- can ill afford to ~ ~할 자격이 없다

export
[ikspɔ́ːrt]

~을 수출하다
명 수출품

Korea imports raw materials and exports manufactured goods.
한국은 원료를 수입하고, 가공품을 수출한다.
☑ exportation 명 수출

---

import
[impɔ́ːrt]

~을 수입하다 명 수입품

Our country imports wheat from America.
우리나라는 미국에서 밀을 수입한다.
☑ importation 명 수입

---

transport
[trænspɔ́ːrt]

~을 수송하다 명 수송

Many ships are required to transport food across the oceans.
식품을 해상 수송할 많은 배들이 필요하다.
☑ transportation 명 수송
● in transports of (joy) (기뻐서) 어쩔 줄 몰라

---

convey
[kənvéi]

~를 나르다
~를 전달하다

Buses convey passengers.
버스는 승객을 수송한다.
Words can never convey how glad I felt.
내가 얼마나 기쁘게 느꼈는지 말로 표현할 수 없다.
☑ conveyance 명 운반, 수송, 전달
conveyor 명 수송업자, 운반 장치, 컨베이어

---

deliver
[dilívər]

배달하다, 넘겨주다

The clerk said they would deliver the furniture to the office tomorrow.
점원은 그 가구를 내일 사무실로 배달해 준다고 말했다.
☑ delivery 명 배달, 진술, 발언
● deliver oneself of (의견 따위)를 공표하다

---

betray
[bitréi]

배반하다, 누설하다

It doesn't become a gentleman to betray our trust.
우리의 신뢰를 배반하다니, 신사답지 않다.
● betray oneself 본심을 드러내다
● betray a trust 신뢰를 저버리다
● betray a secret to~ ~에게 비밀을 누설하다

---

rebel
[rébəl]

반란을 일으키다
명 반역자

After the riot, the rebel soldiers seized power and took over the government.
폭동 후, 반란군이 권력을 장악하고 정권을 탈취했다.

☑ rebellion 명 반란, 반항
   rebellious 형 반란의, (아이가) 반항적인

own
[óun]

~을 소유하다
형 자기자신의 (것)

Who owns this house?
= Who is the owner of this house?
이 집은 누구의 것입니까?

☑ owner 명 소유자

● come into one's own 명예, 신용을 얻다
● own one's fault 자기의 과실을 인정하다

possess
[pəzés]

~을 소유하다, 가지다

The boy possesses a good command of the English language.
그 소년은 높은 영어 실력을 가지고 있다.

☑ possession 명 소유(물)

● be possessed by~ ~이 달라붙다
● be possessed of~ ~을 소유하다
● possess oneself of~ ~을 자기 것으로 만들다

affect [1]
[əfékt]

~에 영향을 미치다

Tobacco affects the body negatively.
담배는 몸에 악영향을 준다.

☑ affection 명 애착
   affectionate 형 애정 있는

affect [2]
[əfékt]

~인 체하다

She affected not to see me.
그녀는 나를 못 본 척했다.

☑ affected 형 감정을 가진, 잘난 제하는
   affectation 명 가장, 뽐냄

● affect sickness 병을 가장하다

flourish
[flə́:riʃ]

번창하다, 성장하다
명 화려한 동작

His business is flourishing.
그의 사업이 번성하고 있다.

☑ flourishing 형 무성한, 번영하는, 성대한

● in full flourish 한창 융성하여, 전성기에

pour

[pɔ́ːr]

~을 붓다, 쏟다
억수같이 내리다

She poured coffee into the cups on the table.
그녀는 식탁 위에 있는 컵에 커피를 따랐다.
It never rains but it pours.
비가 왔다 하면 퍼붓는다.(나쁜 일만 이어진다)

● pour oneself into~ ~에 몰두하다

entertain

[èntərtéin]

~을 즐겁게 해주다
~을 접대하다

The villagers hospitably entertained their guests.
마을 사람들은 손님을 환대했다.

☑ entertainer 명 예능인
entertainment 명 오락, 환대

amuse

[əmjúːz]

~을 즐겁게 하다
~을 즐겁게 지내다

He amused the children.
그는 아이들을 즐겁게 해주었다.
It is not always easy to amuse oneself on holiday.
휴가를 즐겁게 보내는 것은 쉬운 일은 아니다.

☑ amusement 명 재미, 오락

● amuse oneself with~ ~하여 즐기다
● be amused at~ ~을 재미있어 하다, 즐기다

borrow

[bɔ́(ː)rou]

~을 빌리다

She borrowed two books from the library.
그녀는 도서관에서 책 두 권을 빌렸다.

● borrow (money) from~ ~로부터 (돈)을 빌리다

lend

[lénd]

~을 빌려주다

Charlie asked Johnson to lend him fifty dollars because he was running short.
찰리는 돈이 떨어졌으므로 존슨에게 50달러를 빌려달라고 부탁했다.

● lend money at interests 이자를 받고 돈을 빌려주다

respond

[rispánd]

반응하다, 답하다

He responded to her offer with a laugh.
그는 그녀의 제안에 웃음으로 답했다.

☑ response 명 반응, 대답
responsible 형 책임 있는, 책임이 무거운

react
[riækt]

반응하다

When placed in a difficult situation, people will react in different ways.
곤란한 상황에 놓이면, 사람은 보통과는 다른 행동을 한다.

☑ reaction 명 반응, 반발
- react to~ ~에 반응하다, ~에 답하다
- react against~ ~에 반발하다

※ respond는 대체로 '호의적으로' 응하는 것, react는 자극 따위에 '예민하게' 반응하는 것

waste
[wéist]

~을 낭비하다
명 낭비, 쓰레기

If I fail the test again, all my efforts for one year will be wasted.
만일 또 시험에 실패한다면, 일년 동안의 나의 노력은 허사가 될 것이다.

☑ wasteful 형 낭비의, 헛된
- go (run) to waste 쓸모없이 되다

consume
[kənsúːm]

~을 소비하다
~을 탕진하다

He consumed his fortune gambling.
그는 도박으로 재산을 탕진했다.

☑ consumer 명 소비자
   consumption 명 소비, 폐결핵
- consumer price index 소비자 물가지수(CPI)
- consumer confidence index 소비자 신뢰 지수

fulfill
[fulfíl]

(의무, 약속)을 이행하다
(조건, 요구)를 만족시키다

The conditions of the contract have been fulfilled.
계약 조건은 정확하게 이행되었다.

☑ fulfillment 명 실행, 성취

burst
[bə́ːrst]

폭발하다, 터지다
명 파열, 돌발

In her grief, she burst into tears.
그녀는 슬퍼서 울음을 터뜨렸다.

- burst away 급히 떠나다, 파열하다
- burst into 갑자기 ~하기 시작하다
- burst into blossom 꽃이 활짝 피다
- burst into flame 불꽃이 타오르네
- a burst of laughter 폭소
- a burst of applause 갑자기 터지는 박수갈채

explode

[iksplóud]

폭발하다, 터지다

The space shuttle exploded because it had defects in it's construction.

우주 왕복선은 구조상의 결함으로 폭발했다.

☑ explosion 명 폭발, 급증
   explosive 명 폭약 형 폭발성의
● population explosion 인구 폭발

reduce

[ridjúːs]

줄이다, 감소시키다

Bill was trying to save money, so he decided to reduce his smoking to five cigarettes a day.

빌은 돈을 저축하려고, 담배를 하루에 5개 비로 줄이기로 결심했다.

☑ reduction 명 축소, 값 인하

commit

[kəmít]

(죄 따위)를 범하다
~을 맡기다

He ought to be punished if he commits a crime.

만일 그가 죄를 저질렀다면, 벌을 받아야 한다.

☑ commitment 명 위탁, 약속 / commission 명 위임, 수수료
   committee 명 위원회
● commit oneself 언질을 주다
● commit murder(suicide) 살인(자살)하다
● commit one's idea to paper 생각난 것을 종이에 적어두다
● commit a story to memory 이야기를 암기하다

attain

[ətéin]

(노력하여) 도달하다
달성하다

Jack has finally attained his ambition to be a novelist.

잭은 마침내 소설가가 되려는 야망을 달성했다.

☑ attainable 형 달성할 수 있는
   attainment 명 도달, (-s)학식
● a person of great attainments 학식이 풍부한 사람

perform

[pərfɔ́ːrm]

(수술 따위)를 수행하다
공연하다

He deliberately performed his duty.

그는 신중하게 의무를 수행했다.

We performed the play in front of the Queen.

우리는 여왕 앞에서 연극을 공연했다.

☑ performer 명 행위자, 연기자
   performance 명 연기, 수행

murder [mɔ́ːrdər] ~을 살해하다 명 살인	The police arrested the man who had murdered the girl. 경찰은 그 소녀를 살해한 남자를 체포했다. ☑ murderer 명 살인자
punish [pʌ́niʃ] ~를 벌주다, 처벌하다	If you break the law, you will be punished. 만약 법을 어기면 처벌받을 것이다. ☑ punishing 형 벌을 주는 　punishment 명 처벌 ● punish theft 절도를 처벌하다 ● punish him for impudence 그의 건방진 행동을 응징하다
condemn [kəndém] ~를 심하게 비난하다 ~에게 유죄 판결을 내리다	We condemned him for his rude conduct. 우리는 그의 무례한 행동을 꾸짖었다. ☑ condemnation 명 비난, 유죄 판결 ● be condemned to death 사형 판결을 내리다
fine [fáin] ~에게 벌금을 과하다 명 벌금	He was fined 100 dollars for drunken driving. 그는 음주 운전으로 100달러의 벌금이 부과되었다. ● a parking fine 주차 위반 벌금 ● pay a $10 fine 벌금 10달러를 물다
select [silékt] ~을 고르다, 선택하다 형 선택된, 고급의	I selected him from among many candidates. 나는 많은 후보자 중에서 그를 뽑았다. ☑ selection 명 선택 　selective 형 선택하는, 엄선된 ● select oneself out (동아리에서) 이탈하다 ● natural selection 자연 도태
divide [diváid] 나누다, 분리하다	He dived into the river and found out jewels, which he divided among his friend. 그는 강으로 잠수해서 보석을 찾아, 그것을 친구들과 나누었다. ☑ divided 형 갈라진, 분할된 　division 명 분할, 나눗셈 ● divide A into B A를 나누어 B로 하다

tend
[ténd]

(~하는) 경향이 있다
돌보다(to do)

Too much smoking tends to injure the voice.
지나친 흡연은 목소리를 상하게 하기 쉽다.

☑ tendency 명 경향
- show a tendency to increase 증가하는 경향을 보이다

spare
[spέər]

할애하다, 아끼다
형 예비의 명 예비품

I can't spare any time at present.
나는 현재 시간을 쪼갤 수 없다.

- spare oneself 몸을 사리다
- make spare 절약하다

exist
[igzíst]

존재하다, 있다

It is unknown that life existed on Mars.
화성에 생명이 존재했는지는 불분명하다.

☑ existence 명 존재, 생존
- exist in~ ~에 있다
- come into existence 생기다, 나타나다
- in existence 현존하는

survive
[sərváiv]

생존하다, 살아남다

She survived her husband by ten years.
그녀는 남편보다 10년 더 오래 살았다.

☑ survival 명 생존, 생존자
- the survival of the fittest 적자 생존

cease
[síːs]

그만두다

He warned us to cease talking.
그는 잡담을 그만두라고 우리에게 경고했다.

☑ ceaseless 형 끊임없는
- without cease 끊임없이, 그칠사이 없이

surrender
[səréndər]

항복하다, 포기하다
인도하다 명 포기, 항복

After the atomic bombing of Hiroshima and Nagasaki, Japan surrendered in 1945.
히로시마와 나가사키에 원자폭탄이 투하된 후, 일본은 1945년에 항복했다.

- surrender oneself 항복하다
- surrender oneself to grief 비탄에 잠기다
- surrender to violence 폭력에 굴하다
- unconditional surrender 무조건 항복

bury

[béri]

~을 파묻다
~을 가라앉히다

Many people are still buried alive after the earthquake.

지진이 있은 후, 많은 사람들이 아직 생매장되어 있다.

☑ burial 몡 매장

- be buried alive 생매장되다
- bury oneself 몰두하다, 빠지다

yield

[jíːld]

산출하다, 양도하다
(이익을) 내다

Billy's father finally yielded to him and bought him a car.

빌리의 아버지는 마침내 그에게 항복하고, 차를 사 주었다.

- yield to temptation 유혹에 굴복하다
- yield possession 소유권을 양도하다

stoop

[stúːp]

구부리다, 굴복하다
몡 굽힘, 굴복

If there is a fire, stoop to avoid smoke.

만일 불이 나면 연기를 마시지 않도록 몸을 숙여라.

- stoop to pick up a coin 동전을 줍기 위해 숙이다
- stoop oneself 몸을 굽히다

imitate

[ímətèit]

~를 흉내내다

The other children laughed when she imitated the teacher's voice.

그녀가 선생님의 목소리를 흉내내자, 다른 아이들은 웃었다.

☑ imitation 몡 모조품 혱 모방의

- give an imitation of~ ~을 흉내내다
- in imitation of~ ~을 흉내내어

resemble

[rizémbl]

~을 닮다

The brothers resemble each other so much.

그 형제는 서로 매우 닮았다.

☑ resemblance 몡 유사, 닮음
   resemblant 혱 닮은, 유사한

pretend

[priténd]

~인 체하다, 속이다

She pretended not to see me on the street.

그녀는 거리에서 나를 못 본 체했다.

He pretended illness.

그는 꾀병을 부렸다.

☑ pretense 몡 위장, 거짓

- under(on) the pretense of~ ~이라는 구실로

deceive [disí:v] 속이다, 기만하다	They deceived me into believing that they would help me. 그들은 나를 도울 것이라고 속였다. ☑ deceit 몡 사기, 불성실 　 deceitful 혱 거짓의 　 deception 몡 속임, 기만
suspect [səspékt] ~을 의심하다, 생각하다 몡 용의자 혱 의심스러운	I suspect that the man has taken the money away. 나는 그 남자가 돈을 가지고 달아났다고 의심한다. ☑ suspicion 몡 의혹 　 suspicious 혱 의심스러운 ● be suspect of~ ~의 혐의를 받다 ● on (the) suspicion of~ ~의 혐의로
doubt [dáut] 의심하다 몡 의심	The inspector doubted his story. 형사는 그의 진술을 의심했다. ☑ doubtful 혱 의심스러운, 불확실한 　 doubtfully 뮈 의심쩍게 ※ 확신의 정도가 가장 강함 ● in doubt 의심하여, 주저하여 ● make no doubt of~ ~을 확신하다 ● without doubt (no doubt) 확실히
conceal [kənsí:l] ~를 숨기다, 감추다	She tried to conceal her grief at the party. 그녀는 파티에서 자기의 슬픔을 감추려고 했다. ☑ concealment 몡 숨기는 일, 잠복 ● conceal oneself 숨다, 잠복하다
deny [dinái] ~을 부정하다	Many scientists denied the existence of UFOs. 많은 과학자들은 미확인 비행물체의 존재를 부정했다. ☑ denial 몡 부정, 거절
exaggerate [igzǽdʒərèit] 과장하다, 허풍치다	The report exaggerated the capacity of the hall. 그 보고에서는 홀의 수용 능력이 과장되어 있었다. ☑ exaggerated 혱 과장된 　 exaggeration 몡 과장

144

tempt

[témpt]

~을 유혹하다
~의 마음을 끌다

He was tempted to pretend to be out when the visitor called on him.
손님이 왔을 때, 그는 나가는 척하고 싶은 유혹을 받았다.

☑ temptation 명 유혹

- tempt A into doing A를 유혹하여 ~하게 하다
- be tempted to do~ ~하고 싶어지다

reject

[ridʒékt]

거절하다

Many countries have rejected to accept refugees.
많은 나라들이 난민 수용을 거절했다.

☑ rejection 명 거절, 폐기

※ refuse보다 강한 단어

decline

[diklaín]

~을 정중히 거절하다
기울이다, 쇠퇴하다

He declined my proposal.
그는 나의 제안을 거절했다.

His health has declined since the accident.
그의 건강은 사고 이후 쇠퇴했다.

- on the decline 쇠퇴하여
- the decline and fall of the Roman Empire
  로마 제국의 쇠퇴

refuse

[rifjúːz]

거절하다, 거부하다

If he offers something to you and you refuse it, he would feel insulted.
만일 그가 너에게 뭔가 제안하고 네가 그것을 거절 한다면,
그는 모욕 받은 느낌일 것이다.

☑ refusal 명 거절

- give ~ a flat refusal ~에게 딱 잘라 거절하다

hesitate

[hézətèit]

망설이다

He hesitated a moment before diving into the pool.
그는 풀에 뛰어들기 전에 잠깐 망설였다.

☑ hesitation 명 주저, 망설임
hesitant 형 망설이는

reward

[riwɔ́ːrd]

~에 보답하다 명 보상

His efforts were rewarded in the long run.
그의 노력은 결국 보상을 받았다.

- in reward for (of) ~ ~의 상으로서, ~에 보답하여

treat
[tríːt]

~을 취급하다
간주하다, 치료하다
명 대접

The doctor treated his patient with kindness.
의사는 환자를 친절하게 치료했다.
Some people treat their dogs as one of the family.
몇몇 사람들은 그들의 개를 가족처럼 대한다.
This is my treat.
이것은 내가 한턱 내겠다.

☑ treatment 명 취급, 대우, 치료
● treat oneself to~ ~을 큰맘 먹고 사다

postpone
[poustpóun]

연기하다

They postponed the meeting until next Thursday.
그들은 다음 목요일까지 모임을 연기했다.
Postponed in case of rain.
우천시 연기

☑ postponement 명 연기

delay
[diléi]

~을 연기하다
~을 지체시키다 명 지연

The snow delayed the train for two hours.
눈 때문에 열차가 2시간 동안 지연되었다.

● without delay 지체 없이, 곧바로(통 at once)
※ 일정 기간 또는 무기한으로 연기하는 것

interfere
[ìntərfíər]

방해하다, 간섭하다

The government should not interfere with what is taught in the home.
정부는 가정에서의 교육에 간섭해서는 안 된다.

☑ interference 명 방해, 간섭
● interfere with~ ~간섭하다

bind
[baind]

~을 묶다
~을 구속하다

They bound the boy to a tree.
그들은 나무에 그 소년을 묶었다.

☑ binder 명 묶는 사람, 바인더
● be bound up with~ ~와 밀접한 관계가 있다

increase

[inkríːs]

증가하다, 확대하다
몡 증가

The annual income of women is increasing in America.

미국에서는 여성의 연봉이 증가하고 있다.

- on the increase 차츰 증가하여
- increase taxes 세금을 올리다
- increase one's efforts 한층 더 노력하다

decrease

[dikríːs]

감소하다, 줄이다
몡 감소

The factory's output decreased to half that of the previous year.

공장의 생산이 전년의 반으로 감소했다.

☑ decreasing 휑 감소하는

- on the decrease 점점 감소하여
- decrease in value 가치가 떨어지다

lack

[læk]

~이 결핍되다
부족하다 몡 부족

Most of the world's poor countries lack the basic necessities of life.

세계 빈곤국의 대부분은 기본적인 생활 필수품이 부족하다.

- There is no lack of~ ~이 많다
- with no lack of~ ~이 가득한

defend

[difénd]

~을 방어하다
~를 변호하다

I defended her against the attacker.

나는 그녀를 공격자로부터 지켰다.

☑ defense 몡방어 / defensive 휑방어의
   defendant 몡피고

- defend oneself 변명하다
- defend one's country 나라를 지키다
- defend a case 사건을 변호하다, 무죄를 주장하다

prevent

[privént]

~을 방해하다
~을 예방하다

His modesty prevented him from making his feelings known to her.

수줍음 때문에 그는 자기의 기분을 그녀에게 전하지 못했다.

☑ prevention 몡방지
   preventive 휑예방의

- prevent A (from) ~ing A가 ~하는 것을 방해하다

avoid

[əvɔ́id]

~을 피하다, 자제하다

You had better avoid driving through the crowded streets.
너는 혼잡한 거리의 운전을 피하는 것이 좋다.

- ☑ avoidance 몡 회피, 기피
  unavoidable 혱 피할 수 없는
- cannot avoid ~ing~ ~하지 않을 수 없다

---

beat

[bí:t]

때리다, 이기다
몡 타격. 맥박

Our soccer team beat all the other teams in the town.
우리 축구팀은 마을의 다른 팀들을 모두 물리쳤다.
The rain is beating against the windows.
비가 창문을 때리고 있다.

- beat a A on the head A의 머리를 때리다
- the rain beating the window 창문을 때리는 비

---

imagine

[imǽdʒin]

~을 상상하다
짐작하다

I cannot imagine life without you.
나는 네가 없는 생활은 상상할 수 없다.
Can you imagine!
상상이 돼!

- ☑ imagination 몡 상상, 상상력 / imaginary 혱 상상의
  imaginable 혱 상상할 수 있는

---

suppose

[səpóuz]

(아마 ~라고) 생각하다
예정이다

We were supposed to have a test this morning.
우리는 오늘 아침에 시험을 보기로 되어 있었다.
I suppose so.
그렇게 생각한다.

- ☑ supposed 혱 가정의
  supposing 젭 만약 ~이라면
- be supposed to do~ ~하기로 돼 있다

---

guess

[gés]

~을 추측하다
~을 알아맞히다

Guess who is coming to see us.
누가 우릴 만나러 오는지 맞혀 봐라.
Guess what.
(말을 시작할 때) 있잖아, 이봐, 맞혀 봐!

- I guess ~ ~이라고 생각하다

assume

[əsúːm]

~이라고 가정하다
생각하다

The naughty girl assumed an air of innocence.
그 장난꾸러기 소녀는 나쁜 짓을 하지 않은 체했다.

☑ assumed 혱 허위의
assumption 몡 가정, 추정
● assume that~ ~이라 가정하여

disappoint

[dìsəpɔ́int]

~을 실망시키다

I did not mean to disappoint her.
그녀를 실망시킬 작정은 아니었다.

● be disappointed at~ ~에 실망하다

maintain

[meintéin]

~을 유지하다
~을 주장하다

The hospital is maintained by the state money.
그 병원은 국비 자금으로 유지되고 있다.

☑ maintenance 몡 유지, 정비, 주장
● maintain oneself 스스로 생활하다

annoy

[ənɔ́i]

귀찮게 굴다
짜증내다

I was so annoyed by the way he treated his wife.
나는 그가 아내를 대하는 태도를 보고 매우 화가 났다.

☑ annoyance 몡 성가심
● be annoyed at~ ~화내다
● be annoyed at trifles 사소한 일에 화내다

※ 방해, 질문 따위로 귀찮게 하는 것

frighten

[fráitn]

~을 깜짝 놀라게 하다
두렵게 하다

The loud explosion frightened all the workers.
굉장한 폭발음이 모든 근로자들을 놀라게 했다.

☑ fright 몡 공포
frightened 혱 깜짝 놀란, 겁이 난
● be frightened at~ ~에 놀라다
● be frightened of~ ~을 무서워하다

divorce

[divɔ́ːrs]

~와 이혼하다 몡 이혼

The divorce court divided the couples
wealth in half.
이혼 재판은 부부의 재산을 절반씩 나누었다.

They got divorced.
그들은 이혼했다.

● divorce suit 이혼 소송

struggle

[strʌ́gl]

투쟁하다, 분투하다
⑲ 투쟁, 분투

He struggled for his life in the desert.
그는 사막에서 생존을 위해 몸부림쳤다.

- struggle for~ ~을 얻기 위해 분투하다
- the struggle for existence 생존 경쟁

quarrel

[kwɔ́:rəl]

다투다, 언쟁하다
⑲ 말다툼

The boys quarreled over the use of the tennis court.
소년들은 테니스 코트 사용 문제로 다투었다.

☑ quarrelsome ⑲ 싸움을 좋아하는
- make up a quarrel with~ ~와 화해하다
- quarrel with A about B B의 일로 A와 다투다

※ 폭력적인 싸움은 fight

compete

[kəmpí:t]

경쟁하다, 겨루다

I had to compete with him for promotion.
나는 승진을 위해 그와 경쟁해야 했다.

☑ competition ⑲ 경쟁, 시합
- compete with A for B A와 B를 위해 경쟁하다
- compete with a A in ~ing A와 경쟁으로 ~하다

suggest

[səgdʒést]

~을 제안하다
~을 시사하다

Who suggested his taking part?
누가 그에게 참가를 제안했나요?

☑ suggestion ⑲ 제안, 시사
  suggestive ⑲ 시사하는, 연상시키는
- I suggest that~ ~라고 생각하는데, 사실은 어떤가

envy

[énvi]

질투하다, 부러워하다
⑲ 질투, 부러움

I envy him (for) his good fortune.
나는 그의 행운이 부럽다.

☑ envious ⑲ 부러워하는
- be in envy of~ ~을 부러워하다, 샘내다
- be envious of~ ~을 부러워하다

interrupt

[ìntərʌ́pt]

중단하다, 방해하다

Her speech was interrupted by the roar of a passing plane.
그녀의 연설은 비행기 지나가는 소리에 중단되었다.

☑ interruption ⑲ 중단, 방해
- interrupt a conversation 대화를 중단시키다

congratulate

[kəngrǽtʃulèit]

~을 축하하다

We congratulated her on her birthday.
우리는 그녀의 생일에 그녀를 축하했다.

I congratulate myself on finding a good job.
좋은 일자리를 구해서 기쁘다.

☑ congratulation 몡 축하, (~s)축하의 말 깝 축하합니다
● congratulate oneself on ~ ~을 기뻐하다

resist

[rizíst]

저항하다, 참다

Like most men, David resists being told what to do.
대부분의 남자들처럼, 데이빗은 명령받는 것에 반항한다.

Gold resists rust.
금은 녹슬지 않는다.

☑ resistance 몡 저항
● resist doing~ ~하지 않으려고 저항하다

regret

[rigrét]

~을 후회하다
몡 유감, 후회

He regretted borrowing the book from her.
그는 그녀에게 그 책을 빌린 것을 후회했다.

☑ regretful 혱 후회하는, 애석해 하는
● regret ~ing ~하려(한) 것을 후회하다
● regret to~ 유감스럽게도 ~하다
● with regret 유감스러워하며

govern

[gʌ́vərn]

~을 통치하다, 지배하다
(감정 따위를) 억누르다

The treaty granted the U.S.A. to govern the country.
그 조약은 미국이 그 나라를 통치 하는 것을 인정했다.

☑ government 몡 정치, (the Government) 정부
governor 몡 주지사

conquer

[kάŋkər]

정복하다, 극복하다

We have to conquer our enemy.
우리는 적을 정복하지 않으면 안 된다.

☑ conquest 몡 정복, 극복

warn
[wɔ́:rn]
경고하다

He warned his daughter not to walk alone late at night.
그는 딸에게 밤늦게 홀로 걸어 다니지 말라고 경고했다.

☑ warning 몡 경고
- warn A of B A에게 B를 주의하라고 경고하다
- warn of danger 위험을 경고하다

alarm
[əlá:rm]
~을 깜짝 놀라게 하다
위급을 알리다
몡 알람, 경보

The news that war might break out alarmed the people.
전쟁이 일어날지도 모른다는 보도가 사람들을 놀라게 했다.

Don't be alarmed.
놀라지 마라.

- be alarmed at~ ~에 깜짝 놀라다
- be alarmed by an attack 공격에 놀라다
- false alarm 허위 경보

protest
[próutest]
~에 항의하다
몡 항의, 시위

All the local farmers protested against the new airport.
지역 농민은 모두 신공항 건설에 항의했다.

- protest a decision 결의에 반대하다
- protest friendship 우정을 다짐하다
- protest demonstration 항의 데모

emerge
[imə́:rdʒ]
(갑자기) 나타나다
명백해지다

The figures of two men emerged from the forest.
두 남자의 모습이 숲에서 나타났다.

☑ emergency 몡 비상 (긴급) 사태, 응급실
- in an emergency 비상시에

locate
[lóukeit]
~의 장소를 정하다
~에 놓다

The town is located in the extreme southern part of Thailand.
그 마을은 태국의 최남단에 위치해 있다.

Are you located yet?
정착할 곳은 정했느냐?

☑ location 몡 장소, 부지, 위치 선정

inquire

[inkwáiər]

문의하다
조사하다

The police inquired into the cause
of the accident.

경찰은 그 사고의 원인을 조사했다.

☑ inquiry 옝 질문, 조사, 연구

- inquire about~ ~에 관해 묻다
- inquire after~ ~의 안부를 묻다
- inquire into~ ~을 조사하다
- inquire the way to ~ ~으로 가는 길을 묻다
- inquire into a murder case 살인 사건을 조사하다

※ ask 보다 형식적인 말

advance

[ədvǽns]

전진하다, 제출하다
옝 전진, 진보

The president advanced for a new plan to expand
his business.

사장은 사업을 확장하기 위한 새로운 계획을 추진했다.

☑ advanced 옝 상급의, 선진의

- in advance 미리, 선금으로
- advanced learners 상급 학습자
- advanced countries 선진국

inspect

[inspékt]

~을 세심하게 조사하다
~을 시찰하다

The police were inspecting the contents
of his bag.

경찰은 그의 가방 내용물을 조사중이었다.

☑ inspection 옝 검사, 시찰
　 inspector 옝 검사관, 감독

- inspect troops 군대를 사열하다

testify

[téstəfài]

증언하다, 증명하다

An accomplice testified against the murderer.

공범자의 한 사람은 살인범에게 불리한 증언을 했다.

It testifies his honesty.

그것은 그의 정직함을 증명한다.

☑ testimony 옝 증언, 증명

- testify against(for)~ ~에게 불리(유리)한 증언을 하다
- testify to~ ~을 증명하다
- testify that~ ~이라고 증언(증명)하다

동사 → 형용사

– able

admire 칭찬하다 ▸ admirable 칭찬할 만한
admit 허락하다 ▸ admittable 허락하는
change 변화하다 ▸ changeable 변하기 쉬운
comfort 위로하다 ▸ comfortable 안락한
manage 다루다 ▸ manageable 다루기 쉬운
notice 알아채다 ▸ noticeable 눈에 띄는
remark 주의하다 ▸ remarkable 주목할 만한
value 중시하다 ▸ valuable 귀중한

– ible

divide 나누다 ▸ divisible 나눌 수 있는
flex 구부러지다 ▸ flexible 잘 구부러지는
reflex 반사하다 ▸ reflexible 반사성의
respond 답하다 ▸ responsible 책임 있는

– ible

act 행동하다 ▸ active 활동적인
attract 흥미를 일으키다 ▸ attractive 매력 있는
construct 구성하다 ▸ constructive 구조상의
effect 실행하다 ▸ effective 효력이 있는
extend 넓히다 ▸ extensive 넓은
instruct 교육하다 ▸ instructive 교육적인
progress 진보하다 ▸ progressive 진보적인
suggest 암시하다 ▸ suggestive 암시적인

– ory

contradict 상반하다 ▸ contradictory 모순된
compel 강요하다 ▸ compulsory 강제적인
prepare 준비하다 ▸ preparatory 준비의
satisfy 만족시키다 ▸ satisfactory 만족스러운

–ant, ent

attend 출석하다 ▸ attendant 출석한

please 즐거워하다 ▸ pleasant 즐거운
appear 나타나다 ▸ apparent 명백한
obey 복종하다 ▸ obedient 순종하는
persist 고집하다 ▸ persistent 완고한
prevail 유행하다 ▸ prevalent 유행의

– ing

amuse 즐겁게 하다 ▸ amusing 재미있는
entertain 즐겁게 하다 ▸ entertaining 재미있는
excite 자극하다 ▸ exciting 흥분시키는
fight 싸우다 ▸ fighting 호전적인
interest 흥미를 일으키다 ▸ interesting 흥미 있는
live 살다 ▸ living 살아있는
move 움직이다 ▸ moving 움직이는
oblige 은혜를 베풀다 ▸ obliging 친절한

명사 → 형용사

– ate

affection 애정 ▸ affectionate 애정 있는
fortune 운 ▸ fortunate 행운의
passion 정연 ▸ passionate 정연적인

– y

anger 노여움 ▸ angry 화난
fog 안개 ▸ foggy 안개 짙은
hunger 배고픔 ▸ hungry 배고픈
mud 진흙 ▸ muddy 진흙의, 진창의

– ic

character 성격 ▸ characteristic 특징적인
energy 정력 ▸ energetic 정력적인
giant 거인 ▸ gigantic 거대한
machine 기계 ▸ mechanic 기계적인
science 과학 ▸ scientific 과학적인

■ – ai

commerce 상업   ▶ commercial 상업의
education 교육   ▶ educational 교육적인
essence 본질   ▶ essential 본질적인
finance 재정, 금융   ▶ financial 재정의

■ – ly

coward 겁쟁이   ▶ cowardly 겁쟁이의
friend 친구   ▶ friendly 우정 있는
man 남성   ▶ manly 남자다운
week 주   ▶ weekly 매주의

■ – ous

advantage 유리한 지위   ▶ advantageous 유리한
conscience 양심   ▶ conscientious 양심적인
courage 용기   ▶ courageous 용기 있는
religion 종교   ▶ religious 종교적인

■ – less

cease 끝남, 종지   ▶ ceaseless 끊임없는
count 계산   ▶ countless 셀수없는
hope 희망   ▶ hopeless 희망 없는

명사 → 동사

■ o → e

blood 피   ▶ bleed 출혈하다
food 음식   ▶ feed 음식을 주다, 기르다

■ ll

sale 판매   ▶ sell 팔다
tale 이야기   ▶ tell 말하다

■ – e

bath 목욕   ▶ bathe 목욕하다
breath 호흡   ▶ breathe 호흡하다

■ – ize

critic 비평가   ▶ criticize 비평하다
organ 기관   ▶ organize 조직하다

■ – ify

beauty 아름다움   ▶ beautify 아름답게 하다
class 종류   ▶ classify 분류하다

■ – en, em–, im–

body 신체   ▶ embody 구체화하다
circle 원   ▶ encircle 둘러싸다
prison 감옥   ▶ imprison 감옥에 넣다

형용사 → 동사

■ – en

deep 깊은   ▶ deepen 깊게 하다
high 높은   ▶ heighten 높게 하다

■ – ify

just 올바른   ▶ justify 정당화하다
simple 간단한   ▶ simplify 간단하게 하다

■ –ize

civil 예의 바른   ▶ civilize 문명화하다
mechanic 기계적인   ▶ mechanize 기계화하다
real 진실한   ▶ realize 실현하다
stable 안정된   ▶ stabilize 안정시키다

royal
[rɔ́iəl]

왕실의, 왕다운

The king and his family live in the royal palace.
국왕과 그 가족은 왕궁에 살고 있다.
There is no royal road to learning.
학문에 왕도가 없다.

☑ **royalty** 명 왕족, 인세
- royal road 왕도, 지름길
- royal blood 왕족, 왕가
- royal bearing 당당한 태도

loyal
[lɔ́iəl]

충실한, 성실한
명 충신, 애국자

The soldiers remained loyal to their country.
군인들은 여전히 나라에 충성을 다했다.

☑ **loyalty** 형 충실함, 충성심
- one's loyal husband 성실한 남편
- loyal friend 성실한 친구

voluntary
[váləntèri]

자발적인, 자원 봉사의

She made a voluntary statement to the police.
그녀는 경찰에 자진해서 진술했다.

☑ **volunteer** 명 지원자, 지원병 통 지원하다
- voluntary army 의용군
- voluntary aid 자발적 원조
- voluntary association 임의 단체
- voluntary co-operation 자발적 협력
- voluntary act 자발적인 행동

spontaneous
[spantéiniəs]

자발적인, 자연스러운

He made a spontaneous offer of help.
그는 자발적으로 원조를 제공했다.

☑ **spontaneity** 명 자발성, 자발적 행위
- spontaneous combustion 자연 발화
- spontaneous expressions 무의식적인 표현
- spontaneous offer 자발적인 제공

primary
[práimeri/-məri]

가장 중요한, 제1의
초등학교의

This is the primary reason for my refusing your request.
이것이 내가 너의 요청을 거절하는 첫째 이유이다.

☑ **primarily** 🟥 무엇보다 먼저

- primary care 초기 치료, 초기
- primary industry 1차 산업
- primary institution 기초 조직

※ '제2의'는 secondary

main
[méin]

주된, 주요한
🟥 주요부, 본선

What is the main purpose of your studying English?
네가 영어를 공부하는 주요 목적은 무엇이냐?

- by main force 전력을 다하여
- in the main 대체적으로
- the main reason for~ ~의 주된 원인
- main road 간선도로

major
[méidʒər]

주요한, 대부분의
🟥 전공 과목
🟩 전공하다

Automobiles are a major export of Korea.
자동차는 한국의 주요 수출품이다.

☑ **majority** 🟥 대다수, 과반수

- major in~ ~을 전공하다
- major factor 주요 요인
- major form 주요 형태

minor
[máinər]

대수롭지 않은
소수의 🟥 미성년자

He got only a minor number of votes in the election.
그는 선거에서 단지 소수의 표를 얻었다.

☑ **minority** 🟥 소수(파)

- minority group 소수 민족
- minor accident 사소한 사고
- minor importance 덜 중요함
- minor offense 사소한 위반

raw
[rɔ́ː]

날것의, 가공하지 않은

Raw foods can contain dangerous bacteria.
날 음식에는 위험한 박테리아가 포함될 수 있다.

- raw materials 원재료   • raw sugar 원당
- eat fish raw 생선을 날로 먹다
- eat oysters raw 굴을 날것으로 먹다

crude
[krúːd]

천연 그대로의
자연의

Korea imports a great deal of crude oil from the Middle East.
한국은 중동에서 대량의 원유를 수입한다.
- crude reality 있는 그대로의 현실
- crude rubber 생고무
- crude behavior 버릇없는 행동

sour
[sáuər]

시큼한, 신, 싫은

When dissolved in water, acids have a sour taste.
산은 물에 녹으면 신맛이 난다.
- sour grapes 오기, 지기 싫어함

cruel
[krúːəl]

잔인한, 잔혹한

The soldiers performed many cruel acts.
군인들은 잔학 행위를 많이 저질렀다.
- ☑ cruelty 몡 잔혹, 무자비, 잔인한 짓
- cruel master 냉혹한 주인
- cruel scene 잔혹한 광경 ● cruel war 참혹한 전쟁

concise
[kənsáis]

간결한, 명료한

His style is concise and readable.
그의 문체는 간결해서 읽기 쉽다.
- concise digest 간결한 요약
- with a concise style 간결한 문체로

hostile
[hástl]

적대적인
비우호적인

Everybody took a hostile attitude toward illegal aliens.
모든 사람들이 불법 체류자에 대해 적대적인 태도를 취했다.
- ☑ hostility 몡 적개심
- hostile act 적대 행위
- hostile criticism 적의 있는 비평
- hostile people 적대적인 사람
- hostile response 적대적 반응

concrete
[kánkríːt]

구체적인, 실제의
몡 콘크리트

I've got a concrete proposal about what you should do.
나는 네가 해야 될 구체적인 안이 있다.
- in the concrete 실제적으로, 구체적으로
- concrete proof 구체적 증거
- concrete pavement 콘크리트 포장 도로

sacred

[séikrid]

신성한, 성스러운

The hawk was a sacred animal to the ancient Egyptians.

매는 고대 이집트에서 신성한 동물이었다.

- sacred promise 엄숙한 서약
- sacred song 신성한 노래 • sacred building 신전

entire

[intáiər]

전체의, 완전한

Beethoven devoted his entire life to composing.

베토벤은 작곡에 일생을 바쳤다.

☑ entirely 🖳 완전히, 전적으로

- not entirely 전적으로 ~한 것은 아닌
- entire territory 전 영토 • entire town 마을 전체
- entire family 가족 전체 • entire ignorance 일자무식

whole

[hóul]

전부의, 완전한

They are going to stay at my house over the whole weekend.

그들은 주말 전부를 우리집에서 머무를 예정이다.

- on the whole 대체로
- whole country 전국
- for three whole years 만 3년 동안

partial

[páːrʃəl]

일부분의, 편파적인

He has a only a partial knowledge on European history.

그는 유럽 역사의 일부 지식밖에 없다.

I am very partial to fruits.

나는 과일이라면 사족을 못쓴다.

☑ partiality 🖳 편애, 부분적임, 편파적임

- be partial to~ ~에 편애하다
- partial eclipse 부분 일(월)식
- partial payment 일부 지불
- partial knowledge 어설픈 지식

mobile

[móubəl/-bail]

이동하기 쉬운

I'm more mobile now that I have my own car.

내 차가 생기면서 행동 범위가 더 넓어졌다.

- mobile library 이동 도서관
- mobile station 이동 방송국
- mobile vending 이동 판매
- mobile troops 기동 부대

liable

[láiəbl]

~하기 쉬운
책임져야 할

We are liable for the damage.
우리는 그 손해에 책임이 있다.

Glass is liable to break.
유리는 깨지기 쉽다.

- ☑ liability 명 하기 쉬움, 경향, 책임, 빚
- be liable to~ ~하기 쉽다
- be liable for~ ~의 책임이 있다
- product(s) liability 제조물 책임

tidy

[táidi]

단정한, 깨끗한
동 정돈하다

Keep your room tidy.
방을 정돈해 두어라.

- tidy away 정리하다, 치우다
- tidy oneself 몸단장하다
- tidy sum of money 꽤 많은돈
- tidy chap 괜찮은 녀석

stubborn

[stʌ́bərn]

완고한, 고집 센
다루기 힘든

He is stubborn about doing things (in) his own way.
그는 자기 식으로 하려고 고집한다.

- stubborn child 고집 센 아이
- stubborn defense 완강한 방어
- stubborn disease 난치병

wicked

[wíkid]

사악한, 심술궂은

The sun also shines on the wicked.
태양은 사악한 자들에게도 비춘다.

- wicked cold 악성 감기
- wicked weather 사나운 날씨

mean

[mí:n]

열등한, 비열한

It was mean of you to cheat him.
그를 속이다니 너는 비열했다.

- of mean birth 태생이 천한 (보잘것 없는)
- mean behavior 비열한 행동
- mean appearance 초라한 외모
- be mean about money 돈에 인색하다

fragile

[frǽdʒəl/-dʒail]

깨지기 쉬운, 허약한

The country may be prosperous, but it is a fragile prosperity.
그 나라는 번영할지 모르지만, 그것은 깨지기 쉬운 번영이다.

Fragile! 파손 주의

content
[kəntént]

만족한, 마음 편한
동 ~을 만족시키다

Be content with a small salary for now.
지금은 적은 월급이라도 만족해라.

☑ contented 형 충분히 만족하여
    contentment 명 만족
- be content with~ ~에 만족하다
- live(die) content 편안히 살다(죽다)

---

secure
[sikjúər]

안전한, 튼튼한
동 ~을 안전하게 하다

The building is not secure against a powerful earthquake.
그 빌딩은 강력한 지진에 대해 안전하지 않다.

☑ security 명 안전, 방위 수단
- secure fortress 난공불락의 요새
- secure knot 단단한 매듭 • secure life 안정된 생활
- secure foundation 튼튼한 토대

---

parallel
[pǽrəlèl]

평행의, 대응하는
명 평행선
동 ~과 평행하다

The highway runs parallel with the railroad.
그 고속도로는 철로와 나란히 뻗어 있다.

- without (a) parallel 유례 없이
- in parallel 병행으로, 동시에
- parallel lines 평행선
- parallel transportation 평행 이동
- parallel circuit 병렬 회로

---

fair
[féər]

공평한, 규칙에 맞는

The teacher was very fair when she marked our exams.
선생님은 우리의 시험을 채점할 때에 매우 공정했다.

- by fair means of foul 무슨 일이 있어도, 기어코
- fair judgement 공정한 판단
- fair treatment 공평한 취급 • fair share 공평한 몫
- fair fight 정정당당한 싸움

---

jealous
[dʒéləs]

질투하는
경계하는

His wife was jealous of his old girl friend.
그의 아내는 남편의 옛 여자 친구를 질투했다.

☑ jealousy 명 질투
- be jealous of~ ~을 부러워하다
- keep a jealous eye on~ ~을 방심하지 않고 경계하다
- jealous husband 투기심이 많은 남편

161

timid

[tímid]

겁많은, 소심한
소극적인

He is a timid person.
그는 소심한 사람이다.

- ☑ timidity 圐 소심, 내성적임
- (as) timid as a rabbit (토끼처럼) 아주 겁많은
- be timid with strangers 낯선 사람 앞에서 주뼛주뼛하다

---

rigid

[rídʒid]

엄격한, 경직된
융통성이 없는

The dormitory rules were very rigid
residents could not visit each other at night.
기숙사 규칙은 매우 엄격해서, 기숙생들은 야간에 서로 방문할 수 없다.

- rigid smile 굳은 웃음 • rigid bar 단단한 몽둥이
- rigid definition 엄격한 정의
- rigid discipline 엄격한 규율

---

gigantic

[dʒaigǽntik]

거대한, 대규모의

The bureaucrats maintain solid ties with the
gigantic corporations.
관료들은 큰 기업과 탄탄한 유대를 유지하고 있다.

- ☑ gigantism 圐 거인증, 거대증
- gigantic statue 거대한 조각상

---

audible

[ɔ́:dəbl]

들리는, 들을 수 있는

His voice was barely audible.
그의 목소리는 거의 들리지 않았다.

- in clearly audible voice 똑똑히 들리는 소리로

---

ultimate

[ʌ́ltəmət]

궁극적인, 최종의

In the 20th century, humanity created an
ultimate weapon : the nuclear bomb.
20세기에 인류는 최후의 무기인 핵폭탄을 만들어냈다.

- ☑ ultimatum 圐 최후 통첩
- ultimate destination 최종 목적지
- ultimate responsibility 최종 책임
- ultimate triumph 최후의 승리

---

thorough

[θə́:rou / θʌ́r-]

완전한, 철저한

He is thorough in his work.
그는 일에 철저하다.

- ☑ thoroughbred 휑 순혈종(의), 가문이 좋은
  thoroughly 圐 완전히, 철저히
- thorough reform 철저한 개혁

absolute

[ǽbsəlùːt]

절대적인, 완전한

The President has absolute trust in Mr. Ahn.
대통령은 안씨를 절대적으로 신뢰한다.

☑ **absolutely** 🖩 절대적으로
- absolute principle 절대 원칙
- absolute majority 절대 다수

bound

[báund]

~할 의무가 있는
묶인

The witness is bound to tell the truth.
증인은 반드시 진실을 말해야 된다.

- be bound to ~ 반드시 ~하다, ~할 책임이 있다

※ bound에는 '튀다, 경계, ~행의' 등의 뜻도 있다.

inevitable

[inévətəbl]

피할수 없는, 필연적인

He was so badly injured in the accident that
his death seemed inevitable.
그는 그 사고로 중상을 입어 죽음이 불가피해 보였다.

- inevitable result 필연적인 결과

capital

[kǽpətl]

주요한, 자본의
대문자의
🖩 수도, 대문자, 자본

He has attracted huge investment capital from
abroad.
그는 해외로부터 막대한 투자 자본을 유치했다.

☑ **capitalism** 🖩 자본주의
- capital city 수도
- capital punishment 사형, 극형
- capital error 중대한 잘못

principal

[prínsəpəl]

주요한, 주된
🖩 단체의 장(교장 등)

Diligence was the principal factor in his promotion.
근면함이 그의 승진에 주된 요인이었다.

- principal component 주성분
- principal fault 근본적인 잘못
- principal cause 주된 원인
- principal city 주요 도시

※ capital은 다른 것보다 큰 것, principal은 무리에서 영향력이 있는 것

alien

[éiljən]

외국의, 지구 밖의
명 외국인, 외계인

The destruction of forest ecology is accelerated by the introduction of alien plants.

외래 식물의 유입으로 산림 생태 파괴가 가속화 되고 있다.

☑ alienate 통 ~을 멀리하다, 소원하게 하다

- alien friends (국내에 있는) 외국 친구
- alien customs 외국의 풍습

---

nervous

[nə́ːrvəs]

신경질적인, 긴장되는

She is naturally nervous and always makes her room neat.

그녀는 천성적으로 신경이 예민하여 늘 방을 깨끗이 정돈한다.

☑ nerve 명 신경, (~s) 신경 과민, 용기

- nervous system 신경 계통
- nervous people 신경질적인 사람
- nervous breakdown 신경 쇠약

---

deaf

[déf]

귀먹은
귀를 기울이지 않는
명 청각 장애자

Helen was blind and deaf.

헬렌은 장님에다 귀머거리였다.

He is deaf to all advise.

그는 어떤 충고도 듣지 않는다.

☑ deafen 통 ~을 귀머거리로 만들다, ~에 방음 장치를 하다

- be deaf of one ear 한쪽 귀가 먹다
- deafening crash 굉음

---

personal

[pə́rsənl]

개인의, 사적인

The president managed to duck the questions about his personal behavior.

대통령은 자기의 개인적인 행동에 관한 질문을 용케 잘 피했다.

☑ person 명 사람 / personality 명 개성, 인격
personnel 명 (집합적으로) 인원, 요원

- personal opinion 개인적인 의견
- personal bankruptcy 개인 파산

---

individual

[ìndəvídʒuəl]

개별의, 개인의
명 개인

Please check each individual bag.

각 개인의 가방을 조사해 주세요.

☑ individualistic 명 개인(이기) 주의의

- individual achievement 개인의 업적
- individual guidance 개별 지도

vacant

[véikənt]

빈, 공석인
한가한

That is a vacant lot.
그곳은 공터이다.

☑ **vacancy** 명 공허, 빈터(집, 방)

- vacant house 빈집   • vacant lot 빈터
- vacant answer 얼빠진 대답

※ Vacant '빈 차, 비어 있음' (사용중은 Occupied)

---

empty

[émpti]

빈, 공허한

An empty sack cannot stand upright.
빈 자루는 똑바로 설 수 없다. (속담)

- (be) empty of~ ~이 없다, 빠지다
- empty glass 빈컵

---

incredible

[inkrédəbl]

믿을수 없는
엄청난, 놀라운

Korea has industrialized with incredible speed and efficiency.
한국은 믿을 수 없을 정도의 속도와 효율성으로 산업화 되었다.

- incredible appetite 굉장한 식탐
- incredible price 터무니없는 가격
- incredible tale 믿을 수 없는 이야기

---

aware

[əwéər]

깨달은, ~에 정통한

He was aware of the dangers he would have to face.
그는 자신이 직면하게 될 위험을 알고 있었다.

☑ **beware** 동 조심하다, 경계하다

- be aware of~ ~을 알아 차리다
- Beware what you say. 말을 조심해라

---

conscious

[kánʃəs/kɔ́n-]

지각하고 있는

I am fully conscious of my own weakness.
나는 나의 약점을 충분히 의식하고 있다.

☑ **consciousness** 명 의식, 자각

- be conscious of~ ~을 자각하다
- conscious effort 의식적인 노력

---

brave

[bréiv]

용감한

It was brave of her to jump into the water and save the drowning boy.
물에 뛰어들어 물에 빠진 소년을 구하려한 여성은 용감했다.

☑ **bravery** 명 용감성, 용기

- brave act 용감한 행동

apt
[ǽpt]

적절한, ~하기 쉬운
영리한

We are apt to think so.
우리는 그렇게 생각하기 쉽다.
He is apt to catch cold.
그는 감기에 잘 걸린다.

☑ **aptitude** 똉 성향, 자질, 소질

- have an aptitude for~ ~에 소질이 있다, ~에 적합하다
- be apt for~ ~에 적합하다
- be apt to~ ~하기 쉽다, 할 것 같다
- a child apt to learn 이해가 빠른 어린이
- a quotation apt for the occasion 그 경우에 적절한 인용구

inclined
[inkláind]

~을 하고 싶어하는
경향이 있는

The pupils were inclined to be lazy.
학생들은 게으른 경향이 있다.

☑ **inclination** 똉 경향, 애호

- feel inclined to~ ~하고 싶어지다
- be inclined to~ ~경향이 있다

bold
[bóuld]

대담한, 버릇 없는
뻔뻔스러운

It is very bold of you to make such a plan.
네가 그런 계획을 세우는 것은 매우 대담한 것이다.
She made bold to say so.
그녀는 뻔뻔스럽게도 그렇게 말했다.

- make bold to~ 감히 ~하다, 실례를 무릅쓰고 ~하다
- bold plan 과감한 계획
- bold hussy 말괄량이

potential
[pəténʃəl]

잠재력이 있는, 가능한
똉 잠재(능)력

Each individual is entitled to an opportunity to make the best use of his or her potential capabilities.
개인은 자기의 잠재 능력을 최대한 발휘할 기회를 가질 권리가 있다.

☑ **potentiality** 똉 잠재성, (~ies) 잠재 능력

- potential danger 잠재적인 위험성
- potential demand 잠재 수요
- potential energy 잠재적인 에너지
- potential abilities 잠재 능력

immediate [imíːdiət] 즉각적인, 시급한	We received an immediate answer to our letter. 우리는 편지에 대한 답장을 즉시 받았다. ☑ immediately 閉즉시 쩹~하자 마자 ● immediate cause 직접적 원인 ● immediate withdrawal 즉각 철수
primitive [prímətiv] 원시적인, 미개한	Primitive tribes in various regions still use barter. 여러 지역의 원시 부족들은 아직 물물 교환을 이용한다. ● primitive civilization 원시적 문명 ● primitive man 원시인
recent [ríːsnt] 최근의, 새로운	The nation resists the recent trend of democratization. 그 나라는 최근의 민주화 경향에 저항하고 있다. ☑ recently 閉최근에 ● recent fashions 최근의 유행
ancient [éinʃənt] 고대의, 옛부터의 뗑 고대인	This temple is a good example of ancient architecture. 이 사원은 고대 건축의 좋은 예이다. ● ancient and honorable 유서 깊은 ● ancient civilization 고대 문명 ● in ancient times 먼 옛날에 ※ ancient(고대의) → medieval(중세의) → modern(근대의)의 순서
vivid [vívid] 생생한, 발랄한	The reporter's account of the accident was very vivid. 그 사고에 대한 기자의 이야기는 매우 생생했다. ● vivid personality 팔팔한 성격 ● vivid green 선명한 초록빛 ● vivid impression 선명한 인상 ● vivid picture 생생한 이미지
manifest [mǽnəfèst] 명백한 튕 ~을 분명히 하다	You'll find out his manifest malice in his opinion. 너는 그의 의견에 명백한 악의가 있음을 발견할 수 있을 것이다. ● manifest oneself (징후 따위가) 나타나다 ● manifest error 명백한 잘못 ● manifest one's approval 찬성을 나타내다

167

definite
[défənit]

명확한, 확실한

Unless you make an appointment for
a definite place and time, you can't catch him.
정확한 시간과 장소의 약속을 해 두지 않으면 그를 만날 수 없다.

☑ definitely 🎯명확히, (부정문에서) 결코, 아무렴
- definite answer 명확한 대답
- definite assurance 명확한 보증
- definite effect 명확한 영향
- definite victory 확실한 승리
- definite area 한정 구역

contemporary
[kəntémpərèri]

동시대의, 현대의

Goethe was contemporary with Beethoven.
괴테는 베토벤과 동시대의 인물이었다.

Russel is one of the great contemporary thinkers.
러셀은 현대의 위대한 사상가 중 한 사람이다.

- contemporary art 현대 예술
- our contemporary events 당대의 사건

firm
[fə:rm]

단단한, 확고한
🎯 회사

Do you have a firm purpose in life?
너는 인생에 확고한 목적을 가지고 있느냐?

- be firm with~ ~에게 엄하다
- firm up~ ~을 안정시키다
- firm muscles 단단한 근육
- firm character 확고한 성격
- firm resolution 확고한 결의

severe
[sivíər]

극심한, 심각한

The poor man was shivering with the severe cold.
그 불쌍한 남자는 혹독한 추위에 벌벌 떨고 있었다.

☑ severity 🎯엄격, 가혹
- severe punishment 엄벌
- severe drought 심한 가뭄

usual
[júːʒuəl]

평소의, 일상의

He is making a cup of coffee in the usual way.
그는 평소처럼 커피 한 잔을 만들고 있다.

- as is usual with~ ~에게는 언제나 있는 일이지만
- as usual 평소와 다름없이

strict
[stríkt]
엄격한, 강력한

She is strict with her children.
그녀는 자녀들에게 엄격하다.

☑ strictly 부 엄하게, 엄밀하게

- be strict with ~ ~에게 엄격히 대하다
- strictly speaking 엄밀히 말하면
- strict discipline 엄한 규율

※ 규칙 따위를 지키게 하려는 엄격함

annual
[ǽnjuəl]
매년의 명 연감

The representative was absent from the annual conference.
그 대표는 연차회의에 불참했다.

- annual conference 연차 회의
- annual salary system 연봉제

frequent
[fríːkwənt]
잦은, 흔히 있는

Typhoon is frequent in Japan.
일본은 태풍이 잦다.

☑ frequency 명 빈도
frequently 부 종종, 자주

previous
[príːviəs]
앞의, 이전의

Excuse me, I have a previous engagement.
미안하지만 선약이 있다.

You have been a little too previous.
너는 좀 너무 서둘렀다.

- previous to ~ ~보다 먼저

common
[kámən]
공통의, 보통의, 천한

During the war, people were united against the common enemy.
전쟁 중, 국민은 공통의 적에 대하여 단결했다.

☑ commonplace 형 평범한 명 평범한 일(말)

- in common 공통점
- the common people 서민들

rare
[réər]
드문, 진기한

It is not rare at all to live over ninety years.
90살 이상 사는 것은 전혀 드문 일이 아니다.

☑ rarely 부 드물게

- in rare case 드물게(는)

rapid

[rǽpid]

(흐름 따위가) 빠른, 신속한
명 (~s) 급류

He is a rapid thinker.

그는 두뇌 회전이 빠르다.

☑ **rapidity** 명 신속, 민첩
- rapid decline 급격한 하락
- rapid growth 비약적 성장
- rapid progress 비약적 진보

---

appropriate

[əpróupriət]

적당한, 타당한
~에 어울리는

These clothes are not appropriate for a cold winter day.

이 옷들은 추운 겨울날 입기에 적합하지 않다.

- be appropriate to~ ~에 적절하다
- an appropriate example 적절한 예
- music appropriate to the occasion
  그 경우에 어울리는 음악

---

domestic

[dəméstik]

가정의, 국내의

The president is doing his best to revive the domestic economy.

대통령은 내수 경제를 살리기 위해 최선을 다하고 있다.

- domestic affairs 국내 문제
- domestic animals 가축
- domestic demand 국내 수요
- domestic industry 국내 산업

---

precise

[prisáis]

명확한, 정밀한

Americans demand precise explanations in order to understand things.

미국인은 사물을 이해하기 위해 정확한 설명을 요구한다.

☑ **precisely** 부 정확하게, 정밀하게
  precision 형 명확함, 정확
- to be precise 정확히 말하면
- precise explanation 명확한 설명
- precise amount 정확한 수량(액수)

---

legal

[líːgəl]

법률상의, 합법의

It is not legal to own a gun in this country.

이 나라에서는 총을 소유하는 것이 불법이다.

☑ **legalize** 동 법률화하다, 합법화하다
- legal age 법정 연령, 성년
- legal holiday 공휴일
- legal language 법률 용어

adequate

[ǽdikwət]

(양, 정도가) 충분한
(일 따위에) 적임인

His salary was not adequate to support his family.
그의 급료는 가족을 부양하기에 충분하지 않았다.

He is quite adequate to the task.
그는 그의 임무에 적임자이다.

☑ adequacy 명충분함, 적절
- adequate cause 충분한 이유
- adequate preparation 충분한 준비

---

familiar

[fəmíljər]

익숙한, 친밀한
정통한

We are very familiar with the history of that town.
우리는 그 마을의 역사에 매우 익숙하다.

☑ familiarity 명숙지, 친함
- A is familiar with B = B is familiar to A
  B는 A에게 잘 알려져 있다
- familiar conversation 스스럼없는 대화

---

political

[pəlítikəl]

정치의, 정당의

The nation lamented the death of it's great political leader.
국민은 위대한 정치 지도자의 죽음을 슬퍼했다.

☑ policy 명정책
   politics 명정치(학)
   politician 명정치가
- political ability 정치적 수완
- political awareness 정치 의식
- political chaos 정치적 혼란
- political climate 정치 정세

※ statesman에 비하여 '정치꾼'이라는 느낌이 강하다

---

independent

[ìndipéndənt]

독립한, 자유의

Kenya became independent in 1963.
케냐는 1963년에 독립했다.

☑ independence 명독립
- be independent of~ ~에서 독립하다
- independent of~ ~와는 관계없이
- independent action 자주적 행동
- independent spirit 자립심

scientific

[sàiəntífik]

과학적인, 정밀한

The problem is scientific evidence should be supported.

문제는 과학적 증거가 뒷받침되어야 한다는 것이다.

☑ scientist 명 과학자

- scientific basis 과학적 근거
- scientific methods 과학적인 방법
- scientific research 과학적 조사

official

[əfíʃəl]

공무상의, 공식의
명 공무원

His official title is Director General of Environment Agency.

그의 공식 직함은 환경청 장관이다.

☑ office 명 회사, 사무실
    officer 명 장교, 관료

- in office 재직 중
- official document 공문서
- official visit 공식 방문

alternative

[ɔːltə́ːrnətiv]

양자 택일의, 대신의
명 대안

It was a month of alternative rain and sunshine.

비와 햇빛이 번갈아 온 한 달이었다.

- alternative demand 대체 수요
- alternative energy 대체 에너지
- alternative courses 양자 택일

alternate

[ɔ́ːltərnèit]

교대의 동 교대하다

The book has pictures on alternate pages.

그 책은 한 페이지 걸러 그림이 실려 있다.

Days alternate with night.

낮과 밤은 번갈아 온다.

- on alternate days 격일로
- alternate joy and grief 엇갈리는 기쁨과 슬픔

ordinary

[ɔ́ːrdəneri]

일반적인, 평범한

The man of noble origin is, at ordinary times, occupied in farming.

그 귀족은 보통 때에 농사일을 하고 있다.

☑ extraordinary 형 비상한, 엉뚱한, 특별한

- ordinary conversation 통상 회화
- ordinary clothes 평상복
- ordinary friends 보통의 친구

particular
[pərtíkjulər]

특정의, 특별한
명 항목

Prejudice means disliking a particular group of people without reasons.
편견이란, 이유 없이 특정한 집단의 사람을 미워하는 것이다.

It is my particular problem.
그것은 나만의 문제이다.

☑ particularly 분 특히

- be particular about~ ~에 까다롭게 굴다
- in particular 특히
- particular age 특정 연령

due
[djú:]

정당한, 예정인

Money is due to him for his work.
그의 일에 대해 마땅히 돈이 지불되어야 한다.

The train is due in London at 5:30.
열차는 5시 30분에 런던에 도착할 예정이다.

My success is due to you. = I owe my success to you.
나의 성공은 당신 덕택입니다.

☑ duly 분 정당하게, 제시간에

- due to~ ~에 기인하는, 때문에
- A is due to B A는 당연히 B에게 지급되어야 한다
- in due course 때가 되면, 그러는 동안에

rational
[ræʃənl]

이성적인, 합리적인

Man is a rational creature.
인간은 이성적인 동물이다.

☑ rationalism 명 합리주의
 ratio 명 비율
 ration 명 배급(량)

- rational animal 이성적 동물
- rational content 합리적인 내용
- rational interpretation 합리적 해석
- rational idea 이성적인 사고

outward
[áutwərd]

표면적인, 외부의
밖의 분 밖으로

She showed no outward signs of anxiety.
그녀는 겉으로는 걱정하는 기색이 전혀 보이지 않았다.

- outward appearance 외관
- outward flow of brain 두뇌의 해외 유출
- outward things 외부의 사물, 외계

specific

[spisífik]

명확한, 특별한, 상세한

The faculty of speaking is specific to mankind.
언어 능력은 인류에 특유한 것이다.

☑ **specifically** 튀 특히 (문두에서) 구체적으로 말하면, 즉
specify 통 명확하게 말하다

- be specific about~ ~을 구체적으로 말하다
- specific instructions 구체적 지시
- specific aim 특정의 목적
- specific remedy 특효약
- specific reason 분명한 이유
- specific record 명확한 기록

casual

[kǽʒuəl]

평상복의, 우연한
편한

She tried to appear casual as she answered.
그녀는 대답하면서 아무렇지 않은 척 하려고 애썼다.

She always dress in casual clothes.
그녀는 항상 평상복을 입는다.

☑ **casualty** 명 사상자, 뜻하지 않은 사고(재해)

- casual remark 무심결에 한 말
- casual answer 건성으로 하는 대답

violent

[váiələnt]

격렬한, 난폭한

A violent storm suddenly lashed the shore.
갑자기 격심한 폭풍이 해변을 강타했다.

☑ **violence** 형 격렬함 명 폭력, 폭행

- die a violent death 비명에 죽다, 횡사하다
- violent earthquake 격심한 지진
- violent revolution 폭력 혁명
- violent crimes 강력 범죄
- violent collision 맹렬한 충돌

horrible

[hɔ́:rəbl]

무서운, 소름 끼치는

He was seriously injured in a horrible accident.
그는 끔찍한 사고로 중상을 입었다.

It's horrible of you to say so.
그런 말을 하다니 너무 심하다.

☑ **horror** 명 공포, 심한 혐오
horrify 통 ~을 무서워하게 하다

- horrible sight 무서운 광경
- horrible nightmare 무서운 악몽

possible
[pásəbl]
있을수 있는, 가능한

At birth the human infant is endowed with a large number of possible abilities.
인간의 아기는 가능한 많은 능력을 가지고 태어났다.

☑ possibility 몝 가능성

- as~as possible 가능한 한~, 되도록~
- if possible 가능하면

likely
[láikli]
있을 법한, 할 것 같은

He is very likely to become a great figure later.
그는 나중에 훌륭한 인물이 될 가능성이 매우 높다.

☑ likelihood 몝 가능성

- be likely to~ ~할 것 같다
- likely enough 십중팔구

certain
[sɔ́ːrtn]
확실한, 확신하는
(명사 앞에서) 어떤~

I am certain I locked all the doors.
나는 모든 문을 잠근 것이 확실하다.

☑ certainty 몝 확실함
  certitude 몝 확신
  ascertain 통 ~을 확인하다, 규명하다

- for certain 확실히
- It is certain that~ ~은 확실하다
- a certain place 어떤 장소

probable
[prábəbl]
거의 확실한
가망성이 있는

It is most probable that our team will win.
우리 팀이 승리할 가능성이 가장 높다.

☑ probably 뿜 아마도
  probability 몝 확률

- It is probable that~ 아마 ~할 것이다

※ 가능성이 높은 정도는 probable → likely → possible의 순서
※ maybe, perhaps보다 가능성이 높다

uneasy
[ʌníːzi]
불안한, 부자연스런

Are you uneasy about the result of the contest?
콘테스트의 결과에 대해 걱정하느냐?

- be uneasy about~ ~을 걱정하다
- uneasy manners 어색한 몸가짐

175

afraid

[əfréid]

무서워하여, 걱정하여
~을 꺼려서

She was afraid of waking her baby.
그녀는 아기가 깰까봐 걱정했다.

She was afraid to show her emotions.
그녀는 감정을 드러내기를 꺼렸다.

- be afraid of~ ~을 두려워하다
- be afraid to~ ~을 꺼리다

※ 보어로만 쓰인다

average

[ǽvəridʒ]

평균적인, 보통의
몡 평균

This area has an average rainfall of about 100 inches a year.
이 지역의 연간 평균 강수량은 약 100인치이다.

- on (an) average 평균하여
- above(below) the average 평균 이상[이하]
- average intelligence 평균적인 지능
- average inventory 평균 재고
- average life span 평균 수명

anxious

[ǽŋkʃəs]

걱정하여, 갈망하여
불안한

We are anxious about our daughter's health.
우리는 우리 딸의 건강을 염려하고 있다.

We are anxious for your success in the examination.
우리는 네가 시험에서 성공하기를 갈망한다.

☑ anxiety 몡 걱정, 갈망

- be anxious about(for)~ ~을 걱정하다
- be anxious for~ ~을 갈망하다
- be anxious to~ 꼭 ~을 하고 싶다고 생각하다
- anxious look 걱정스러운 표정
- anxious feelings 불안한 감정

elder

[éldər]

나이가 위인, 선배인
몡 연장자

Silver seats are for the old or elderly and the handicapped.
노약자석은 노인과 장애인을 위한 것이다.

☑ elderly 휑 나이 지긋한

- elderly citizens 노인
- elderly people(=senior citizens) 고령자
- my elder brother (daughter) 나의 형(언니)

※ 완곡하게 old 대신으로 쓰는 일이 많다.
※ 미국에서는 older가 보통

eager
[íːgər]
열망하는, 열심인

He is eager to learn how to drive a car.
그는 자동차 운전을 몹시 배우고 싶어한다.
- eager glance 열렬한 눈길

junior
[dʒúːnjər]
나이 어린 ,주니어
연하의, 2세의

He is my junior by three years.
그는 나보다 세 살 어리다.
- junior division 소년부
- junior officers 하급 장교
- John Smith, jr. 존 스미스 2세(주니어)

※ 4년제 대학의 학년생 : freshman 1학년생, sophomore 2학년생,
junior 3학년생, senior 4학년생

senior
[síːnjər]
연상의, 선배의
최고학년의 [명] 연장자, 선배

Mr. Jackson is senior to me in our firm.
잭슨씨는 우리 회사에서 나의 상사이다.
- senior citizens (완곡하게) 고령자
- senior statesman 정계의 원로

fertile
[fɔ́ːrtl/ -tail]
비옥한
번식력이 있는

Dreams are an incredibly fertile source of creative ideas.
꿈은 창조적인 생각의 놀랄 만큼 풍부한 원천이다.
- ☑ fertility [명] 비옥, 다산, 풍요
- fertile lands 비옥한 땅
- fertile imagination 풍부한 상상력
- fertile mind 위대한 사상

futile
[fjúːtl/ -tail]
쓸데없는, 하찮은

He undertook an apparently futile campaign for the state senate.
그는 명백히 승리의 가망이 없는 상원의원 선거에 뛰어들었다.
- futile attempt 헛된 시도
- futile endeavor 헛된 노력
- futile efforts 헛수고

female
[fíːmeil]
여성의 [명] 여성

There are not enough female politicians in this country.
이 나라에는 여성 정치인이 너무 적다.
- female readership 여성 독자층
- female worker 여성 근로자

male
[méil]

남성의 명 남성

Until recently, Korean women submitted to male dominance in major areas of society.

최근까지, 한국의 여성은 사회의 주요한 분야에서 남성 우위에 굴복했다.

- male kitten 새끼 고양이 수컷
- male readers 남성 독자
- male voice 남성적인 목소리

---

proper
[prápər]

적당한, 예의바른
올바른

Proper diet and exercise will not only ensure better health, but also prolong your life itself.

적당한 식사와 운동은 확실하게 건강을 증진할 뿐만 아니라 수명 그 자제를 연장한다.

- ☑ propriety 명 예의바름
   property 명 재산, 특성
- proper knowledge 올바른 지식
- proper order 깔끔한 정돈
- proper place 적당한 장소

---

correct
[kərékt]

정확한, 옳은
통 바로잡다

He gave correct answers to the question.

그는 질문에 대해 정확한 대답을 했다.

- ☑ correction 명 정정
- make a correction 잘못을 바로잡다
- correct spelling 올바른 철자
- correct pronunciation 정확한 발음

---

accurate
[ǽkjurət]

정확한, 결점이 없는
정밀한

Sam is accurate at figures.

샘은 계산이 정확하다.

He is accurate in his work.

그는 일에 면밀하다.

- ☑ accuracy 명 정확성
- to be accurate 정확히 말하자면

---

exact
[igzǽkt]

정확한, 꼭 맞는

An analysis of the facts sometimes reveals that the exact opposite is the case.

사실을 분석해 보면, 정반대가 진실인 경우도 있다.

- ☑ exactly 부 정확히, (대답에서) 바로 그렇습니다
- be exact in~ ~에 정확한
- to be exact 엄밀히 말하면
- exact causes 정확한 원인

obvious
[ábviəs]

명백한, 분명한

It is obvious to everyone that she did not write the novel herself.

그녀가 그 소설을 쓰지 않았다는 것은 누가 봐도 명백하다.

☑ **obviously** 분 명백하게, 뚜렷이

- obvious joke 노골적인 농담

※ 의심의 여지가 없이 명백함

---

visible
[vízəbl]

눈에 보이는, 분명한

Only one ninth of an iceberg is visible above water.

수면 위에 보이는 것은 빙산의 9분의 1 뿐이다.

☑ **vision** 명 상상력, 시력

- beyond one's vision 눈에 보이지 않는
- a visible object 눈에 보이는 것

---

visual
[vízuəl]

시각의

This advertisement lacks visual appeal.

이 광고는 시각적으로 호소하는 것이 부족하다.

- visual education 시각 교육
- visual impression 눈으로 본 인상

---

oral
[ɔ́ːrəl]

구두의, 입의

The policeman took down his oral testimony on the spot.

경찰은 그 자리에서 그의 구두 증언을 받아썼다.

- oral communication 구두 전달
- oral examination 구두 시험
- oral traditions 구전, 구비

---

basic
[béisik]

기본적인, 기초적인
명 (~s) 기초(지식)

I have barely enough brains to get a basic knowledge of English.

나는 영어의 기초 지식을 얻을 능력이 겨우 있을 뿐이다.

☑ **base** 명 토대, 기초
   basis 명 기초, 원칙

- basic deduction 기초 공제
- basic goods 생활 필수품
- basic principles 기본 원칙

※ base의 복수형은 bases [béisiz], basis의 복수형도 bases

irregular

[irégjulər]

불규칙한, 불안정
비정상적인

I work irregular hours.
나는 불규칙한 시간대에 일한다.
His teeth are irregular.
그의 치아는 고르지 않다.

- irregular liner 부정기선
- irregular pulse 부정맥

elementary

[èləméntəri]

초등의, 기본의

Elementary pupils enjoy breaks and recesses in school.
초등학생은 학교에서 휴게나 쉬는 시간을 즐긴다.

☑ element 명 요소, 원소
  elemental 형 기본적인, 단순한, 자연력의
- elementary book 초등 입문서
- elementary education 초등 교육
- elementary knowledge 기초 지식

fundamental

[fʌndəméntl]

중요한, 근본적인
명 (~s) 원리, 초보

I am talking about something much more fundamental.
나는 좀더 근본적인 것에 대해 이야기하고 있다.

- fundamental change 근본적 변화
- fundamental element 기본적인 구성 요소
- fundamental principle 근본 원리
- fundamental rights 기본적 권리

splendid

[spléndid]

화려한, 멋진, 훌륭한

The view was just splendid.
그 조망은 정말 훌륭했다.

☑ splendor 명 화려함, 장관, 빛남
- splendid palace 화려한 궁전
- splendid scene 웅장한 풍경
- splendid talents 굉장한 재능

magnificent

[mægnífəsnt]

장대한, 훌륭한

The palace was really magnificent and beautiful.
그 궁전은 정말 웅장하고 아름다웠다.

☑ magnificence 명 웅장함
- in magnificence 장엄하게
- magnificent prospect 멋진(기막힌) 전망

naked

[néikid]

나체의, 무방비인

The workers were naked to the waist.

노동자들은 허리까지 벌거숭이였다.

- with naked fists 맨주먹[맨손]으로
- naked beggar 벌거벗은 거지
- naked feet 맨발

available

[əvéiləbl]

쓸모 있는, 유용한
이용 가능한

Computers for language learning are available to all.

언어학습을 위한 컴퓨터는 누구나 이용할 수 있다.

The president is not available now.

사장은 지금 만날 수 없다.

☑ avail 동 쓸모 있다 명 이익, 효용

- avail oneself of~ ~을 이용하다
- be of no avail 전혀 쓸모가 없다
- available candidate 유력한 후보자

convenient

[kənví:njənt]

편리한, 간편한
가까운

Credit cards are convenient when you intend to buy a lot of things in a supermarket.

슈퍼마켓에서 많은 물건을 살 작정이라면 신용 카드가 편리하다.

His house is convenient to the bus stop.

그의 집은 버스 정류장에서 가깝다.

☑ convenience 명 편리함, 편리한 것

- if it is convenient for you 형편이 좋다면
- be convenient to~ ~에 가까운
- convenience store 편의점

precious

[préʃəs]

귀중한, 값비싼

This camera is very precious to me.

이 카메라는 나에게 매우 귀중하다.

- precious commodity 귀중품
- precious memories 소중한 추억
- precious garments 값비싼 의상

ideal

[aidí:əl]

이상적인, 최상의
명 이상, 궁극의 목표

This is an ideal beach for swimming.

이곳은 수영하기에 이상적인 해변이다.

☑ idealism 명 이상주의 / idealistic 형 이상주의적인

- ideal beauty 이상적인 미
- ideal happiness 관념적 행복

181

cheap

[tʃíːp]

(값이) 싼, 저렴한

Do you have something a little cheaper?
조금 더 싼 것은 없습니까?

- cheap edition 염가판
- cheap labor 저임금 노동
- cheap store 물건값이 싼 가게

expensive

[ikspénsiv]

값비싼, 사치스러운

Her dress is made of expensive cloth.
그녀의 드레스는 값비싼 옷감으로 만들어져 있다.

☑ **expense** 몡경비, 희생
- expensive car 고급차

coarse

[kɔ́ːrs]

거친, 변변찮은

Father scolded me for my coarse language.
아버지는 나의 거친 말투에 대해 꾸짖으셨다.

- coarse goods 조악품
- coarse language 천박한 언어

financial

[finǽnʃəl/fai-]

재정의, 금융상의
회계의

In spite of financial failure, his reputation remained intact.
경제적 파탄에도 불구하고 그의 평판은 여전했다.

☑ **finance** 몡재정
- financial aid 재정 원조 • financial world 재계
- financial catastrophe 경제적 파탄
- financial descent(=financial crisis) 재정 위기
- financial support 경제적(재정적) 지원

patient

[péiʃənt]

참을성이 있는
끈기 있는 몡환자

He is very patient.
그는 인내심이 매우 강하다.
Patient men win the day.
참는 게 이기는 것.

- be patient with ~ ~을 꾹 참다
- patient worker 말없이 일만 하는 사람

sufficient

[səfíʃənt]

충분한, 만족스러운
몡충분(한 수량)

That's not sufficient to feed a hundred men.
그것으로 100명을 먹이기에는 충분하지 않다.

☑ **sufficiency** 몡충분한 양
- sufficient condition 충분 조건
- sufficient reason 충분한 이유

plain

[pléin]

쉬운, 명백한
수수한 명 평원

We are used to eating plain food.
우리는 평범한 음식을 먹는 데에 익숙하다.
It's plain that he is wrong.
그가 잘못한 것은 명백하다.
- in plain words 쉬운 말로(말하면)
- to be plain with you 솔직히 말하면
- plain fact 명백한 사실 • plain face 평범한 얼굴

secondary

[sékəndèri]

제2의, 중등 교육의
부차적인

Human rights seemed to be of secondary
importance to them.
그들에게 인권은 부차적으로 중요한 것처럼 보였다.
☑ primary 형 제1의, 주요한
- secondary product 부산물
- secondary role 제2의 역할

supreme

[səprí:m/su(:)-]

(지위 따위가) 최고의

In a democracy, the people should be supreme.
민주국가에서는 국민이 주권자여야 한다.
☑ supremacy 명 최고, 주권, 패권
- supreme sacrifice 최고의 희생
- the Supreme Court 대법원
- the supreme commander 최고 사령관

superior

[səpíəriər/su-]

상위의, 우수한
명 윗사람

He is superior to me in his good knowledge
of English.
그는 영어를 잘 알고 있는 점에서 나보다 뛰어나다.
☑ superiority 명 우월, 우수
- A is superior to B A는 B보다 우수하다
- superior court 상급 법원 • social superior 선배
- superiority complex 우월감

inferior

[infíəriər]

하위의, 열등한

A commander is inferior to a captain in the navy.
해군에서 중령은 대령의 아래이다.
☑ inferiority 명 하위, 열등
- A is inferior to B A는 B보다 열등하다
- the inferior class 하층 계급

183

abundant

[əbʌ́ndənt]

풍부한, 많은

This region is abundant in natural resources.
이 지역은 천연자원이 풍부하다.

☑ abundance 몡 풍부
　abound 통 많이 있다, 풍부하다
- be abundant in~ ~가 풍부하다
- abundant resources 풍부한 자원
- river abundant in trout 송어가 많은 강

infinite

[ínfənət]

무한한, 무수한

The philosopher liked to gaze at the stars and ponder the infinite universe.
그 철학자는 별을 응시하며, 무한한 우주에 대해 사색하기를 좋아했다.

Teaching English to this class took infinite patience.
이 학급에서 영어를 가르치는 데엔 대단한 인내가 필요했다.

☑ infinity 몡 무한
- infinite gratitude 무한한 감사
- infinite sums of money 막대한 금액
- infinite space 무한한 공간

maximum

[mǽksəməm]

최대의 몡 최고

The excitement about the game reached its maximum.
그 경기에 대한 흥분은 극에 달했다.

☑ maximize 통 ~을 최대로 하다
- maximum speed 최고 속도
- maximum price 최고 가격

minimum

[mínəməm]

최소한의
몡 최소한도, 최저

What is the minimum age for voting in the U.S.A.?
미국에서 투표할 수 있는 최저 연령은 몇 살이냐?

☑ minimize 통 ~을 최소화 하다
- minimum possibility 최소한의 가능성
- minimum wage 최저 임금
- at a minimum of expense 최소 비용

complex

[kəmpléks]

복잡한, 복합의

The factory's robot can be programmed to perform a number of complex tasks.
산업용 로봇은, 많은 복잡한 일을 수행하도록 프로그램 할 수 있다.

☑ complexity 몝 복잡함

- complex problem 복잡한 문제
- complex procedure 복잡한 수속

---

mere

[míər]

단순한, ~에 불과한

That was a mere coincidence.
그것은 단지 우연의 일치였다.

☑ merely 뿐 단지, 오직

- mere child 아주 어린 아이
- mere fancy 단순한 공상

---

medium

[míːdiəm]

중간의 몡 중간, 수단
(전달 따위의) 매체

She is tall, but her father is a man of medium.
그녀는 키가 크지만, 아버지는 중간 키이다.

- medium quality 중급의 품질
- medium-boiled egg 반숙
- medium height 중간 키

---

broad

[brɔ́ːd]

폭이 넓은
마음이 넓은, 광대한

The river is very broad near it's mouth.
그 강은 하구 근처에서는 매우 폭이 넓다.

☑ broaden 뙵 넓어지다
  broadly 뿐 대략적으로

- broadly speaking 대체로
- in a broad sense 넓은 의미에서
- broad daylight 대낮 • broad plain 넓은 평야
- broad support 폭넓은 지지
- broad views 폭넓은 견해

---

narrow

[nǽrou]

(폭이) 좁은, 가까스로

This road is too narrow for a car.
이 길은 차가 다니기에는 너무 좁다.

☑ narrowly 뿐 겨우, 간신히

- narrow alley 좁은 골목길
- narrow quarters 밀집 지대
- narrow victory 가까스로 얻은 승리
- narrow escape 구사일생

vast
[væst/váːst]
광대한, 막대한

Texas is a vast state.
텍사스는 광대한 주이다.
- in vast haste 황급히
- vast desert 광활한 사막
- vast wealth 거대한 부

tiny
[táini]
아주 작은, 유아의

The amount was tiny.
양은 아주 적었다.
- tiny little boy 아주 작은 아이, 꼬마

slight
[sláit]
약간의, 사소한

He gets upset over the slightest mistake.
그는 아주 작은 실수에도 화를 낸다.
- slight difference 사소한 차이
- slight fever 미열
- slight argument 하찮은 시비

savage
[sævidʒ]
야만스런, 잔인한
명 잔혹한 사람

We witnessed savage custom.
우리는 야만인 관습을 목격했다.
- savage tribes 미개 부족
- savage punishment 잔인한 형벌
- savage criticism 혹평

contrary
[kántreri]
반대의, 불리한

My wife's taste in dress is contrary to my own.
아내의 의상 취향은 나와 반대이다.
- on the contrary (문두에서) 그렇기는커녕, 그와는 반대로
- contrary to~ ~에 반하여
- conrary opinion 반대 의견
- contrary to custom 관습에 어긋나는
- contrary weather 악천후

enormous
[inɔ́ːrməs]
거대한, 막대한

Elvis Presley's enormous success changed the shape of American popular culture.
엘비스 프레슬리의 대성공은 미국 대중 문화의 양상을 바꾸었다.
- ☑ enormously 부 거대하게, 무도하게
- enormous fortune 막대한 재산
- enormous vogue 굉장한 유행
- enormous appetites 엄청난 식욕

huge

[hjúːdʒ]

엄청난, 거대한

My grandfather inherited the huge estate.

나의 할아버지는 막대한 재산을 상속했다.

- huge earthquake 대지진
- huge fire 대형화재

immense

[iméns]

굉장한, 막대한
헤아릴수 없는

The newcomers cultivated the immense wilderness.

새 이주자들이 그 광대한 황야를 개간했다.

☑ immensity 몡 광대, 무한

- immense advantages 막대한 이익
- immense pleasure 엄청난 즐거움
- immense amount 막대한 양

tremendous

[triméndəs]

엄청나게 큰, 무서운

The merchant accumulated tremendous fortune during the postwar era.

그 무역상은 전후에 막대한 재산을 쌓았다.

- tremendous crash 무시무시한 굉음
- tremendous noise 지독한 소음
- tremendous fact 가공할 사실

remote

[rimóut]

멀리 떨어진, 원격의

Living as I do in a remote village, I rarely have visitors.

나는 외딴 마을에 살고 있어서 찾아오는 사람이 드물다.

- remote control 리모컨
- remote relative 먼 친척
- remote air 쌀쌀맞은 태도

distant

[dístənt]

먼, 소원한

The station is about two miles distant from here.

역은 여기서 약 2마일 떨어져 있다.

☑ distance 몡 거리

- distant country 먼 나라
- distant greeting 서먹서먹한 인사
- distant voyage 원양 항해

lonely

[lóunli]

고독한, 한적한

He was lonely when his friends moved away.

그는 친구가 이사가서 적적했다.

- lonely exile 외로운 유랑자
- lonely house 외딴 집

indispensable [ìndispénsəbl] 필수적인 피할 수 없는	Wetlands are indispensable to sustain water-plants and animals. 습지는 수생 동식물의 생명을 유지하는 데에 필수 불가결하다. ● indispensable duty 피할 수 없는 의무
vital [váitl] 필수적인, 생명의	Practical knowledge of English is vital to the job. 실용적인 영어 지식은 그 일에 필수적이다. ☑ vitality 몡활력 ● vital to(for)~ ~에게 불가결한 ● vital energy 생명력, 활력 ● vital functions 생활 기능 ● vital error 치명적인 과오 ● vital wound(wu:nd) 치명상
significant [signífikənt] 중요한, 의미심장한	The significant changes brought about by humans have occurred in the last two hundred years. 인류에 의해 야기된 중대한 변화는 최근 200년에 일어났다. ☑ significance 몡중요성, 의미 심장 ● significant differences 중대한 차이 ● significant figure 유효 숫자
external [ikstə́:rnl] 외부의, 대외적인	Her injures were only external. 그녀의 상처는 외상뿐이었다. ● external conditions 외부 환경 ● external criteria 외적인 판단 기준 ● external debt 대외 채무 ● external influences 외부로부터의 영향 ● external politeness 겉치레만의 예절 바름 ● external pressure 외부 압력
internal [intə́:rnl] 내부의, 국내의	You should not interview in the internal affairs of my family. 우리 가족의 내부 문제에 간섭하지 마라. ● internal bleeding 내출혈 ● internal condition 국내 사정 ● internal demand 내수 ● internal disease 내과적 질환

artificial
[à:rtəfíʃəl]
인공적인, 가짜의

The artificial satellite was launched into the orbit.
인공 위성이 궤도로 발사되었다.

- artificial flower 조화
- artificial heart 인공 심장
- artificial insemination 인공 수정
- artificial intelligence 인공 지능
- artificial internal organ 인공 장기
- artificial leg 의족

actual
[ǽktʃuəl]
실제의, 현재의

The actual capital of the Netherlands is The Hague.
네덜란드의 사실상 수도는 헤이그이다.

☑ **actually** 便 실제로, 실은
- actual fact 사실
- actual stuff 현물

genuine
[dʒénjuin]
진짜의, 꾸밈이 없는
순수한

This is a genuine picture by Millet.
이것은 밀레가 그린 진짜 그림이다.

- genuine diamond 진짜 다이아몬드
- genuine leather 진짜 가죽
- genuine writing 진필
- genuine poodle 순종 푸들

false
[fɔ́:ls]
틀린, 거짓의, 가짜의

The bee does not go on flying indefinitely on a false route.
벌은 잘못된 경로로 무한정 비행하지 않는다.

The witness made a false statement.
그 증인은 거짓 진술을 했다.

☑ **falsehood** 멩 거짓말
- false alarm 거짓 경보
- false tooth 의치
- false mustache 가짜 턱수염
- false smile 거짓 미소

material
[mətíəriəl]
물질의, 물질적인
중요한 멩 재료, 자료

They looked for the origin of material civilization.
그들은 물질 문명의 근원을 찾았다.

- be material to~ ~에 긴요하다, 필수적이다
- material endowment 물질적 혜택

similar
[símələr]

비슷한

My bicycle is similar to yours.
내 자전거는 너의 것과 비슷하다.
The twins are very similar to each other.
그 쌍둥이는 서로 매우 닮았다.

☑ similarity 명 비슷함, 닮음
- similar mistake 유사한 잘못
- similar figures 닮은 꼴

awake
[əwéik]

잠이 깬
동 ~을 자각시키다

You're awake now, aren't you?
지금 일어난 거니?
He awoke to find himself famous.
그는 잠에서 깨어나 보니 유명해져 있었다.

- be awake to~ ~을 알아차리다

※ wake를 쓰는 것이 보통임

active
[ǽktiv]

적극적인, 활기찬
능동적인

The police are now active on the matter.
경찰은 지금 그 사건에 적극적이다.

☑ act 동 행동하다, 연기하다 명 행위(deed), (연극의) 막
action 명 활동, 행동, 연기
activity 명 활동
activate 동 작동시키다

- take an active part in~ ~에 적극적으로 참여하다
- active measures 적극적 대책
- active person 행동적인 사람
- active(dormant, extinct) volcano
  활(휴화산, 사화산)화산

positive
[pázətiv]

긍정적인, 명백한
적극적인

The organization plays a positive role in preserving wildlife.
그 단체는 야생 동물 보호에 적극적인 역할을 하고 있다.

- be positive of (about)~ ~을 확신하다
- positive attempt 적극적인 시도
- positive attitude 적극적 태도
- positive neutrality 적극적 중립
- positive proof 명확한 증거

passive
[pǽsiv]
수동적인, 소극적인

Passive smoking is a definite cause of lung cancer.
간접 흡연은 폐암의 확실한 원인이다.
- passive act 수동적인 행위
- passive measures 소극책

negative
[négətiv]
부정의, 소극적인
마이너스의

His answer was negative.
그의 대답은 부정적이었다.
- negative testimony 부정적인 증언
- negative comments 소극적인 의견
- negative image 마이너스 이미지
- negative reaction 반발
- negative sentence 부정문

decent
[díːsnt]
품위있는, 알맞은
존경할 만한

You must always keep yourself decent.
너는 늘 몸가짐을 바르게 유지해야 한다.
- ☑ decency 명 체면, 예의바름
- decent meal 적당한 식사
- decent weather 알맞은 날씨
- be decent in manner 태도가 단정하다

efficient
[ifíʃənt]
능률적인, 유능한

The factory cannot sustain current output levels unless we install more efficient equipment.
더욱 효율적인 설비를 도입하지 않으면, 공장은 현재의 생산 수준을 유지할 수 없다.
- ☑ efficiency 명 능력, 능률
- efficient management 효과적인 경영
- efficient offense 효율적 공격
- efficient plant 효율적인 공장
- efficient production 효율적 생산

capable
[kéipəbl]
가능성 있는, 유능한

My sister is a very capable cook.
내 여동생은 매우 유능한 요리사이다.
He is capable of stealing.
그는 도둑질도 불사할 사람이다.
- ☑ capability 명 능력 / capacity 명 용량, 능력
- be capable of~ ~을 할 수 있다
- capable secretary 유능한 비서

excellent

[éksələnt]

우수한, 탁월한
좋아, 잘했어

"Your English is excellent!" he remarked.
"너의 영어는 훌륭하다!"라고 그는 말했다.

- excellent editor 뛰어난 편집자
- excellent choice 특선품

---

bright

[bráit]

빛나는, 밝은
영리한, 긍정적인

Jack is one of the brightest boys in our class.
잭은 우리 반에서 가장 영리한 소년 중 한 사람이다.

☑ brighten 통 ~을 빛나게 하다, 빛나다

- bright student 똑똑한 학생
- bright sunshine 밝은 햇빛
- bright eyes 빛나는 눈
- bright day 화창한 날
- Flowers brighten a room 꽃은 방을 밝게 한다

---

brilliant

[bríljənt]

눈부신, 훌륭한
재기가 넘치는

He has brilliant career as a diplomat.
그는 외교관으로서 훌륭한 경력을 가지고 있다.

☑ brilliance 명 광채, 총명함

- brilliant future 찬란한 미래
- brilliant harmony 훌륭한 조화

※ bright 보다 의미가 강하다.

---

temporary

[témpərèri]

일시적인, 임시의

The improvement in the patient's condition was only temporary.
환자의 상태가 좋아진 것은 단지 일시적인 것이었다.

This is our temporary office.
여기는 우리의 임시 사무소이다.

- temporary repairs 응급 수리
- temporary job 임시직

---

keen

[kíːn]

예민한, 열심인

Eagles have keen eyesight.
독수리는 눈이 예리하다.

- be keen on~ ~에 열심이다
- keen perception 예리한 지각
- keen sarcasm 신랄한 풍자
- keen scent 코를 찌르는 냄새

brief
[bríːf]

간결한, 잠시의
명 개요
동 ~에게 요점을 전하다

Make your speech brief and to the point.
연설을 간결하고 요점만 말하라.

☑ brevity 명 간결함
  briefing 명 브리핑
- in brief 요컨대
- brief biography 간결한 전기
- brief life 짧은 인생
- brief note 짧은 편지

sincere
[sinsíər]

성실한, 진지한

John is a very sincere person.
존은 매우 성실한 사람이다.

☑ sincerely 부 성실히, 진심으로
  sincerity 명 성실, 진심
- sincere devotion 진심어린 헌신

polite
[pəláit]

예절바른, 품위 있는

She is always polite even when she is busy.
그녀는 바쁠 때에도 항상 예의바르다.

- do the polite 품위 있게 행동하다
- polite refusal 정중한 거절
- polite thing 교양 있는 태도

noble
[nóubl]

고상한, 귀족의

He is from a noble family in India.
그는 인도의 명문가 출신이다.

☑ nobleman 명 귀족
  nobility 명 신분이 높음, 귀족
- noble birth 고귀한 태생
- noble life 숭고한 생애
- noble soul 품성이 고결한 사람

humble
[hʌ́mbl]

겸손한, 초라한, 선한

He is very humble in his manner.
그는 태도가 매우 겸손하다.

Abraham Lincoln rose from humble origins.
아브라함 링컨은 보잘 것 없는 집안에서 태어났다.

☑ humiliate 동 ~에게 창피를 주다
- humble heart 겸손한 마음
- humble income 보잘 것 없는 수입

sensitive

[sénsətiv]

민감한, 예민한
감성적인

You should not be so sensitive to gossip.
너는 소문에 그렇게 민감할 필요가 없다.

☑ sensitivity 몡 민감, 예민함
- be sensitive to~ ~에 민감하다
- sensitive skin 민감한 피부
- sensitive to cold 추위에 민감한
- sensitive thermometer 예민한 온도계

vain

[véin]

공허한, 허영심이 강한
헛된

I made several vain attempts to persuade her.
나는 그녀를 설득하려고 몇 차례 시도했지만 허사였다.

☑ vanity 몡 자만, 허영심
- be vain of~ ~을 자랑하다
- in vain 헛되이, 함부로
- vain promises 공약
- vain threats 시시한 협박
- vain rumor 뜬소문
- vain efforts 헛수고

sensible

[sénsəbl]

분별이 있는, 현명한

It's very sensible of you to keep secret.
비밀을 지키다니 당신은 매우 분별력이 있다.

☑ sensibility 몡 감수성
- sensible man 이해가 빠른 사람
- sensible cloths 기능 위주의 옷

serious

[síəriəs]

진지한, 심각한

Tom is serious about his work.
탐은 일에 대해 진지하다.

☑ seriously 뮈 진지하게, 심각하게
- serious art 진실한 예술
- serious consequences 심각한 결과
- serious crime 중대 범죄
- seriously ill 중태

vague

[véig]

막연한, 희미한
애매한

The vague rumor proved to be false.
그 막연한 소문은 거짓으로 밝혀졌다.

- vague answer 애매한 대답
- vague remembrance 막연한 기억
- vague figure 흐릿한 모습

obscure

[əbskjúər]

분명하지 않은
무명의

There are some obscure points in his proposal.
그의 제안에는 몇 가지 애매한 점이 있다.

☑ obscurity 몡 애매함, 무명
- obscure explanation 애매한 설명
- obscure field 난해한 분야
- obscure writer 무명 작가
- obscure village 벽촌
- obscure path 비밀 통로

abstract

[æbstrǽkt]

추상적인
몡 초록

His explanation was too abstract for me.
그의 설명은 나에게 너무 추상적이다.

- in the abstract 이론상으로
- abstract idea 추상적인 관념
- abstract science 이론 과학

worth

[wɔ́:rθ]

~할 가치가 있는
몡 가치, 진가

This painting is worth a great deal of money.
이 그림은 막대한 금전의 가치가 있다.

☑ worthwhile 혱 애쓸 가치가 있는, 훌륭한
worthy 혱 가치 있는, 상응한
- be worth ~ing ~할 가치가 있다
- be worthy of~ ~할 가치가 있다
- a place worth visiting 한 번은 가볼 만한 곳
- worthwhile book 읽을 가치가 있는 책

sound

[sáund]

건전한, 온전한
뷔 푹, 깊이

The kidnapped girl was brought home safe and sound.
유괴된 소녀는 무사히 가정으로 돌아왔다.

- sound sleep 숙면
- sound recovery 완쾌
- be sound asleep 푹 잠들어 있다
- sleep sound 숙면하다

lazy

[léizi]

게으른, 나태한

Don't be so lazy.
그렇게 게으르게 굴지마라.

- lazy fellow 게으름뱅이
- lazy summer afternoon 나른한 여름철 오후

※ 의도적으로 일이나 의무를 태만히 함

idle [áid] 게으른, 놀고 있는 한가한	The machines have been idle for the last ten days. 최근 10일 동안 기계는 놀고 있다. ● be idle 멍하니 있다 ● idle hours 한가한 시간　● idle talk 잡담
profound [prəfáund] (학문 따위가) 깊은 심오한	What is the most profound question in the realm of philosophy? 철학의 영역에서 가장 심오한 질문이란 무엇인가? ● profound bliss 심오한 명상 ● profound knowledge 깊은 지식
steady [stédi] 지속적인, 안정된	Slow and steady wins the race. 천천히 그리고 꾸준한 것이 경주에서 이긴다. - 급하면 돌아가라. (속담) ● steady foundation 튼튼한 기초 공사 ● steady girl friend 계속 만나는 여자 친구
innocent [ínəsənt] 죄없는, 순결한 천진난만한	He is innocent of the charge. 그는 그 혐의에 결백하다. ☑ innocence 몡 무죄, 순결, 순진 ● be innocent of~ ~(죄)를 짓지 않은 ● innocent victim 무고한 희생자 ● innocent children 천진난만한 아이들
numerous [njúːmərəs] 수많은, 다양한	He has numerous friends in the National Assembly. 그는 국회 안에 매우 많은 친구를 가지고 있다. ☑ numberless 혱 무수한 　 innumerable 혱 무수한 ● numerous items 상당히 많은 상품 ● numerous friends 많은 친구
grateful [gréitfəl] 감사하는, 고마운	I am grateful to you for your kindness. 친절하게 해 주셔서 감사합니다. ☑ gratitude 몡 감사 / gratify 동 만족시키다 　 gratification 몡 만족, 큰 기쁨 ● be grateful to~ ~에 감사하다 ● grateful look 감사의 표정

generous

[dʒénərəs]

관대한, 풍부한

He is a generous person to everybody.
그는 누구에게나 관대한 사람이다.
He is generous with his money.
그는 돈을 아까워하지 않는다.

☑ generosity 명 관대함
- generous disposition 관대한 처분
- generous measure 관대한 조치

confident

[kánfədənt]

자신만만한
확신하는

I am confident that there will be no war.
나는 앞으로 전쟁은 없을 것이라고 확신한다.

☑ confidence 명 자신감 / confidential 형 비밀의
confide 동 털어놓다, 신뢰하다
- with confidence 자신을 갖고
- confide in A A에게 털어놓다

mutual

[mjú:tʃuəl]

상호간의, 공동의

This plan would be mutual advantage to us.
이 계획은 우리에게 상호 이익이 될 것이다.

- mutual concession 상호간 양보
- mutual distrust 상호 불신
- mutual understanding 상호 이해
- mutual efforts 공동 노력

awful

[ɔ́:fəl]

무서운, 지독한
굉장한

The awful fate of my grandmother was too terrible for us to hear.
할머니의 무서운 운명은 너무 끔찍해서 들을 수 없었다.

☑ awfully 부 몹시, 대단히 / awe 명 경외, 두려움
- behave awfully 무례하게 굴다
- awful nightmare 무서운 악몽
- awful error 심한 잘못
- awful lot of money 거액의 돈

curious

[kjúəriəs]

신기한, 이상한
호기심이 강한

Children are very curious and ask many questions.
어린이는 호기심이 강하므로 질문을 많이 한다.

☑ curiosity 명 호기심, 신기함
- curious coincidence 이상한 일치
- curious eyes 호기심 어린 눈 • in curiosity 호기심으로

197

ashamed

[əʃéimd]

(양심의 가책 따위로)
부끄러워하는, 창피한

Aren't you ashamed of yourself?
너는 부끄럽지 않느냐?

You should be ashamed of yourself.
부끄러운 줄 알아라.

- be ashamed of~ ~부끄러움을 알다
- be ashamed to~ ~부끄러워서 ~하지 않다

---

odd

[ád/ɔd]

묘한, 홀수의
여분의

Our teacher has the odd habit of forgetting to tie his shoes.
우리 선생님은 구두끈 매는 것을 잊는 묘한 버릇이 있다.

☑ **oddity** 몡 기이, 괴벽
　　odds 몡 승산, 유리한 조건

- even odds 반반의 확률
- an odd shoe 한쪽 구두
- an odd number 홀수

---

peculiar

[pikjúːljər]

별난, 특유의

It's peculiar that his gate is still locked.
그의 대문이 아직 닫혀 있는 것은 이상하다.

☑ **peculiarity** 몡 특이한 태도, 특성

- peculiar expression 묘한 표정
- peculiar flavor 특이한 맛

---

silly

[síli]

바보 같은, 어리석은
몡 멍청이, 바보

I couldn't believe he asked such a silly question.
나는 그가 그런 바보 같은 질문을 했다는 것을 믿을 수 없었다.

- silly question 어리석은 질문
- silly reasons 어리석은 이유
- silly ass 바보 같은 놈

※ foolish보다 의미가 강하고, 판단력이 없는 어리석음을 뜻함

---

foolish

[fúːliʃ]

어리석은, 바보 같은

New ideas sound foolish at first only because they are new.
새로운 생각은 처음엔 새롭다는 것만으로 바보 같은 인상을 준다.

☑ **fool** 몡 바보, 멍청이 똥 ~을 업신여기다

---

stupid
[stjúːpid]
멍청한, 우둔한

My uncle scolded me for my stupid behavior.
삼촌은 나의 멍청한 행동을 꾸짖었다.
- ☑ stupidity 몡 우둔, 멍청함
- ● stupid blunder 멍청한 실수
- ● stupid book 재미없는 책

※ 타고난 우둔함

absurd
[æbsɔ́ːrd]
어리석은, 황당한

The president rejected his absurd proposal.
사장은 그의 어처구니 없는 제안을 일축했다.
- ☑ absurdity 몡 어리석은 짓, 불합리
- ● absurd assumption 어리석은 가정

ridiculous
[ridíkjuləs]
우스운, 어리석은

Such a ridiculous superstition no longer exists.
그와 같이 터무니 없는 미신은 더 이상 존재 하지 않는다.
- ☑ ridicule 몡 조롱, 놀림 됭 비웃다, 조소하다
- ● ridiculous pretense 터무니없는 핑계
- ● ridiculous dress 우스꽝스러운 옷차림

dull
[dʌl]
어리석은, 지루한

All work and no play makes Jack a dull boy.
공부만 하고 놀지 않으면 바보가 된다.(속담)
- ● dull boy 우둔한 소년
- ● dull sermon 지루한 설교

dense
[déns]
밀집한, 짙은, 우둔한

The airplane was delayed by the dense fog.
그 비행기는 짙은 안개로 연착했다.
- ☑ density 몡 밀집, (인구) 밀도
- ● dense cloud 짙은 구름
- ● dense forest 밀림 ● dense smoke 자욱한 연기
- ● dense understanding 이해가 더딤

solid
[sálid]
고체의, 튼튼한 ,확실한
몡 고체

She had solid evidence to prove her innocence.
그녀는 결백을 증명할 확고한 증거가 있었다.
- ● solid fuel 고체 연료 ● solid fact 근거 있는 사실
- ● solid foundation 단단한 기초

※ liquid 액체, fluid 유체, gas 기체

evil

[íːvəl]

나쁜, 사악한

He is an evil man who takes pleasure in seeing others suffer.
그는 타인이 고통 받고 있는 것을 보고 즐거워하는 악인이다.

- return evil for good 은혜를 원수로 갚다
- speak evil of~ ~을 나쁘게 말하다, 비방하다
- evil act 사악한 짓   • evil doer 행실이 나쁜 자

fat

[fæt]

뚱뚱한, 비만인
명 지방

There's a little fat girl over there who's my sister.
저기 뚱뚱한 여자애가 내 여동생이야.

Laugh and grow fat.
웃으면 복이 온다.(속담)

- get(grow) fat 살찌다, 부자가 되다
- fat man 뚱뚱보   • fat cheeks 통통한 볼
- fat year 풍년

thick

[θík]

두꺼운, 빽빽한, 진한

This coat is too thick.
이 코트는 너무 두껍다.

The fog is very thick here.
이곳은 안개가 매우 짙다.

- thick fog 짙은 안개   • thick forest 울창한 숲
- thick book 두툼한 책   • thick soup 진한 수프

thin

[θín]

얇은, 마른
드문드문한

Nancy does not eat enough and she is getting thin.
낸시는 충분히 먹지 않으므로, 야위고 있다.

Please be quiet, the walls are very thin.
조용히 해 주십시오. 벽이 매우 얇아서요.

- thin ice 살얼음
- thin board 얇은 판자
- thin hair 성긴 머리카락

mechanical

[məkǽnikəl]

기계적인, 기계의

An engine is a machine to convert a certain energy into mechanical power.
엔진은 어떤 에너지를 기계의 동력으로 바꾸는 기계이다.

- ☑ mechanics 명 역학, 기계학 / mechanism 명 구조, 기계(장치)
  machinery 명 기구, 기계류
- mechanical action 기계적인 동작
- mechanical device 기계 장치

200

aggressive
[əgrésiv]
공격적인, 적극적인

Animals develop their aggressive tendencies over time.
동물은 성장함에 따라 공격적인 성향을 발달시킨다.
- aggressive acts 공격적인 행동
- aggressive war 침략 전쟁
- aggressive businessman 공격적인 사업가

damp
[dǽmp]
습기찬, 축축한
몡 습기

Bacteria breed better in damp environments.
세균은 축축한 환경에서 더욱 잘 번식한다.
- damp weather 우중중한 날씨
- damp sponge 축축한 스폰지

※ 차고 축축한 상태

moist
[mɔ́ist]
습한, 축축한

Winds from the sea are moist.
바다에서 불어오는 바람은 습기를 띠고 있다.
- ☑ moisture 몡 습기
- moist season 우기

indifferent
[indífərənt]
무관심한, 냉담한

They are indifferent and unfeeling to the troubles of others.
그들은 타인의 걱정에 대해 냉담하다.
He couldn't remain indifferent in such a situation.
그는 그런 상황에서 가만히 있을 수 없었다.
- ☑ indifference 몡 무관심
- indifferent attitude 방관적 태도
- indifferent decision 공평한 판결

superficial
[sùːpərfíʃəl]
표면상의, 피상적인

I have only a superficial knowledge of astronomy.
천문학에 관해서 나는 아주 얕은 지식밖에 없다.
- superficial analogy 피상적 유추
- superficial wound 외상

rude
[rúːd]
버릇없는, 무례한

He was dismissed on the grounds of his rude manners.
그는 무례한 태도 때문에 해고되었다.
- be rude to~ ~에게 무례하게 대하다
- rude reply 무례한 대답

conventional

[kənvénʃənl]

틀에 박힌, 전통적인
관습의

His invention is inferior to conventional equipment.
그의 발명은 기존의 장치보다 못하다.

☑ convention 몡집회, 습관
- conventional weapon 재래식 무기
- conventional phrase 상투적인 문구
- be in convention 회의중이다
- hold an annual convention 연차 대회를 열다

bare

[bɛər]

노출된, 드러난
동 ~을 벌거벗기다

He bent the steel bar with his bare hands.
그는 맨손으로 쇠막대를 구부렸다.

☑ barely 분 겨우, 간신히
- bare floor 맨바닥
- walk in bare feet 맨발로 걷다
- bare dislike 노골적인 혐오
- bare one's head (경의의 표시로) 모자를 벗다

native

[néitiv]

태생의,토착의

His native language is Korean.
그의 모국어는 한국어이다.

The potato is native to the highlands of Central and South America.
감자는 중남미 고지대가 원산지이다.

- native plants 토착 식물
- native speaker 원어민 • native tribes 토착민

spiritual

[spíritʃuəl]

정신의, 영적인

The achievement of spiritual liberation occurs when the self is freed from the bondage of matter.
정신의 해방은 자기가 물질의 속박에서 해방되었을 때에 달성된다.

☑ spirit 몡정신, 기운
- be full of spirits 원기 왕성하다
- be in good spirit 기분이 좋다

ugly

[ʌ́gli]

추한, 못생긴
불쾌한

A smiling face is never ugly.
웃는 얼굴은 결코 추하지 않다.

The weather was ugly.
날씨는 아주 나빴다.

- ugly weather 험악한 날씨
- ugly sea 사나운 바다

wild

[wáild]

야생의, 자유분방한

The ancient people were anxious about the perils from wild beasts and from starvation in winter.

고대인들은 야수와 겨울의 굶주림에서 오는 위험을 걱정했다.

- go wild 미쳐 날뛰다
- wild animal 야생 동물
- wild flower 야생화
- wild land 황야 • wild time 난세

random

[rǽndəm]

무작위의

The sample is perfectly random.

샘플은 완전히 무작위이다.

- at random 멋대로, 닥치는 대로
- read at random 책을 닥치는 대로 읽다
- random guess 제멋대로의 추측
- random guess 어림짐작

mental

[méntl]

정신의, 지적인

Pets also can contribute to a person's mental health.

애완 동물도 인간의 정신 건강에 기여할 수 있다.

- ☑ mentality 명 사고력, 정신 상태
- mental age 정신 연령
- mental development 정신적 성장, 정신의

intelligent

[intélədʒənt]

지적인, 총명한

Despite his physical handicap, he accomplished many scientific discoveries.

그는 신체 장애에도 불구하고, 많은 과학적 발전을 이뤄냈다.

- ☑ physics 명 물리학
- physical education 체육
- physical desire 생리적 욕구
- physical strength 체력

physical

[fízikəl]

자연(계)의, 신체의
물리(학)적인

That's an intelligent response to the question.

그 질문에 그렇게 답하는 것은 현명하다.

- intelligent building 정보화 빌딩
- intelligent child 총명한 아이

intellectual

[ìntəléktʃuəl]

지적인 阅 지식인

Her interests are mainly intellectual.
그녀의 흥미는 주로 지적인 것이다.

☑ intellect 阅 지성, (the) 지식인
- intellectual crime 지능범
- intellectual property (right) 지적 재산권

---

polar

[póulər]

북(남)극의, 극지방의

I saw a polar bear in the zoo.
나는 동물원에서 북극곰을 보았다.

- polar expedition 극지 탐험
- polar icecaps 극지의 빙산

---

arctic

[á:rktik]

북극의, 아주 추운

He decided to take part in their arctic adventure.
그는 그들의 북극 탐험에 참가하기로 했다.

☑ antarctic 阅 남극의
- the Arctic Circle 북극권
- arctic region(s) 북극 지방

---

tropical

[trápikəl]

열대의, 매우 더운

In countries near the equator that suffer from tropical diseases, workers produce less and the best workers flee.
열대병에 시달리는 적도 부근의 나라들에서는 노동자의 생산량은 낮고, 우수한 노동자는 도피한다.

☑ tropics 阅 (the) 열대 지방
- tropical climates 열대의 기후
- tropical cyclone 열대 저기압
- tropical diseases 열대병

---

cosmic

[kázmik]

우주의, 광대 무변한

Shooting stars are originally cosmic dusts.
유성은 원래 우주의 먼지이다.

☑ cosmos 阅 (the) 우주(universe)
- tropical cosmic space 우주 공간
- cosmic rocket 우주 로켓
- cosmic evolution 우주의 진화
- cosmic space 우주 공간
- disaster of cosmic proportions 엄청난 규모의 대재해

품사의 전환

● 형용사 → 명사

– th

broad 넓은 ▶ breadth 넓이
deep 깊은 ▶ depth 깊이
long 긴 ▶ length 길이
merry 즐거운 ▶ mirth, merriment 환희
strong 강한 ▶ strength 힘
true 진실한 ▶ truth 진실
young 젊은 ▶ youth 젊음

– ity

curious 진기한 ▶ curiosity 호기심
formal 형식적인 ▶ formality 형식에 사로잡힘
generous 관대한 ▶ generosity 관대함
necessary 필요한 ▶ necessity 필요
prosperous 번영하는 ▶ prosperity 번영
responsible 책임 있는 ▶ responsibility 책임
vain 허영의 ▶ vanity 허영

– cy

accurate 정확한 ▶ accuracy 정확
efficient 효과 있는 ▶ efficiency 능력, 능률
sufficient 충분한 ▶ sufficiency 충분함

– ce

just 올바른 ▶ justice 정의
magnificent 웅대한 ▶ magnificence 웅대함
negligent 태만한 ▶ negligence 태만
patient 인내하는 ▶ patience 인내
present 출석한 ▶ presence 출석
silent 침묵한 ▶ silence 침묵
violent 난폭한 ▶ violence 폭력

– tude

apt 적절한 ▶ aptitude 적절함, 재능
sole 유일한 ▶ solitude 고독

– ty

anxious 걱정하는 ▶ anxiety 걱정
cruel 잔혹한 ▶ cruelty 잔혹함
various 여러 가지의 ▶ variety 변화

– dom

free 자유의 ▶ freedom 자유
wise 현명한 ▶ wisdom 지혜

기타

brave 용감한 ▶ bravery 용감함
grand 웅대한 ▶ grandeur 웅대함
hot 더운 ▶ heat 열
dry 건조한 ▶ drought 가뭄
proud 거만한 ▶ pride 자랑, 자만
splendid 훌륭한 ▶ splendor 훌륭함

● 보통명사 → 추상명사

– ty

boy 소년 ▶ boyhood 소년 시대
child 어린이 ▶ childhood 유년 시대
man 사람, 남자 ▶ manhood 성년, 남자다움
neighbor 이웃 사람 ▶ neighborhood 이웃
priest 성직자 ▶ priesthood 성직, 사제직

– ism

critic 비평가 ▶ criticism 비평
hero 영웅 ▶ heroism 영웅주의, 용기
mechanic 기계공 ▶ mechanism 기계 장치
patriot 애국자 ▶ patriotism 애국심
society 사회 ▶ socialism 사회주의

한 단계 실력을 UP 시켜줄
영단어를 외워라

PART
2

level up
VOCA
547

usage
[júːsidʒ]
어법, 사용, 관습

According to American usage, the expression is acceptable.
미국 어법에 의하면, 그 표현은 인정된다.

- social usage 사회적 관습

※ use의 명사형

---

administration
[ædmìnistréiʃən]
경영, 행정, 정부

He feels that the present type of administration is not efficient.
그는 현재의 관리 형태가 비효율적이라고 생각한다.

- administration of a library 도서관의 운영
- business administration 기업 경영

※ legislation 입법, jurisdiction 사법권

---

budget
[bʌ́dʒit]
예산, 비용

We have only a thousand dollars to budget for this project.
이 프로젝트의 예산은 천 달러밖에 없다.

☑ budgetary 휑 예산의

- budgetary request 예산 요구
- budgetary appropriation 예산 지출
- extraordinary budget 임시 예산
- supplementary budget 추가 예산
- government budget 정부 예산

---

botany
[bátəni]
식물학

He chose botany as his major.
그는 전공 과목으로 식물학을 선택했다.

☑ botanical 휑 식물의

- botanical garden 식물원 (↔ zoological garden 동물원)

---

anthropology
[ænθrəpáldʒi]
인류학, 인간학

She majored in anthropology at Harvard.
그녀는 하버드에서 인류학을 전공했다.

☑ anthropologist 휑 인류학자

circulation

[sə̀ːrkjuléiʃən]

순환, 유통, 발행 부수

A little cider will give us a good circulation of blood.
약간의 사과주는 혈액 순환을 좋게 해 줄 것이다.

- ☑ circulate 동 순환하다
  circular 형 원형의 명 광고 전단
- circulation of air 공기 순환
- circulation of the blood 혈액 순환

statistics

[stətístiks]

통계학, 통계

Statistics show that the Japanese live longer than the Americans.
통계에 의하면, 일본인은 미국인보다 장수한다.

- ☑ statistical 형 통계상의
- vital statistics 인구 동태 통계
- statistics of population 인구 통계

heed

[híːd]

주의, 조심
동 주의를 기울이다

They gave no heed to the warning.
그들은 경고에 귀를 기울이지 않았다.

- heed one's advice ~의 충고를 존중하다

outlook

[áutlùk]

인생관, 견해, 경치

He has a healthy outlook on life.
그는 건전한 인생관을 가지고 있다.

- beautiful outlook 아름다운 경치
- one's outlook on life ~의 인생관
- wide outlook 넓은 시야
- political outlook 정치적 전망

clue

[klúː]

실마리, 단서
동 ~에 암시를 주다

The police have no clues as to who killed the guard.
경찰은 누가 경비원을 살해했는지에 대한 단서를 찾지 못하고 있다.

- leave a clue to ~ 단서를 남기다
- with this clue to go upon 이것을 실마리로

glimpse

[glímps]

잠깐(언뜻) 봄, 일견
동 ~을 힐끗 보다

I guess I caught a glimpse of something like a ghost.
나는 유령 같은 것을 언뜻 본 것 같다.

- catch a glimpse of~ ~을 힐끗 보다

theme
[θíːm]

주제, 테마, 논제

Write an essay on the theme of friendship.
우정이라는 주제로 에세이를 써라.
- theme of a talk 화제
- theme song 주제가

scheme
[skíːm]

계획, 음모, 제도

They carried out their scheme of building a bridge.
그들은 다리 건설 계획을 실행했다.
- drastic scheme 과감한 계획
- carry out a scheme 계획을 실행하다
- scheme to hijack a plane 비행기 납치 음모

surplus
[sə́ːrplʌs]

나머지, 여분

Many foreign countries protested against Korea's massive trade surpluses.
한국의 대규모 무역 흑자에 대해 항의하는 나라가 많았다.
- in surplus 여분으로
- surplus production 잉여 생산물
- surplus value 잉여 가치

council
[káunsəl]

회의, 위원회, 협회

The President convened his advisory council.
대통령은 자문 위원회를 소집했다.
- be in council 회의중이다
- cabinet council 각의
- student council 학생회
- the U.N. Security Council 유엔 안전보장 이사회

perspective
[pərspéktiv]

원근법, 시각, 전망

Small children paint happily, disregarding perspective.
유아들은 원근화법을 무시하고 재미있게 그림을 그린다.
- from my perspective 내가 보기에는
- get it into perspective 전체적으로 이해하다

hypothesis
[haipáθəsis]

가설, 추측

There are some arguments against the hypothesis he put forward.
그가 피력한 가설에 대해 몇 가지 반론이 나오고 있다.
Let's start with this hypothesis.
이 전제로 시작합시다.

※ 복수형은 hypotheses

criterion
[kraitíəriən]
(판단의) 기준, 표준

What is your chief criterion of a good teacher?
좋은 교사의 주요 기준은 무엇인가?
※ 복수형은 criteria

mission
[míʃən]
임무, 사명, 선교단

He thinks his mission in life is to serve the poor.
그는 인생에서 자신의 사명은 가난한 사람을 위해 일하는 것이라고
생각한다.
☑ missionary 몡 (해외 파견의) 선교사
● dispatch a mission to ~ ~에 사절단을 파견하다

haste
[héist]
급함, 신속

Marry in haste and repent at leisure.
서둘러 결혼하면 두고두고 후회하게 된다.
More haste, less speed.
급할수록 천천히.
☑ hasten 동 서두르다
　 hasty 형 성급한
● in haste 서둘러서
● make haste 바삐 서두르다
※ hurry 보다 형식적인 말

premise
[prémis]
전제, 가정

In a democratic government, issues are dealt
with on the premise that majority decision is final.
민주주의 정부에서 안건은 다수결로 정하는 것을 전제로 논의된다.
● major premise 대전제
● search the premises 가택 수색을 하다

counsel
[káunsəl]
조언, 상담, 법률 고문

A wise person gives good counsel.
현명한 사람은 좋은 충고를 해 준다.
● take counsel with~ ~와 상담하다
● friendly counsel 친절한 충고
● ask counsel 조언을 청하다
● independent counsel 특별 검사

standpoint
[stǽndpɔ̀int]
견지, 관점, 입장

He considered the problem from several
standpoints.
그는 그 문제를 몇 가지 관점에서 생각했다.
● from the historical standpoint 역사적 관점에서

211

hypocrisy

[hipákrəsi]

위선

His statement yesterday was another instance of hypocrisy.
어제 그의 진술은 위선의 또 다른 예이다.

☑ hypocrite 몡 위선자
   hypocritical 혱 위선적인

---

poison

[pɔ́izn]

독, 독약

We put some poison on the floor to kill the mice.
우리는 쥐를 잡기 위해 마루에 쥐약을 조금 놓았다.

☑ poisonous 혱 유독한, 악의에 찬

- food poisoning 식중독
- carbon monoxide poisoning 일산화탄소 중독
- kill oneself by poison 음독 자살하다
- poison of tyranny 전제 정치의 해독

---

infection

[infékʃən]

전염, 감염, 전염병

The greatest medical problem facing mankind is infection by germs.
인류가 직면한 최대의 의학 문제는 세균에 의한 감염이다.

☑ infect 동 ~에게 감염시키다
   infectious 혱 전염성의, 전염병의

- infectious disease 전염병

---

physician

[fizíʃən]

의사, 내과의사

You'd better see a physician.
의사한테 보이는 것이 좋겠다.

- infectious physician('s) assistant 의료 보조원

---

deed

[díːd]

행위, 행동

You are always judged by your deeds.
사람은 언제나 자기의 행위에 의해 판단된다.

Do a good deed every day.
날마다 선행을 하여라.

- all talk and no deed 그저 말뿐인

---

orbit

[ɔ́ːrbit]

궤도 동 궤도를 돌다

The spaceship has been put into orbit round the earth.
우주선이 지구 궤도에 진입했다.

- lunar orbit 달의 궤도

trifle
[tráifl]

시시한 것(일), 푼돈

I have no time for trifle.
쓸데없는 일을 할 시간이 없다.

It will cost you only a trifle.
그것은 약간의 비용이 들것이다.

☑ trifling 阌하찮은, 시시한
- quarrel over trifles 사소한 일로 다투다
- a trifle 조금

witness
[wítnis]

목격자, 증거

I was called as a witness for the prosecution.
나는 검찰측 증인으로 소환되었다.

- bear witness to~ ~을 입증하다
- defense witness 피고의 증인
- be witness 증인이 되다
- examine a witness 증인을 심문하다

jury
[dʒúəri]

배심원단

The jury was divided in opinion.
배심원단은 의견이 나뉘었다.

☑ juryman 阌 배심원
- common jury 보통 배심원
- special jury 특별 배심원

verdict
[vɔ́:rdikt]

평결, 판단

The judge brought in a verdict of 'innocent'.
그 판사는 '무죄' 판결을 내렸다.

- verdict for the plaintiff (defendant)
  원고(피고) 승소의 평결
- verdict of the public 세간의 비판

jail
[dʒéil]

교도소, 구치소

Because there was no hope of reforming these criminals, they were thrown into jail.
이 범죄자들은 개심할 가망이 없었으므로, 감옥에 넣어졌다.

- detention jail 구치소
- police jail 경찰서 유치장(보호실)

prey
[préi]

먹이, 희생(자)
阍 희생물로 하다

An eagle was looking for prey.
독수리가 먹이를 찾고 있었다.

- become the prey of a tiger 호랑이 밥이 되다
- prey to circumstances 환경의 희생자

ratio

[réiʃou]

비례, 비율

There was a ratio of four yeses to one no.
찬성 4표, 반대 1표의 비율이었다.

- in direct ratio to~ ~에 정비례하여
- direct(inverse) ratio 정(반)비례
- be in the ratio of 5 to 3 5대 3의 비율로 되어 있다

phase

[féiz]

(변화 따위의) 단계, 국면

The war was entering a critical phase.
전쟁은 중대한 국면으로 들어가고 있었다.

- passing phase of fashion 유행의 일시적 현상
- final phase 최종 단계
- new phase 새로운 국면

donation

[dounéiʃən]

기증, 기부, 기부금

The widow made a donation of one million dollars to the college.
미망인은 대학에 백만 달러를 기부했다.

☑ donate 통 기부하다
  donator 명 기부자, 장기 기증자
- blood donation 헌혈

bribe

[bráib]

뇌물, 미끼
통 뇌물을 주다

The rumor that the Mayor took a bribe prevails in his town.
시장이 뇌물을 먹었다는 소문이 마을에 퍼졌다.

☑ bribery 명 뇌물 수수
- commit bribery 뇌물을 주다(받다)

cohesion

[kouhí:ʒən]

결합, 화합

The lack of cohesion within the party lost them votes at election time.
당내의 단결 부족으로 그들은 선거 때에 표를 잃었다.

☑ cohesive 형 결합력이 있는
  coherent 형 서로 밀착되어 있는

fraction

[frǽkʃən]

일부, 부분, 분수

There is not a fraction of truth in his story.
그의 이야기에는 진실이 조금도 없다.

- fraction of the crowd 군중의 일부
- improper fraction 가분수

spell
[spél]

한동안, 한 차례의 일

We had a long spell of wet weather last summer.
지난 여름에는 비 오는 날이 많았다.

- for a spell 잠시

symptom
[símptəm]

징후, 조짐

A cough is one symptom of the common cold.
기침은 감기 증상의 하나이다.

- withdrawal symptoms (마약 따위의)금단 증상
- symptom of inflation 인플레이션의 징후
- subjective symptom 자각 증상

sequence
[síːkwəns]

연속, 연속물, 순서

He studied the sequence of events that led to the firm's bankruptcy.
그는 회사가 도산에 이르기까지 일련의 사건을 조사했다.

- in sequence 차례로
- sequence of incidents 일련의 사건
- sequence of the seasons 계절의 순환

draft
[dræft]

초고, 초안, 외풍

I had him make a draft at Mr. Song's.
나는 그에게 송선생의 사무실에서 초안을 만들게 했다.

☑ drafty 휑 외풍이 있는

- rough draft for a speech 연설 초고
- natural draft 자연 통풍

※ draw의 명사형

paradox
[pǽrədàks]

역설, 경멸, 불명예

It may sound like a paradox, but the faster you read, the better you understand.
역설 같지만, 빨리 읽으면 그만큼 더 잘 이해가 된다.

☑ paradoxical 휑 역설적인

contempt
[kəntémpt]

경멸, 모욕, 무시

I feel contempt for such shameful conduct.
나는 이런 수치스러운 행위를 경멸한다.

☑ contemptible 휑 경멸할 만한, 비열한
　 contemptuous 휑 모욕적인

- be contemptuous of ~ ~을 경멸하다
- in contempt of ~ ~을 무시(경멸)하여
- object of contempt 경멸의 대상

※ scorn보다 의미가 약함

instinct

[ínstiŋkt]

본능, 소질

Fish have the instinct to swim.
물고기는 본능적으로 헤엄친다.

☑ instinctive 혱 본능적인

- by instinct 본능적으로
- have an instinct for ~ ~에 재능이 있다
- instinct of self-preservation 자기 보존의 본능
- homing instinct 귀소 본능
- instinct for making money 돈 버는 재능

---

metropolis

[mitrápəlis]

주요 도시, 대도시, 수도

New York City's transition from a small village to a world metropolis in the first two decades of the 20th century was one of the wonders of the century.
20세기의 최초로 뉴욕시가 20년 사이에 작은 촌에서 세계적 대도시로 전환한 것은 경이로운 일 중 하나이다.

☑ metropolitan 혱 수도의

---

nutrition

[nju:tríʃən]

영양, 영양 섭취

Good nutrition is essential for good health.
풍부한 영양은 건강에 필수적이다.

☑ nutritious 혱 영양이 있는

---

pavement

[péivmənt]

포장 도로, 인도

The boys played catch on the pavement.
소년들이 보도에서 공 잡기 놀이를 했다.

- on the pavement 거리를 걸어서

---

malice

[mǽlis]

악의, 적의

He did several nasty pieces of malice.
그는 몇 차례 몹시 악의적인 짓을 했다.

☑ malicious 혱 악의 있는

- out of malice 악의로

---

spite

[spáit]

악의, 심술
동 ~에게 심술을 부리다

My boss demoted him out of spite.
내 상사는 화풀이로 그를 강등시켰다.

☑ spiteful 혱 악의에 찬

- in spite of ~ ~에도 불구하고

216

shame
[ʃéim]
부끄럼, 수치심

What I did filled me with shame.
내가 한 짓을 생각하면 창피하기 짝이 없다.
For shame! / Shame on you!
창피한 줄 알아라!
☑ shameful 휑 부끄러운

disgrace
[disgréis]
불명예, 망신
图 명예를 더럽히다

Your behavior brought disgrace on our family.
너의 행동은 우리 집안의 망신이다.
● national disgrace 국가적 망신

scissors
[sízərz]
가위

He took up the scissors and the comb again to cut a few more hairs.
그는 몇 가닥의 머리카락을 더 자르려고 가위와 빗을 다시 집었다.
● a pair of scissors 가위 한 자루
※ 복수 취급

relish
[réliʃ]
맛, 풍미, 흥미

In fact, I have no relish for that kind of music.
사실, 나는 그런 종류의 음악 취향이 아니다.
● relish of beef 쇠고기 맛
● add relish to food 음식에 풍미를 더하다

heap
[hí:p]
더미, 무더기

The boy took a handful of candy from the heap.
그 소년은 사탕 더미에서 한 웅큼을 집었다.
● heaps of money 거액의 돈
● heap of stones 돌무더기
● dump heap 쓰레기더미

illusion
[ilú:ʒən]
환각, 착각

Kate has the illusion that she is the smartest in her class.
케이트는 자기가 반에서 가장 똑똑하다는 착각을 하고 있다.
☑ illusory 휑 환상의
   disillusion 图 환상을 깨뜨리다
● be under an illusion 착각(잘못 생각)하고 있다
● sweet illusion 달콤한 환상
● optical illusion 착시

superstition

[sùːpərstíʃən]

미신, 미신적 행위

It is a common superstition that walking under a ladder is unlucky.

사다리 아래를 지나가면 불길하다는 것은 잘 알려진 미신이다.

She is free from superstitions.

그녀는 미신을 믿지 않는다.

☑ superstitious 형 미신의

---

diplomacy

[diplóuməsi]

외교, 외교술

Diplomacy is to do and say the nastiest thing in the nicest way.

외교는 가장 더러운 것을 가장 깨끗한 방법으로 행하거나 말하는 것이다.

☑ diplomat 명 외교관
　diplomatic 형 외교상의, 외교에 능한

● armed diplomacy 무력 외교

---

semester

[siméstər]

학기

When does the new semester start?

신학기는 언제 시작되니?

● fall(spring) semester 1학기(2학기) – 미국의 경우

※ 2학기제의 학기, 3학기제의 학기는 term

---

geometry

[dʒiámətri]

기하학

How many months did you study geometry?

몇 달이나 기하학을 공부했니?

☑ geometric 형 기하학의

● plane geometry 평면 기하학
● solid geometry 입체 기하학

---

congress

[káŋgris]

회의, 미국 의회

The bill passed the Congress.

법안은 국회를 통과했다.

● member of Congress 국회 의원
● the 38th Congress 제38대 의회

※ 우리나라 국회는 National Assembly

---

parliament

[páːrləmənt]

의회, 영국 의회

Parliament is made up of the house of Commons and the house of Lords.

의회는 하원과 상원으로 이루어져 있다.

● Member of Parliament 하원 의원(= M.P.)
● convene(dissolve) Parliament 의회를 소집하다(해산하다)

※ 일본의 국회는 the(National) Diet

session
[séʃən]
회기, 개회, 학기

Congress is in session.
의회가 개회중이다.
- morning session 오전 수업
- plenary session 본회의

recess
[ríːses]
휴식

She stayed in the schoolroom at recess.
그녀는 쉬는 시간에 교실에 있었다.
- ☑ recede 동후퇴하다
- at recess 휴식 시간에

suicide
[sjúːəsàid]
자살 동자살하다

Police reckon that about half of these child suicides may be the result of bullying.
경찰은 어린이 자살의 약 절반은 따돌림에서 온다고 추정한다.
- political suicide 정치적 자살 행위
- attempted suicide 자살 미수
- suicide oneself 자살하다

guilt
[gílt]
유죄, 죄책감

She suffered from guilt.
그녀는 죄책감에 괴로워했다.
- ☑ guilty 형유죄의, 자책하는
- guilty conscience 양심의 가책
- partner in guilt 공범자

stream
[stríːm]
하천, 흐름 동흐르다

We rowed the boat against the stream.
우리는 배를 저어 시냇물을 거슬러 올라갔다.
- ☑ streamlined 형유선형의, 날씬한
- mountain stream 계곡
- ※ 강, 바다, 액체, 사람, 시간 따위의 흐름

tide
[táid]
조수, 흐름, 추세

The tide is coming in(going out).
조수가 들고(나고) 있다.
Time and tide wait(s) for no man.
세월은 사람을 기다리지 않는다.
- ☑ tidal 형조수의
- tidal power 조류 발전
- ebb(=low) tide 썰물
- flood(=high) tide 밀물

greed
[gríːd]

탐욕, 식탐

Greed for power is common among politicians.
정치인들 사이에는 권력욕이 강한 사람이 많다.

☑ **greedy** 혱탐욕스런
- one's greed for money(honors) 금전욕(명예욕)
- greedy boy 욕심꾸러기

---

fuss
[fʌs]

소란, 호들갑
동 야단법석을 떨다

Don't make too much fuss.
너무 호들갑을 떨지 마라.

- make much fuss about trifles 사소한 일로 소동을 벌이다
- a great deal of fuss 큰 소동

---

minister
[mínəstər]

장관, 각료, 목사

The Prime Minister appoints ministers who make up the cabinet.
수상이 내각을 구성하는 장관을 임명한다.

- cabinet minister 각료
- prime minister 국무총리
- the Minister of Education 교육부 장관

---

surge
[səːrdʒ]

격동, 큰 파도
동 파도가 일다

An unexpected surge in electrical power caused the computer fault.
전력의 급증이 컴퓨터 결함을 불러일으켰다.

A surge of anger swept over him.
그는 발끈 화가 났다.

---

revenue
[révənjùː]

세입, 수입

Loans raised overseas were another important source of revenue.
해외의 공채도 중요한 수입원이었다.

- internal revenue 내국세 수입
- revenue and expenditure 세입 비용

---

mercy
[máːrsi]

자비, 연민

The Bible says that God's mercy endures for ever.
성경은 신의 자비가 영원히 지속된다라고 말한다.

☑ **merciful** 혱자비로운
  merciless 혱무자비한
- at the mercy of~ ~에 좌우되어
- show mercy 자비를 베풀다

reverence

[révərəns]

존경, 경례

Millions of Catholics have reverence for the Pope.
수많은 카톨릭 신자들은 교황에 대한 존경심을 품고 있다.
- pray with reverence 경건한 마음으로 기도하다
- reverence for old age 경로 정신

diameter

[daiǽmətər]

직경, 지름
~배(렌즈의 배율 단위)

The circle is five feet in diameter.
그 원의 지름은 5피트이다.
This microscope magnifies 500 diameters.
이 현미경은 500배의 배율이다.
- the diameter of the earth 지구의 직경

warfare

[wɔ́ːrfɛ̀ər]

전투, 전쟁(상태)

During this period of warfare, the army had many losses.
전투 기간 중, 군대는 여러 차례 패했다.
- economic warfare 경제 전쟁

radius

[réidiəs]

반경, 반지름

A large number of young men and women go to college within a 100-mile radius of their hometowns.
고향에서 반경 100마일의 범위에 있는 대학에 진학하는 젊은이가 많다.
- within a radius of five miles 반경 5마일 범위 안에서
- radius of action 행동 반경
- radius of free delivery 무료 배달 지역

※ 반경을 r로 쓰는 것은 이 단어의 첫문자에서

antiquity

[æntíkwəti]

고대, 낡음

Under Korean law, all antiquities that are discovered in Korea belong to the government.
한국의 법에 따르면, 한국에서 발견된 모든 유물은 정부에 귀속된다.
☑ antique [형]오래 된 [명]골동품
- object of antiquity 고물
- unknown antiquity 아득히 먼 옛날
- from immemorial antiquity 태고적부터

pastime

[pǽstàim]

기분 전환, 놀이, 취미

Playing the piano is her favorite pastime.
피아노 치는 것은 그녀가 가장 좋아하는 취미이다.
Play cards as a pastime.
기분 전환을 위해 카드 놀이를 하자.
- make a trip for a pastime 기분 전환을 위해 여행하다

colony

[káləni]

식민지, 집단

After World War II, many colonies in Asia and Africa became independent nations.

제2차 세계대전 후, 아시아와 아프리카의 많은 식민지가 독립했다.

☑ colonial 혱 식민지의
  colonize 통 식민지화하다
- colonial policy 식민지 정책
- send out a colony to ~ ~에 이민을 보내다
- colony settlement 식민지

trigger

[trígər]

방아쇠
통 ~를 일으키다, ~를 당기다

Did you see him pull the trigger?

그가 방아쇠를 당기는 것을 보았니?

This wage hike will trigger inflation.

임금 인상은 인플레이션을 일으킬 것이다.

- pull the trigger 방아쇠를 당기다

sphere

[sfíər]

구, 영역, 천체

In nature, many objects have the form of a sphere ; the sun, apple, dew and so on.

자연계에서는 많은 물체들이 구의 형태를 가지고 있다. 태양, 사과, 이슬 등등.

- one's sphere of activity 활동 영역

ritual

[rítʃuəl]

의식, 제사

Animal has often been used in ritual.

동물은 종종 의식에 이용되었다.

☑ rite 몡 (종교상의) 의식
- religious ritual 종교적 의식

sovereign

[sávərin]

주권자, 군주
혱 군주인, 자주의

Queen Elizabeth II is the present sovereign of the United Kingdom.

엘리자베스 2세 여왕은 현재 영국의 군주이다.

- sovereign power 주권
- sovereign state 독립국

expedition

[èkspədíʃən]

탐험, 원정

An expedition into the jungle would be very dangerous.

정글 탐험은 매우 위험하다.

- exploring expedition 탐험 여행
- expedition to the North Pole 북극 탐험
- send an expedition to~ ~에 원정대를 보내다

222

satellite
[sǽtəlàit]

위성, 인공 위성, 근교

The moon is the earth's only natural satellite.
달은 지구의 유일한 자연 위성이다.

- satellite broadcasting 위성 방송
- satellite dish 위성, TV수신용 안테나

republic
[ripʌ́blik]

공화국

Some newly independent African countries call themselves democratic republics, even if they may still be ruled by a dictator.
아프리카의 몇몇 신생 독립 국가들은, 비록 지금은 독재자에 의해서 통치되고 있지만 스스로를 민주공화국이라 칭한다.

- ☑ republican 혱 공화국의
- the Republic of Korea 대한민국

ecstasy
[ékstəsi]

황홀, 도취

He went into ecstasy when she accepted his proposal.
그는 그녀가 그의 청혼을 받아들이자 너무 기뻐했다.

- ☑ ecstatic 혱 무아지경의
- in an ecstasy of joy 미칠 듯이 기뻐하여

refuge
[réfjuːdʒ]

피난, 피난처

A Russian boat took refuge in this harbor.
러시아의 배가 이 항구로 피난했다.

- ☑ refugee 몡 망명자, 난민
- take refuge in~ ~로 피난하다
- harbor of refuge 피난항
- refugee camp 난민 수용소

folly
[fáli]

어리석음

Anger always begins with folly and ends with repentance.
화는 어리석음으로 시작해서 후회로 끝난다.

- commit a folly 어리석은 짓을 하다

nationality
[næʃənǽləti]

국적, 국가, 국민

What nationality is he?
그는 어느 나라 사람이니?

- ☑ nationalize 통 국유화하다
  nationalism 몡 민족주의
  nationalistic 혱 민족주의의
- airplane of unknown nationality 국적 불명의 항공기

anecdote

[ǽnikdòut]

일화

Many anecdotes are told about Jung Joo-young.
정주영에 관해 많은 일화가 있다.

☑ anecdotic 혱 일화의

---

interaction

[ìntərǽkʃən]

상호 작용, 관련

Public baths used to be the center of social interaction.
대중 목욕탕은 사회적 교류의 중심이었다.

☑ interact 통 서로 소통하다
　interactive 혱 서로 작용하는

---

athlete

[ǽθliːt]

운동 선수, 경기자

The Korean media reported the athlete's winning gold medal with great delight.
한국의 언론은 그 선수의 금메달 획득을 커다란 기쁨으로 전했다.

☑ athletic 혱 경기의, 체육의
● athletic sports 운동 경기

---

prose

[próuz]

산문, 산문적인 표현
혱 산문의

His prose is so lyrical, it almost sounds like poetry.
그의 산문은 감정이 풍부하여 마치 시와 같은 느낌이 든다.

☑ prosaic 혱 산문의, 지루한
● prose style 산문체　● in prose 산문으로

---

verse

[vəːrs]

운문, 시

The work is written in verse.
작품은 운문으로 쓰여 있다.

☑ versed 혱 정통해 있는, 숙련되어 있는
● lyrical verse 서정시　● write in verse 시로 쓰다

---

scope

[skóup]

범위, 식견

We have to broaden the scope of our research.
우리의 연구 영역을 넓히지 않으면 안 된다.

● wide scope 광범위
● man of wide scope 식견이 넓은 사람

---

crew

[krúː]

승무원, 팀

The crew constitute the committee.
선원들이 그 위원회를 구성하고 있다.

● camera crew 촬영진

---

doctrine

[dάktrin]

주의, 원칙, 이론

The Party holds to the doctrine that there should be no protectionism.

그 당은 보호무역주의가 없어져야 된다는 입장을 가지고 있다.

- the doctrine of gravitation 중력의 원리

capture

[kǽptʃər]

포획, 포획물
동 체포하다, 포획하다

I was one of the lucky ones who was not captured by the enemy.

나는 적에게 체포되지 않은 행운아 중의 하나였다.

☑ captive 명 포로
captivity 명 감금
captivate 동 마음을 빼앗다

- capture of a fishing boat 어선의 나포
- capture one's prey 먹이를 잡다

intercourse

[íntərkɔ̀:rs]

교제, 교류

Sexual intercourse used to be the only way for a woman to conceive a baby.

예전에는 여자가 임신하는 유일한 방법이 성관계였다.

- man of social intercourse 교제하는 남자

blunder

[blʌ́ndər]

큰 실수
동 큰 실수를 저지르다
머뭇거리다

She has blundered again.

그녀는 또 실수를 했다.

The best workman sometimes blunders.

원숭이도 나무에서 떨어질 때가 있다.

- queer blunder 어이없는 실수
- blunder about 어슬렁거리다

※ error, mistake보다 강함

velocity

[vəlάsəti]

속도

Momentum is the product of mass and velocity.

운동량은 질량과 속도의 산물이다.

- velocity of light 빛의 속도
- accelerated velocity 가속도

wreck

[rék]

잔해, 난파, 파괴
동 파괴하다

There was a train wreck last night.

어젯밤에 열차 충돌이 있었다.

The bus was a wreck after the collision.

충돌 뒤에 버스는 난파되었다.

☑ wrecker 명 레커차, 파괴자

- wreck of one's life 인생의 파멸

posterity
[pastérəti]

후세, 자손

His fame will go down to posterity.
그의 명성은 후세에 전해질 것이다.

● leave one's name on posterity 후세에 이름을 남기다

mammal
[mǽməl]

포유동물

Mammals suckle their young.
포유동물은 자식에게 젖을 준다.

☑ mamma 몡 유방 / mammary 휑 유방의
mammy 몡 엄마

offspring
[ɔ́fsprìŋ]

자식, 자손, 결과

Human usually have only one offspring at a time.
인간은 보통 한 번에 한 아기만을 낳는다.

● produce offspring 아이를 낳다
● offspring of modern science 현대 과학의 산물

conceit
[kənsíːt]

자부심, 자만

Don't you think you should get rid of your conceit?
너는 너의 자만심을 없애야 한다고 생각하지 않느냐?

☑ conceited 휑 자만심이 강한, 우쭐대는
● be full of conceit 자부심이 강하다

※ conceit는 자기의 과대 평가, vanity는 남한테 인정받고 싶어하는 허영심

thesis
[θíːsis]

졸업(학위) 논문, 논제

She wrote a thesis on the eruption of Mt. Mihara.
그녀는 미하라산의 분화에 대한 논문을 썼다.

● graduation thesis 졸업 논문

※ 복수형은 theses

nuisance
[njúːsns]

골칫거리, 성가신 사람

The newspaper says that your factory causes a public nuisance to people in the neighborhood.
신문에는 당신의 공장이 이웃 주민들에게 공해를 일으킨다고 쓰여 있다.

● public nuisance 공적 불법 방해, 사회적 골칫거리

infrastructure
[ínfrəstrʌ̀ktʃər]

기반 시설, 인프라

The Korean infrastructure was developing gradually in those days.
그 당시 한국의 사회 기반 시설은 점차 발전하고 있었다.

● industrial infrastructure 산업 기반

bliss

[blís]

더없는 행복, 환희

Bliss is often interrupted by anxiety and fear.
행복은 가끔 근심이나 두려움에 의해 방해받는다.

Ignorance is bliss.
모르는 것이 약이다.(속담)

☑ blissful 혱 더없이 행복한

- blissful ignorance 모르는 것이 약

anguish

[ǽŋgwiʃ]

고통, 고뇌
동 괴롭히다

He was in deep anguish over his divorce.
그는 이혼한 일로 몹시 괴로워했다.

☑ anguished 혱 괴로워하는

- be in anguish over ~에 괴로워하다
- anguish of despair 절망의 고통

prophecy

[práfəsi]

예언, 신탁

Nostradamus prophecies didn't turn out to be correct.
노스트라다무스의 예언은 정확하지 않았다.

☑ prophet 몡 예언자
prophesy 동 예언하다

fable

[féibl]

동화, 지어낸 이야기

There is some truth in this fable.
이 동화에는 몇 가지 진실이 있다.

☑ fabulous 혱 믿어지지 않는, 엄청난

- fabulous wealth 엄청난 부
- Aesop's Fables 이솝 우화
- mere fable 단순히 지어낸 이야기
- wild fable 황당무계한 이야기

predecessor

[prédəsèsər]

전임자, 선배

We like the present headmaster better than his predecessor.
우리는 이전 교장 선생님보다 지금의 교장 선생님을 더 좋아한다.

☑ predecease 동 ~보다 먼저 죽다

consensus

[kənsénsəs]

(의견의) 일치, 합의
대다수의 의견

We will reach a consensus on this matter.
우리는 이 문제에 대해 합의에 도달할 수 있다.

- consensus of opinion 의견 일치
- national consensus 전 국민의 합의

treaty [tríːti] 조약, 협정	**America concluded a commercial treaty with Japan in 1858.** 미국은 1858년에 일본과 통상 조약을 체결했다. ● peace treaty 평화 조약 ● commercial treaty 통상 조약
vocation [voukéiʃən] 직업, 천직, 사명	**People often change their vocations in later life.** 사람은 나중에 직업을 바꾸는 일이 종종 있다. ☑ **vocational** 휑 직업상의, 직무상의 ● vocational disease 직업병 ● vocational aptitude 직업 적성 ● select a vocation 직업을 선택하다 ● find one's vocation 천직을 발견하다
tactics [tǽktiks] 전술, 책략	**The general s tactics in the battle were brilliants.** 그 전투에서 장군의 전술은 훌륭했다. ☑ **tactical** 휑 전술(상)의, 약삭빠른 ● tactical nuclear weapon 전술적 핵무기 ● air tactics 항공 전술 ● grand tactics 고등 전술
strategy [strǽtədʒi] 훌륭한 작전, 계획	**She worked out a strategy to teach her class.** 그녀는 수업에서 가르칠 방법을 생각해 냈다. ☑ **strategic** 휑 전략(상)의, 중요한 ● strategic alliance 전략적 제휴 ● strategic nuclear weapon 전략적 핵무기 ※ tactics보다 대규모이며, 전체적임
legislation [lèdʒisléiʃən] 입법, 법률, 입법 조치	**The Diet has the power of legislation.** 국회는 입법권이 있다. ☑ **legislate** 통 법률을 제정하다 **legislative** 휑 입법의 ※ executive '행정의', judicial '사법의'
exile [égzail/éks-] 망명, 추방 통 (국외로) 추방하다	**Many politicians live in exile.** 많은 정치가들이 망명 생활을 하고 있다. ● go into exile 망명하다 ● political exile 망명 정치가

trait
[tréit]

특색, 특징

John's prime trait is his honesty.
존의 주요 특성은 그의 정직함이다.

- national traits 국민성
- ※ 마음이나 성격의 특징

adversity
[ædvə́ːrsəti]

불운, 역경, 재난

He didn't give up hope in adversity.
그는 역경에도 희망을 포기하지 않았다.

- in the face of adversity 역경에 직면하여
- prosperity and adversities of life 인생의 번영과 역경

remedy
[rémədi]

치료(약), 구제
동 치료하다, 바로 잡다

I'm really sorry that there is no good remedy for this disease.
이 병에 치료법이 없다는 것은 실로 안타까운 일이다.

- good remedy for a cold 감기에 좋은 치료법
- remedy a defect 결점을 보완하다

volcano
[valkéinou]

화산, 분화구

The entire city was covered in ash from the volcano.
마을 전체가 화산재에 뒤덮였다.

- active(dormant, extinct) volcano 활(휴, 사)화산
- submarine volcano 해저 화산

eruption
[irʌ́pʃən]

폭발, 분화, 분출
(전쟁의) 발발

Not all earthquakes and eruptions cause tidal wave.
지진이나 분화가 모두 해일을 일으키는 것은 아니다.

- ☑ erupt 동 폭발하다, 분화하다
  eruptive 형 돌발하는, 폭발의
- volcano in violent eruption 심하게 분화하고 있는 화산
- eruption of rage 분노의 폭발

dimension
[diménʃən]

크기, 치수, 국면

The general's return added a new dimension to politics in the country.
장군의 귀국은 그 나라의 정치에 신국면을 가했다.

- the fourth dimension 제4차원
- take the dimension(s) of a room 방의 치수를 재다

anarchy

[ǽnərki]

무정부 상태, 무질서

Now that the president has resigned, citizens fear the country will descend into anarchy.
대통령이 사임하자 국민은 나라가 무정부 상태로 빠질 것을 우려하고 있다.

☑ anarchist 몡 무정부주의자

● be in a state of anarchy 무정부 상태에 있다

pessimism

[pésəmìzm]

비관주의(론), 염세

In a few month, there has been a mood of pessimism about the economy.
몇 달 동안, 경제에 대해 비관적인 분위기가 형성되고 있다.

☑ pessimist 몡 비관론자
  pessimistic 혱 비관적인

feat

[fíːt]

위업, 공적

By placing a satellite into orbit, China became the fifth nation to accomplish this feat.
중국은 인공위성을 궤도에 올림으로써, 이러한 위업을 이룩한 5번째 국가가 되었다.

● feats of arms 무공
● feat of agility 날쌘 재주

lightning

[láitniŋ]

번개, 벼락
혱 번개 같은

Lightning flashed across the dark sky.
어두운 하늘에 번개가 쳤다.

● flash of lightning 번개(의 섬광)
● be struck by lightning 벼락을 맞다

thunder

[θʌ́ndər]

천둥, 우레 같은 소리
동 천둥치다

There was heavy rain, thunder and lightning.
폭우와 천둥과 번개가 쳤습니다.

● clap of thunder 천둥 소리
● thunderous applause 우레와 같은 박수

rubbish

[rʌ́biʃ]

쓰레기, 잡동사니

Don't throw rubbish here.
이곳에 쓰레기를 버리지 마시오.

☑ rubbishy 혱 쓰레기의, 시시한

● rubbishy book 시시한 책
● talk rubbish 부질없는 소리를 지껄이다

nightmare

[náitmèər]

악몽 형 악몽의

If my mom saw my pink fridge she would have a nightmare.
만일 엄마가 나의 핑크색 냉장고를 보면 악몽을 꾸실 거야.

- have a nightmare 악몽을 꾸다

---

garbage

[gá:rbidʒ]

찌꺼기, 쓰레기

Not so long ago garbage was used as fuel in Europe.
얼마 전까지만 해도 쓰레기는 유럽에서 연료로 쓰였다.

- garbage can 쓰레기통
- garbage collection 쓰레기 회수
- garbage disposal 음식 쓰레기 처리기

---

rest¹

[rést]

나머지, 남은 사람들
동 여전히 ~이다

All the rest of us went there.
우리 모두 그곳으로 갔다.

- rest of the meal 음식 찌꺼기
- …and the rest~ ~와 나머지

---

heritage

[héritidʒ]

유산, 전통

It is up to us to hand down Korea's cultural heritage to the following generations.
한국의 문화 유산을 차세대에 전수하는 것은 우리의 의무이다.

- cultural heritage 문화 유산

---

habitat

[hǽbitæt]

서식지, 거주지

The polar bear's habitat is the Arctic.
북극곰의 서식지는 북극이다.

- ☑ habitation 명 거주지, 주택
- tropical habitat 열대 서식지

---

census

[sénsəs]

국세 조사, 인구 조사

We have a census in this country every ten years.
우리나라에서는 10년마다 인구 조사를 한다.

- take a census of 인구를 조사하다

---

retrospect

[rétrəspèkt]

회상, 회고, 추억
동 회상하다

A past experience may seem better and more carefree in retrospect.
회상해 보면 과거의 경험이 더 낫고 걱정 근심이 없는 것처럼 보일지도 모른다.

- in retrospect 뒤돌아보아

chronicle

[kránikl]

연대기, 이야기
(신문 이름으로) ~신문

We heard the sad chronicle of him.
우리는 그에 대한 슬픈 이야기를 들었다.

- the San Francisco Chronicle 샌프란시스코 신문

equator

[ikwéitər]

적도

The steamer was shipwrecked right on the equator.
그 기선은 적도에서 난파했다.

☑ equatorial 휑 적도(상)의
- equatorial vegetation 열대 식물

riot

[ráiət]

폭동, 소란
통 폭동을 일으키다

The riot police scattered the mob at once.
폭동 진압 경찰이 즉시 폭도를 해산했다.

- cause a riot 폭동을 일으키다
- put down a riot 폭동을 진압하다

caricature

[kǽrikətʃər]

풍자화, 캐리커쳐

Caricatures have no place in serious art.
캐리커쳐는 정통 예술에 어울리지 않는다.

※ cartoon은 '시사만화', comic strip는 '연재만화'

ornament

[ɔ́:rnəmənt]

장식(품) 통 ~을 장식하다

I had no space for ornaments.
장식품을 놓을 자리가 없다.

- architectural ornaments 건축용 장식물

egotism

[í:gətìzm]

이기주의, 자만심

Egotism is a less attractive quality than humility.
이기주의는 겸손보다 매력이 덜하다.

☑ egotist 명 이기주의자

folklore

[fóuklɔ̀:r]

민간 전승, 전통문화

People are fascinated by Native Korean folklore.
사람들은 한국의 토속적인 전통문화를 좋아한다.

☑ folkloric 휑 민간 전승의

morale

[mərǽl]

사기, 패기

The soldiers morale was high.
군인들의 사기가 높았다.

- raise morale 사기를 높이다

※ moral(도덕)과 구별

altitude

[ǽltətjùːd]

높이, 고도
(~s) 높은 곳

The plane suddenly lost altitude.
비행기의 고도가 갑자기 떨어졌다.

- altitude flight 고도 비행
- altitude record 고도 기록

incentive

[inséntiv]

자극, 유인, 포상물

I gave him an incentive to the work.
그를 자극하여 일을 하게 하였다.

- incentive speech 자극적인 연설

riddle

[rídl]

수수께끼, 난문
동 수수께끼를 풀다

It is a riddle how the man of rare ability was thrown out of employment.
재능 있는 사람이 왜 실직했는지는 수수께끼이다.

- ask a riddle 수수께끼를 내다
- great riddle of life 인생의 커다란 수수께끼

maxim

[mǽksim]

격언, 금언, 좌우명

"Time and tide wait for no man." is his favorite maxim.
"시간은 사람을 기다리지 않는다."라는 말은 그의 가장 소중한 좌우명이다.

- golden maxim 금언

vice

[váis]

부도덕, 악덕, 결함

Drinking is not a vice.
음주는 나쁜것이 아니다.

☑ vicious 형 악의 있는

- vicious circle 악순환
- virtue and vice 미덕과 악덕
- vice of smoking 흡연의 악습

bondage

[bándidʒ]

속박, 노예의 처지

The achievement of spiritual liberation occurs when the self is freed from the bondage of matter.
정신의 해방은 자아가 물질의 속박에서 해방되었을 때에 완성된다.

☑ bond 명 구속, 접착제, 채권

outlet

[áutlet]

발산 수단, 출구, 직판장

Tears are a frequent female emotional outlet.
눈물은 여성이 자주 하는 감정의 발산 수단이다.

- outlet of a lake 호수의 유출구
- outlet for emotion 감정의 배출구
- retail outlet 소매(직판)점

review

[rivjú:]

재조사하다, 복습하다
몡 재조사, 리뷰, 비평

We have to review the first five lessons before the test.
우리는 시험 전에 처음 5과를 복습하지 않으면 안 된다.

- review one's manuscript 자신의 원고를 재검토하다
- review books 서평을 쓰다

recite

[risáit]

~을 암송하다
상세히 이야기하다

I can recite the poem wholly.
나는 그 시를 전부 암송할 수 있다.

☑ recital 몡 독주회, 독창회
　 recitation 몡 (공개석상에서의) 낭독, 설명

- recite one's adventures 모험담을 늘어놓다

defeat

[difí:t]

~을 패배시키다
~을 물리치다
몡 타도, 패배

The French were defeated at Waterloo.
프랑스군은 워터루 전투에서 패배했다.

- suffer(meet) defeat 패배하다
- admit defeat 패배를 인정하다
- defeat of a plan 계획의 좌절

disturb

[distə́:rb]

방해하다, 어지럽히다

Soccer fans are apt to disturb the peace with aggressive behavior after a match.
축구 팬은 시합이 끝난 후, 공격적인 행동으로 질서를 어지럽히기 쉽다.

Do Not Disturb.
방해하지 마시오.(호텔의 방문에 게시)

- disturb the peace 질서를 어지럽히다

upset

[Àpsét]

~을 뒤엎다, 망쳐놓다
몡 전복, 혼란

Bad weather upset our plans to go on a hike.
나쁜 날씨가 우리의 하이킹 가는 계획을 엉망으로 만들었다.

- upset one's mind ~를 당황하게 하다
- upset a boat 보트를 전복시키다

complicate

[kámpləkèit]

복잡하게 하다
곤란하게 하다
형 복잡한, 뒤얽힌

The argument became complicated and the meeting got nowhere.
논쟁은 복잡해졌고 회의는 아무런 진전을 보지 못했다.

☑ complicated 형 복잡한

● complicate ~ one's cold 감기를 악화시키다

signify

[sígnəfài]

~을 나타내다
~의 전조가 되다

I signified my approval with a nod.
나는 고개를 끄덕여 찬성을 표시했다.

A halo signifies rain.
달무리는 비의 전조이다.

☑ signification 명 의의

● signify one's intention 의향을 알리다

embody

[imbádi]

~를 구체화하다
~을 통합하다

People praised the medalist as embodying the ideal of the Olympic spirit.
사람들은 그 메달리스트를 올림픽 정신을 구현한 선수로 칭찬했다.

☑ embodiment 명 구체화

confront

[kənfrʌ́nt]

~에 직면하다
~에 맞서다

The general conference was confronted with great difficulties, to which topics were confined.
총회는 큰 난관에 봉착하여 그 주제에 국한되었다.

☑ confrontation 명 대결

● be confronted by a difficulty 곤란에 직면하다
● confront a crisis 위기에 직면하다

dare

[dèər]

감히 ~하다, ~에게 덤비다
명 도전

I dared not tell her the sad news.
나는 그녀에게 슬픈 소식을 감히 전할 수 없었다.

It's a mere fiction, I dare say.
아마 지어낸 이야기일 거야.

☑ daring 형 대담한

thrust

[θrʌ́st]

~을 밀다, 찔러넣다
명 찌르기, 혹평

Sara thrust at me in the side with her finger.
사라는 손가락으로 내 옆구리를 찔렀다.

● thrust a sword 칼을 찌르다
● thrust a chair forward 의자를 앞으로 밀어내다

cram
[krǽm]

밀어 넣다
몡 벼락 공부

The child crammed macaroni into his mouth.
그 아이는 마카로니를 입에 쑤셔넣었다.
- cram book into a bag 가방에 책을 잔뜩 넣다
- cram course 주입식 학습

---

devour
[diváuər]

~을 게걸스레 먹다
집어삼키다

When a dog is very hungry, it devours it's food.
개는 배가 몹시 고플 때 먹이를 게걸스럽게 먹는다.
- be devoured by~ (걱정 따위) ~로 가득차다

---

chatter
[tʃǽtər]

재잘재잘 지껄이다
몡 잡담

Several girls were chattering (away) in the bus.
몇 명의 소녀들이 버스 안에서 재잘거리고 있었다.
Who chatters to you will chatter of you.
남의 소문을 네게 말하는 자는 네 소문도 말할 것이다.(속담)
☑ chat 몡잡담 툉잡담하다
- chatter of sparrows 참새들의 지저귐

---

rattle
[rǽtl]

덜걱덜걱 하다, 재잘거리다
몡 덜거덕

The hail rattled on the roof.
우박이 지붕을 후두둑 내리쳤다.
The wind rattled the window.
바람에 창문이 덜컹거렸다.
☑ rattlesnake 몡방울뱀
　 rattly 휑시끄러운

---

deplore
[diplɔ́:r]

유감스럽게 생각하다

I deplore his lack of responsibility.
나는 그가 책임감 없는 것에 대해 한탄한다.
☑ deplorable 휑슬픈, 유감스러운
- deplorable death 비통한 죽음
- deplore one's death ~의 죽음을 애도하다
- deplore one's doom 운명을 한탄하다

---

growl
[grául]

으르렁거리다, 투덜거리다
몡 으르렁 소리

The dog growled at the stranger.
개가 낯선 사람을 보고 으르렁거렸다.
- growl at the food 음식에 대해 투덜대다

236

plague

[pléig]

괴롭히다
명 전염병

That question always plagues me with doubt.
그 문제는 언제나 나를 괴롭힌다.

- plague of cholera 콜레라 전염병
- plague of war 전쟁의 재앙

lament

[ləmént]

슬퍼하다, 한탄하다
명 비탄, 슬픔

The nation lamented the death of it's great political leader.
그 나라는 위대한 정치 지도자의 죽음을 슬퍼했다.

☑ lamentable 형 슬픈
  lamentation 명 비탄

- lament (for) one's death ~의 죽음을 슬퍼하다

resent

[rizént]

분개하다, 원망하다

There is nothing that young people resent so much as advice from their elders.
연장자의 조언만큼 젊은이가 싫어하는 것은 없다.

☑ resentment 명 분개
  resentful 형 분개하는

- resent an unfavorable criticism
  비호의적인 비평에 분개하다

wonder

[wʌ́ndər]

궁금하다
의아스럽게 생각하다
형 놀라운, 훌륭한

We re wondering who will be the next chairman.
우리는 다음 의장이 누가 될 것인지 생각하고 있다.

I wonder why you married him.
네가 그와 왜 결혼했는지 궁금하다.

I wonder who that man is.
저 사람은 누구일까.

- wonder horse 준마
- the Seven Wonders of the World 세계의 7대 불가사의

astonish

[əstániʃ]

~을 놀라게 하다

I was so astonished that I ran away.
나는 너무 놀라서 도망쳐 달아났다.

☑ astonishment 명 경악

- be astonished at~ ~에 매우 놀라다

※ surprise보다 강한 의미

amaze

[əméiz]

놀라게 하다
기가 막히게 하다

When the new encyclopedia comes out, everyone will be amazed at it's beautiful pictures.

새 백과사전이 출판되면, 사람들은 아름다운 사진에 놀라게 될 것이다.

☑ amazement 몡 놀라움

● be amazed at(by) ~ ~에 경악하다

※ astonish보다 강한 의미

---

astound

[əstáund]

큰 충격을 주다

I was astound at the sight.

그는 그 광경에 혼이 빠졌다.

☑ astounding 몡 간담이 서늘한

※ amaze보다 강한 의미

---

startle

[stá:rtl]

~을 깜짝 놀라게 하다

I was startled at the sight of the monster.

나는 그 괴물을 보고 깜짝 놀랐다.

● be startled at~ ~에 깜짝 놀라다

---

calculate

[kǽlkjulèit]

~을 계산하다, 추정하다

Nowadays computers are used to calculate the cost of building a new house.

최근에 새집을 건설하는 비용을 계산하는 데에 컴퓨터가 쓰인다.

☑ calculation 몡 계산, 예상

● calculate on~ ~을 추정하다

● calculate the bill 청구서를 계산하다

※ count는 하나씩 헤아리는 것, calculate는 더욱 복잡한 계산

---

reckon

[rékən]

~을 계산하다
~라고 생각하다

Don't reckon me among your boy friend.

너와 남자 친구 사이에 나를 생각하지 마라.

● reckon expenses 비용을 계산하다

● reckon up the gains 이익을 합계하다

● reckon A a genius A를 천재라고 여기다

---

strain

[stréin]

~을 긴장시키다
몡 긴장, 과로

All my senses were on the strain during the examination.

시험 보는 동안 나의 모든 감각은 긴장되었다.

● strain one's ear(s) 열심히 귀를 기울이다

● strain a wire 와이어를 잡아당기다

embarrass

[imbǽrəs]

~을 난처하게 하다

She was embarrassed, so that she couldn't look at him.
그녀는 당황해서, 그를 바라볼 수 없었다.

☑ embarrassment 몡당황스러움
- be embarrassed by~ ~에 당황하다

dismay

[disméi]

크게 놀라게 하다
몡 당황, 놀람

She was dismayed by the news.
그녀는 소식을 듣고 당황했다.

- be struck with dismay 놀라 당황하다
- in dismay 당황하여, 깜짝 놀라

accelerate

[æksélərèit]

가속하다, 촉진하다

The driver accelerated his car.
그 운전자는 차의 속도를 올렸다.

☑ accelerator 몡가속 장치, 엑셀러레이터
   acceleration 몡촉진
- accelerate one's pace 걸음을 재촉하다
- accelerate growth 성장을 촉진하다
- accelerated velocity 가속도

scare

[skéər]

~을 겁나게 하다

She was so scared by the strange noise that she asked me to keep her company.
그녀는 낯선 소리에 소스라치게 놀라서, 나에게 함께 있어달라고 부탁했다.

- be scares of ~ing ~하기를 두려워하다
- scare of dogs 개를 무서워하다
- scared face 겁먹은 얼굴

insult

[ínsʌlt]

모욕하다
몡 모욕, 무례

The Bible gave him comfort when he was insulted or neglected.
성경은 모욕이나 무시를 당할 때 그에게 위안을 주었다.

- personal insult 인신 공격
- suffer an insult 모욕을 받다

scorn

[skɔ́:rn]

~을 경멸하다, 비웃다
몡 경멸, 깔봄

They scorned our attempts at reconciliation.
그들은 화해 시도를 하는 우리를 비웃었다.

☑ scornful 혱경멸적인

assert

[əsə́:rt]

~을 주장하다, 단언하다

He asserts his statement to be true.
그는 자기의 진술이 사실이라고 주장하고 있다.
Justice will assert itself.
정의는 반드시 밝혀진다.
- assert one's rights 권리를 주장하다

declare

[dikléər]

~을 선언하다
발표하다, 신고하다

The politician declared that he would not run in the next election.
그 정치가는 다음 선거에 출마하지 않겠다고 선언했다.
- declare defiance 반항을 선언하다
- declare a recess 휴회를 선언하다
- declare one's position 입장을 밝히다
- declare war on ~ ~에 선전 포고를 하다

drag

[dræg]

~을 끌다, ~에 끌어들이다
명 끌기

He was dragged out to the meeting.
그는 모임에 억지로 끌려 나왔다.
- drag him into a dispute 그를 싸움에 끌어들이다

trail

[tréil]

~을 끌며 가다
~의 뒤를 밟다
명 지나간 자국

Economically and technologically Mexico trails behind Korea.
경제적으로나 기술적으로도 멕시코는 한국보다 뒤져 있다.
- in trail 일렬 종대로
- trail a long garment 긴 옷을 질질 끌다

tread

[tréd]

~를 밟다, 걷다
명 밟기, 걸음걸이

License is treading upon someone else's freedom.
멋대로 행동하는 것은 타인의 자유를 짓밟는 것이 된다.
- tread a perilous path 위험한 길을 걷다
- tread grapes 포도를 밟아 으깨다
- tread of footsteps 발자국 소리

distract

[distrǽkt]

주의를 딴 데로 쏠리게 하다
(마음)을 어지럽히다

Television distracted him from his sorrow.
텔레비전이 그의 슬픔을 딴 데로 돌렸다.
- ☑ distraction 명 산만, 기분 풀이
  distracted 형 산만해진, 심란한
- to distraction 미칠(미친)듯이

compel
[kəmpèl]

강요하다

He was compelled to join the group against his will.
그는 그의 의지에 반하여 그 단체에 강제 가입되었다.

- ☑ compulsion 명 강제
  compulsory 형 강제적인
- compel A to ~ A에게 억지로 ~하게 하다
- by compulsion 강제적으로
- compulsory education 의무 교육

※ 강제력의 강도는 force＞compel＞oblige의 순서

prevail
[privéil]

만연하다, 이기다
설득하다

We believe that good will prevail over evil.
우리는 선이 악을 이긴다는 것을 믿는다.

The proverb "The nail that sticks out is hammered down" still prevails in Korea.
"모난 돌이 정 맞는다"라는 속담은 여전히 한국에서 유행한다.

- ☑ prevalent 형 널리 퍼진, 우세한
- prevail on A to~ A에게~하도록 설득하다
- prevail in a struggle 투쟁에서 이기다

frustrate
[frʌ́streit]

~을 실망시키다

Illness frustrated his plans for the trip.
병으로 그의 여행 계획은 좌절 되었다.

- ☑ frustration 명 좌절감
- frustrate ambition 야심을 좌절시키다
- frustrate a plan 계획을 좌절시키다
- be frustrated in one's ambition 야망이 꺾이다

refrain
[rifréin]

자제하다

You are supposed to refrain from smoking in this auditorium.
이 강당에서는 흡연을 삼가게 돼 있다.

- refrain from mockery 조롱을 자제하다
- refrain from greasy food 기름진 음식을 삼가다

impose
[impóuz]

부과하다, 강요하다

They imposed a tax on luxury goods.
그들은 고가의 제품에 세금을 부과했다.

- impose on 주제넘게 나서다, ~을 이용하다
- impose obligation 의무를 부과하다
- impose taxes 과세하다

attribute

[ətríbjuːt]

덕분으로 돌리다, 간주하다
명 속성, 특질

She attributed his bad manners to lack of training in his childhood.
그녀는 그의 나쁜 버릇을 어렸을 때에 훈련 부족 탓이라고 했다.

● be attributed to Shakespeare 셰익스피어 작품으로 간주되다

※ 보통 좋은 의미로 쓰인다.

---

ascribe

[əskráib]

탓으로 돌리다

He ascribed his good luck to God's help.
그는 그의 행운을 신의 가호로 여겼다.

☑ ascription 명 귀착(귀속)시키기

※ 좋은 의미와 나쁜 의미에 두루 쓰인다.

---

split

[splít]

~을 쪼개다, 찢다

Let's split the bill three ways.
계산은 3등분하자.

● split wood 나무를 쪼개다
● split peas open 콩을 까다
● split profits 이익을 분배하다

---

spill

[spíl]

~를 엎지르다
~를 흘리다, 살포하다

It is no use crying over spilt milk.
엎지러진 우유를 두고 울어봤자 소용없다.

● spill the beans (무심코) 비밀을 누설하다
● spill salt 소금을 엎지르다
● spill sand 모래를 뿌리다

---

distort

[distɔ́ːrt]

뒤틀다
~를 왜곡하다

He distorted my intention.
그는 나의 의도를 왜곡했다.

☑ distortion 명 왜곡, 곡해

---

flow

[flóu]

흐르다, 통하다 명 흐름

The river flows through a vast field of grass.
강은 드넓은 초원을 가로질러 흐른다.

Love flows from the heart.
사랑은 마음에서 우러나온다.

● flow of electricity 전기의 흐름
● flow of joy 넘치는 기쁨
● flow of water 물의 유출

nod
[nád/nɔd]

끄덕이다, 졸다

He **nodded** to show that he approved of my plan.
그는 내 계획에 찬성한다는 뜻으로 고개를 끄덕였다.

- nod the head 머리를 *끄*덕이다
- nod assent 머리를 *끄*덕여 승낙의 뜻을 나타내다

---

creep
[krí:p]

기다, 서행하다

Sleepiness **crept** over me.
슬슬 졸리기 시작했다.

- creep on tiptoe 발끝으로 살금살금 걷다
- creep toward the enemy 적을 향해 포복해 가다

---

illustrate
[íləstrèit]

예시하다, 설명하다
~에 도화를 넣다

He **illustrated** all the stories with beautiful picture.
그는 모든 이야기에 아름다운 그림을 그려 넣었다.

- ☑ illustration 몡 삽화
- illustrate something by a familiar example
  ~을 흔한 예로 설명하다
- to illustrate (this point) (이 점)을 예증하면

---

abuse
[əbjú:z]

~를 남용하다
~을 학대하다
몡 남용, 학대, 욕설

There are no laws punishing people who **abuse** animals here.
이 나라에는 동물 학대를 하는 사람을 처벌하는 법이 없다.

- abuse rights 권리를 남용하다
- abuse authority 직권을 남용하다
- abuse one's eyesight 눈을 혹사하다
- abuse one's opponent 경쟁 상대를 욕하다
- child abuse 아동 학대
- physical abuse 육체적 학대

---

dominate
[dámənèit]

지배하다, 주도하다

He tried to **dominate** other people.
그는 다른 사람들을 지배하려고 했다.

- ☑ dominant 혱 가장 유력한
  dominance 몡 우세
  domination 몡 지배, 우위
- male-dominated society 남성 중심의 사회
- dominate one's passions 격정을 억누르다
- the dominant party 제1당
- dominant group 지배 집단

irritate

[írətèit]

~을 짜증나게 하다
화나게 하다

I am often irritated by her selfishness.
나는 그녀의 이기적임에 가끔 화가 난다.

☑ irritation 몡 화냄, 자극
irritative 혱 자극하는

● irritate nerves 신경을 자극하다

illuminate

[ilú:mənèit]

~를 밝게 비추다
해명하다

A beautiful smile illuminated her face.
아름다운 미소가 그녀의 얼굴을 환하게 했다.

☑ illumination 몡 조명, 해명

● illuminate a room 방에 등불을 켜다
● illuminate the subject 주제를 설명하다

accustom

[əkʌ́stəm]

~에 익숙하게 하다
습관을 들이다

I tried to accustom my dog to the cold.
나는 개가 추위에 익숙하도록 노력했다.

☑ accustomed 혱 익숙해진

● be accustomed to~ ~하는 데 익숙해져 있다
● accustom oneself to~ ~에 익숙해지다
● accustom one's ears to the noise 소음에 익숙해지다

conform

[kənfɔ́:rm]

따르다, 순응하다
같아지다

Man lives in a community, and has to conform
to a social pattern.
사람은 하나의 공동체에서 살아가므로, 일정한 사회의 틀에
따르지 않으면 안 된다.

☑ conformity 몡 순응, 일치

● in conformity with~ ~에 따라
● conform to the customs 관습에 따르다

undergo

[əndərgóu]

~을 받다, 겪다
~을 견디다

Immigrants to America underwent a lot of
difficulties in the new country.
미국으로 이주한 사람들은 새로운 나라에서 많은 어려움을 겪었다.

The new engine underwent all the necessary tests.
새 엔진은 필요한 테스트를 모두 받았다.

● undergo an examination 시험을 치르다
● undergo an inspection 검사를 받다
● undergo hardship 고난에 견디다

indulge

[indʌ́ldʒ]

탐닉하다, 빠지다
응석받다

I cannot afford to indulge in such an idealistic plan.
나는 그런 이상적인 계획에 빠질 여유가 없다.

- ☑ indulgent 형 관대한
  indulgence 명 관용
- indulge oneself in~ ~에 빠지다
- indulgent parent 아이의 응석을 받아주는 부모
- indulge in luxury 사치에 빠지다
- indulge a child 아이를 응석받이로 키우다

await

[əwéit]

~을 기다리다
기대하다

We are awaiting your answer.
우리는 너의 대답을 기다리고 있다.

- long awaited summer vacation
  고대하던 여름 방학

※ 형식적인 말

rest ²

[rést]

휴식하다
명 휴식, 수면

I'm just going to rest during the summer vacation.
나는 여름 방학 동안에 휴식을 취하려고 한다.

- ☑ restless 형 불안한
- lie down and rest 누워서 쉬다

cope

[kóup]

잘 처리하다
~와 싸우다

The doctor knew how to cope with an emergency like this.
그 의사는 이러한 긴급 사태의 대처 방법을 알았다.

- cope with difficulties 난관을 수습하다
- cope with a task 일을 처리하다

strive

[stráiv]

노력하다, 분투하다

He seldom strove for what he wanted, dreaming of getting a fortune at one stroke.
그는 일확천금을 꿈꾸면서, 그가 원하는 것에 대해 거의 노력하지 않았다.

- ☑ strife 명 분쟁, 투쟁
- strive for~ ~을 얻으려고 노력하다
- strive after an ideal 이상을 실현시키려고 노력하다
- strive against fate 운명과 싸우다
- labor strife 노동 쟁의

stumble

[stʌmbl]

비틀거리다, 실수하다
말을 더듬다

I stumbled over a stone and hurt my toe.
나는 돌에 걸려 발가락을 다쳤다.

- stumble over a pebble 돌에 걸려 넘어질 뻔하다
- stumbling block 장애(물)

---

collapse

[kəlǽps]

붕괴하다, 좌절되다
명 붕괴, 쇠약

Under the weight of the snow, the roof finally collapsed.
눈의 무게로 그 지붕은 마침내 붕괴됐다.

☑ collapsible 형 접을 수 있는, 조립식인

- collapse a chair 의자를 접다
- collapse of a tower 탑의 붕괴
- collapse of a ministry 내각의 붕괴
- collapsible umbrella 접는 우산

---

wander

[wándər]

떠돌다, 배회하다

After the concert, there were many young people wandering around the streets.
콘서트가 끝난 후, 많은 젊은이들이 거리를 배회하고 있었다.

- wander about~ 배회하다

---

roam

[róum]

방랑하다 명 방랑

When I go to a new city, I like to roam all over it.
새로운 도시에 가면 나는 그 도시 곳곳을 돌아다니기 좋아한다.

- roam about the forest 숲속을 돌아다니다
- roam the continent 대륙을 배회하다

---

stroll

[stróul]

한가롭게 거닐다
산책하다 명 산책

He strolled about in the suburbs.
그는 교외를 산책했다.

- stroll along the beach 해변을 산책하다
- stroll about in the suburbs 교외를 산책하다

---

revenge

[rivéndʒ]

복수를 하다 명 복수

Hamlet took revenge on his uncle, his father's murder.
햄릿은 아버지를 살해한 숙부에게 복수했다.

☑ revengeful 형 복수심에 불타는

- be revenged on~ ~에게 복수하다
- revenge a wrong 부당한 행위에 보복하다

246

reconcile

[rékənsàil]

~을 화해시키다
~와 조화시키다

Descartes tried to reconcile science and religion.
데카르트는 과학과 종교의 화해를 꾀했다.

- ☑ reconciliation 몡 화해, 조화
- reconcile A with B A를 B와 조화시키다
- be reconciled to ~ ~에 만족하다
- reconcile a statement with a fact 언행을 일치시키다

contend

[kənténd]

싸우다, 주장하다

She contends that money can not buy happiness.
그녀는 돈으로 행복을 살 수 없다고 주장한다.

- ☑ contention 몡 싸움, 주장
- contend against an obstacle 장애와 싸우다
- contend for freedom 자유를 위해 싸우다

toil

[tɔ́il]

꾸준히 일하다, 애쓰다
몡 노고, 고생

We toiled up the steep path that wound around the mountain.
우리는 구불구불한 산 속의 험한 길을 힘들여 올라갔다.

- toil for money 돈을 위해 꾸준히 일하다
- toil at a task 맡은 일을 꾸준히 해나가다

bore

[bɔ́ːr]

~을 지루하게 하다
몡 성가신 사람

He always bores us with long stories.
그는 늘 장황한 이야기로 우리를 지루하게 한다.

- ☑ boredom 몡 권태 / boring 혱 지루함
- be bore stiff 넌더리 내다

shed

[ʃéd]

~을 흘리다, 발산하다

He couldn't help shedding a tear of joy.
그는 기쁨의 눈물을 흘리지 않을 수 없었다.

- shed light on~ ~을 밝히다
- shed sweat 땀을 흘리다

disregard

[dìsrigáːrd]

~을 무시하다
몡 무시

They disregarded and disobeyed the director.
그들은 그 지도자를 무시하고 복종하지 않았다.

- disregard a caution 주의를 무시하다
- disregard a traffic light 신호를 무시하다
- disregard of law 법률의 무시하다

※ ignore 만큼 강하지 않음

dismiss

[dismís]

~을 떠나게 하다
~을 해고하다

The factory has dismissed some three hundred workers.

그 기업은 약 300명의 노동자를 해고했다.

☑ dismissal 명 퇴거, 해고

- dismiss an assembly 집회를 해산시키다
- dismiss an employee 종업원을 해고하다

execute

[éksikjùːt]

~를 실행하다

We thought it difficult to execute the plan.

우리는 그 계획을 실행하는 것이 어렵다고 생각했다.

☑ execution 명 처형, 실행
　 executive 명 행정부 형 실행상의, 관리직의

- execute a project 기획을 실행하다
- execute a sonata 소나타를 연주하다

mislead

[mislíːd]

~을 잘못 인도하다
~을 속이다

The map misled us in the mountains.

그 지도 때문에 우리는 산에서 길을 잃었다.

☑ misleading 형 오해하게 만드는

abolish

[əbáliʃ]

~을 폐지(파기)하다

This evil custom must be abolished.

이 악습은 폐지되지 않으면 안 된다.

☑ abolition 명 폐지

- abolish slavery 노예제도를 폐지하다

discard

[diskáːrd]

(불필요한 것 따위)를 버리다
명 포기

I was handed a leaflet in front of Busan Station and promptly discarded it.

나는 부산 역 앞에서 전단지를 받았는데, 그것을 금방 버렸다.

- discard money for name 돈을 버리고 명예를 취하다

※ 카드 놀이에서 패를 버리는 것에서 유래

disguise

[disgáiz]

변장하다, ~을 숨기다
명 변장, 위장

The thief disguised himself as old lady.

그 도둑은 노파로 변장했다.

- disguised in drink 술의 힘을 빌어
- in disguise 변장한
- disguise oneself as a beggar 거지로 변장하다

sustain

[səstéin]

지탱하다, 유지하다
(상처 따위)를 입다

It will be difficult to sustain public interest in political reform.
정치 개혁에 대한 사람들의 흥미를 지속시키는 것은 어려울 것이다.

The cyclist sustained serious injuries in the accident.
사이클 선수는 그 사고로 중상을 입었다.

☑ sustenance 몡 생계

- sustain the shocks of waves 파도의 충격을 견디다

retain

[ritéin]

~을 보유하다, 의뢰하다

We can define memory as some kind of container in which information can be retained.
기억은 정보가 보존되는 어떤 종류의 용기로 정의할 수 있다.

- retain youth 젊음을 유지하다
- retain a lawyer 변호사를 의뢰해 두다

pant

[pǽnt]

숨차다, 갈망하다

A dog sticks out it's tongue and pants to cool it's body.
개는 체온을 내리기 위해 혀를 내밀고 숨을 쉰다.

- pant for liberty 자유를 갈망하다

nourish

[nə́:riʃ]

~을 기르다
~에게 영양분을 주다

Milk nourishes a baby.
우유는 아기에게 영양을 준다.

She nourishes the hope of living in Paris with a rich Parisian.
그녀는 부유한 파리 시민과 함께 파리에서 생활하는 꿈을 꾸고 있다.

☑ nourishing 혱 영양이 되는
   nourishment 몡 양육

- nourish an infant with milk 갓난 아기를 우유로 기르다
- nourishing food 영양 식품

dissolve

[dizálv]

~을 녹이다, 없애다
~를 해산하다

In the sea, there is oxygen that is dissolved in the water.
바다에는 물에 녹아든 산소가 있다.

- dissolve sugar in water 설탕을 물에 녹이다
- dissolve Parliament 의회를 해산하다

melt

[mélt]

~을 녹이다
서서히 사라지다

The iron frames of the window melted in the explosion.
폭발로 철제 문틀이 녹았다.

- melt by heat 열에 녹다

※ melt는 열에 녹는 것, dissolve는 가열하지 않고 녹는 것

endow

[indáu]

~에게 주다, 기부하다

In the beginning, the nation was richly endowed with natural resources.
처음에 그 나라는 천연자원이 풍부했다.

- be endowed with~ ~을 타고나다
- endow a college 대학에 재산을 기부하다

award

[əwɔ́:rd]

~을 수여하다 명 상, 상품

The teacher awarded (the) first prize to her.
선생님은 그녀에게 1등 상을 주었다.

- award A B(=award B to A) A에게 B를 주다

bestow

[bistóu]

~을 주다, 증여하다

He bestowed many favors on his supporters.
그는 지지자들에게 여러 가지 편의를 제공했다.

- bestow A on B A를 B에게 주다

perish

[périʃ]

죽다, 소멸하다

Twenty people perished in the blaze.
화재로 20명이 사망했다.

Perish the thought!
그 생각은 집어치워!

- perish of cold 얼어죽다
- perish in flames 불길에 싸여 붕괴하다

render

[réndər]

~이 (어떤 상태가) 되게 하다
~을 제공하다

I would never have attained my goal without the help you rendered.
네가 준 도움이 없었다면 결코 성공하지 못했을 것이다.

- render A speechless A를 말하지 못하게 하다
- render good for evil 악을 선으로 갚다

stir

[stɔ́:r]

~을 휘젓다, ~을 흔들다

The specialist's advice stirred up interest in scientific technology.
그 전문가의 충고가 과학 기술의 흥미를 일으켰다.

- stir up one's imagination 상상력을 자극하다
- stir controversy 논쟁을 선동하다

exert
[igzə́:rt]

~을 발휘하다
분투하다
영향을 미치다

He tried to exert his influence on the congressman.
그는 하원의원에게 영향력을 행사하려고 했다.

☑ exertion 몡 발휘, (권력 따위의) 행사
- exert intelligence 지식을 발휘하다
- exert oneself 노력하다
- exert influence 영향을 끼치다

impart
[impá:rt]

~를 알리다
~을 (나누어) 주다

She has imparted an important message to children and adults alike.
그녀는 중요한 메시지를 아이들과 어른들에게도 전했다.

- impart good news~ ~에게 희소식을 전하다
- impart comfort to~ ~에게 위안을 주다

rot
[rat]

썩다, 부패하다
몡 부패

The official's morals are rotten to the core.
그 공무원의 품행은 뼛속까지 썩었다.

☑ rotten 혱 부패한

arouse
[əráuz]

~을 깨우다
~를 자극하다

I was aroused from a sound sleep by the alarm clock.
나는 자명종 시계 때문에 숙면에서 깨었다.

☑ rouse 통 ~을 깨우다
- arouse interest in~ ~에 대한 흥미를 일으키게 하다
- arouse anger 화나게 하다
- arouse our pity 우리의 동정심을 불러일으키다

evaluate
[ivǽljuèit]

~을 평가하다

The boy who wants to become a K-Leaguer had a chance to have his talent evaluated.
K 리거가 되고 싶은 그 소년은 재능을 평가받을 기회를 얻었다.

☑ evaluation 몡 평가

※ estimate보다 면밀한 평가

decay
[dikéi]

썩다, 쇠퇴하다
몡 쇠퇴, 부패

Too many sweets cause your teeth to decay.
단 것을 너무 먹으면 충치가 생긴다.

- decayed tooth 충치
- national decay 국가의 쇠퇴

multiply
[mʌ́ltəplài]

곱하다, 증가하다

Moths and mosquitoes multiplied enormously.
나방과 모기가 굉장히 증가했다.

☑ multiplication 명 곱셈
- multiplication table 구구단

deposit
[dipázit]

맡기다, 예금하다
~을 넣다 명 예금, 맡김

We deposit money in a bank.
우리는 은행에 돈을 맡긴다.

Deposit a quarter and push the button.
25센트 동전을 넣고 단추를 누르시오.
- fixed deposit 정기 예금

pile
[páil]

~을 쌓아 올리다, 저축하다
명 (물건의) 더미, 다량

The snow piled up on the roof.
눈이 지붕 위에 쌓였다.
- pile up lumber 목재를 쌓아 올리다
- pile of box 상자 더미
- pile of money 거액의 돈

accumulate
[əkjúːmjulèit]

~을 축적하다
모으다, 쌓이다

Here is the North, snow soon accumulates if we don't shovel it away.
여기는 북부 지방이므로 삽으로 눈을 퍼내지 않으면 금방 쌓인다.

☑ accumulation 명 축적
- accumulate wealth 부를 축적하다
- accumulate debts 빚이 쌓이다

surpass
[sərpǽs]

보다 뛰어나다
~을 능가하다

For it's romantic value, the diamond surpasses all other jewels.
로맨틱한 매력으로, 다이아몬드는 다른 모든 보석보다 뛰어나다.
- surpass oneself 평소의 자기 능력 이상을 보이다
- surpass A in~ ~에서 A를 능가하다

sigh
[sái]

한숨 쉬다, 탄식하다
명 한숨, 탄식

He sighed at his weakness.
그는 자신의 나약함에 한숨 지었다.
- sigh for grief 탄식하다
- sigh with relief 안도의 한숨을 쉬다
- draw a sigh 한숨 짓다
- sigh for~ ~를 위해 탄식하다

252

probe

[próub]

엄밀히 조사하다, 살피다
몡 철저한 조사

The police started to probe (into) the mystery of the missing woman.
경찰은 여성의 실종 사건을 조사하기 시작했다.
- probe a predecessor 전임자를 조사하다
- probe the space with rockets 로켓으로 우주를 탐사하다
- probe for some way 무슨 방법을 찾다

ensure

[inʃúər]

확실하게 하다
보증하다, 확보하다

The medicine will ensure you a good night's sleep.
이 약은 밤에 잘 자게 해줄 것이다.
- ☑ insure 동 보험을 들다
- ensure the freedom of the press 출판의 자유를 보장하다
- ensure A against danger 위험으로부터 A를 지키다

wither

[wíðər]

(식물이) 시들다
(희망 따위가) 식다

The leaves of the tree withered away in the summer heat.
나뭇잎은 여름 더위에 시들어 갔다.
Her affections withered.
그녀의 애정은 식었다.

extinguish

[ikstíŋgwiʃ]

~를 끄다
~을 소멸시키다

They extinguished the fire with the help of their neighbors.
그들은 이웃 사람들의 도움으로 불을 껐다.
- ☑ extinguisher 명 소화기
  extinction 명 소화, 소멸
- extinguish one's hope 희망을 잃다

exceed

[iksíːd]

~를 초과하다
~을 능가하다

His success exceeded all our expectations.
그의 성공은 우리 모두의 기대를 능가했다.
- ☑ exceedingly 부 대단히
  excess 명 과잉 / excessive 형 과도한
- in excess of~ ~을 초과하여
- exceed the speed limit 제한 속도를 초과하다
- exceed one's rights 월권하다

elect
[ilékt]

~을 선출하다
~를 결정하다
휑 당선된, 뽑힌

We elected Tom as president.
우리는 톰을 회장으로 선출했다.

☑ **election** 몡 선거
- general election 총선거
- elect A as chairman A를 의장으로 뽑다
- elect suicide 자살을 택하다
- the elect mayor 시장 당선자
- the elect 뽑힌 사람들

---

classify
[klǽsəfài]

분류하다

All matter can be classified as either solid, liquid, or gas.
모든 물질은 고체, 액체 또는 기체로 분류할 수 있다.

☑ **classification** 몡 분류
- classify books by subjects 책을 주제별로 분류하다

---

assess
[əsés]

~를 평가하다
~를 부과하다

Jackson's fortune was assessed at seventy million dollars.
잭슨씨의 재산은 7천만 달러로 평가됐다.

☑ **assessment** 몡 평가, 과세
- standard of assessment 과세 표준
- environmental assessment 환경 영향 평가

---

assign
[əsáin]

~을 할당하다
(날짜, 시간 따위)를 정하다

The teacher assigned some difficult homework to the lazy students.
선생님은 게으른 학생들에게 어려운 숙제를 내주었다.

☑ **assignment** 몡 과제(주로 대학의 숙제를 가리킴)
- assign work 작업을 할당하다
- assign a day for a festival 축제일을 정하다

---

distribute
[distríbjuːt]

분배하다, 배포하다

Please help me distribute these pamphlets to visitors.
나를 도와 방문자에게 이 팜플렛을 나눠주어라.

☑ **distribution** 몡 분배
- distribute magazine to subscribers
  잡지를 구독자에게 발송하다
- distribute seed 씨를 뿌리다

mingle

[míŋgl]

~을 섞다, 어울리다

He found it difficult to mingle among such an educated elite.
그는 그런 교육을 받은 엘리트 집단 속에 섞이는 것이 어렵다고 생각했다.

- mingle well 잘 섞이다
- mingle with important people 중요 인사들과 교제하다

※ mingle : 보아서 원래의 성분을 알 수 있게 섞는 것
  mix : 다른 것을 균질하게 섞는 것
  blend : 같은 물질의 여러 종류를 섞는 것

consult

[kənsʌ́lt]

~의 의견을 듣다
~에게 상담하다

I suggested to him that he should consult his teacher.
나는 그에게 선생님께 의견을 물어보면 어떻겠느냐고 말해 주었다.

- consult with one's family 가족과 상의하다
- consult a physician 내과의에게 진찰을 받다
- consult a dictionary 사전에서 찾다

※ 비전문가와 상담하는 경우에는 자동사

stab

[stæb]

찌르다 명 찌르기

She stabbed the man with a knife.
그녀는 칼로 그 남자를 찔렀다.

- stab A in the back A의 등을 찌르다, A의 험담을 하다

penetrate

[pénətrèit]

~을 관통하다, 침투하다
~을 꿰뚫어보다

The bullet could not penetrate the wall.
총알은 벽을 관통하지 못했다.

- penetrate a forest 숲 속으로 들어가다
- penetrate one's bones 뼛속까지 스며들다

pierce

[piərs]

~을 뚫다, 간파하다

The cold pierced me to the bone.
추위가 뼛속까지 스며들었다.

A scream pierced the silence of the night.
비명 소리가 밤의 정적을 깨뜨렸다.

- ☑ piercing 형 꿰뚫는, (시선이) 날카로운
- pierce an enemy's line 적진에 돌입하다
- pierce the mystery 수수께끼를 간파하다
- pierced earring 귓불을 뚫은 귀걸이

detect
[ditékt]

~를 찾아내다
탐지하다, 눈치채다

The human body can detect changes in it's surroundings.
인체는 환경의 변화를 감지할 수 있다.

☑ detection 몡탐지
　 detective 몡탐정 형탐정의
- detect one's lie 거짓말을 탐지하다
- detect a difference 차이를 알아내다
- detect earthquake 지진을 예지하다

celebrate
[séləbrèit]

~를 기념하다
~을 축하하다, 찬양하다

They held a party to celebrate their election triumph.
그들은 선거에서의 승리를 축하하기 위해 파티를 열었다.
People celebrated him for his glorious victory.
사람들은 그의 영광스런 승리를 축하했다.

☑ celebrated 형유명한
　 celebration 몡축하(회)
- celebrate a victory 승리를 축하하다
- celebrate a wedding 결혼식을 올리다

presume
[prizúːm]

~을 추정하다
감히 ~하다

I presume this decision to be final.
내 생각에 이 결정이 최종적인 것이다.
Mr. Park, I presume?
박 선생 아니십니까?

anticipate
[æntísəpèit]

~을 예상하다
~에게 선수치다

The computer company is anticipating large profits this year.
그 컴퓨터 회사는 올해 대폭적인 수익을 예상하고 있다.

☑ anticipation 몡기대
- anticipate victory 승리를 예상하다
- anticipate a question 문제를 미리 논하다
- anticipate one's ruin 파멸을 재촉하다

plead
[plíːd]

변명하다, 변호하다
애원하다

The boy pleaded with his mother to give him what he wanted.
그 소년은 엄마한테 원하는 것을 달라고 졸랐다.

- plead for A's innocence A의 결백함을 변호하다
- plead for mercy 자비를 간청하다
- plead ignorance 몰랐다고 변명하다

apologize

[əpálədʒàiz]

사과하다, 변명하다

When I realized I was wrong, I apologized to him for my mistake.
내가 틀렸다는 것을 깨달았을 때, 나는 그에게 나의 잘못을 사과했다.

If I offended you, I apologize.
기분이 나빴다면 사과하겠다.

☑ apology 몡 사과, 변명

cherish

[tʃériʃ]

~을 소중히 하다
~를 마음에 품다

She cherished the memory all her life.
그녀는 평생 그 추억을 가슴에 품었다.

- cherish the memory 추억을 그리워하다

advertise

[ǽdvərtàiz]

~을 광고하다, 홍보하다

The flood of letters and catalogs from colleges advertise the best parts of their schools.
대학교에서 오는 편지와 카탈로그의 홍수에는 그 학교의 가장 좋은 부분을 홍보하고 있다.

☑ advertisement 몡 광고

- advertise a job 구인 광고를 내다
- advertisement mail 광고 메일
- advertisement for a job 구인 광고

entitle

[intáitl]

~에게 ~할 자격을 주다
~에 표제(칭호)를 달다

At the age of 19 we are entitled to vote.
19세가 되면 우리에게 투표권이 주어진다.

- entitle A to B A에게 B의 권리를 주다
- entitle A to~ A에게 ~할 권리를 주다
- a book entitled A A라는 제목의 책

vanish

[vǽniʃ]

(갑자기) 사라지다
소멸하다

Her resolution vanished.
그녀의 결심은 사라졌다.

After dominating this planet for about 150 million years, the dinosaurs vanished.
공룡들은 약 1억 5천만 동안 이 행성을 지배한 후 사라졌다.

- vanish away like smoke 연기처럼 사라지다

embrace

[imbréis]

~을 껴안다
~를 받아들이다

Father embraced Mother lovingly.
아버지는 어머니를 사랑스럽게 껴안았다.

- embrace liberal views 자유주의 사상을 받아들이다
- embrace an opportunity 기회를 붙잡다

flee

[flíː]

달아나다, 사라지다

He fled at the sight of a policeman.
그는 경찰의 모습을 보자 도망쳤다.

The smile fled from her face.
그녀의 얼굴에서 미소가 사라졌다.

- flee from temptation 유혹에서 벗어나다

※ 동사 활용 flee - fled - fled : fleeing

---

soothe

[súːð]

~를 진정시키다
~을 덜어주다

Cathy's pain were soothed by the soft music.
캐시의 고통은 부드러운 음악으로 진정되었다.

☑ soothing 혱 달래는
- soothe pain 고통을 덜어주다

---

stroke

[stróuk]

~을 쓰다듬다, 달래다
몡 쓰다듬기

She stroked the dog gingerly.
그녀는 조심스럽게 개를 쓰다듬었다.

- stroke A (A's hair) the wrong way
  A를 화나게 하다
- stroke down one's hair 머리카락을 쓰다듬어 내리다

---

glow

[glóu]

빛을 내다, 홍조를 띠다
몡 백열, 홍조

Coals were glowing in the furnace.
석탄이 용광로 속에서 이글거리고 있었다.

- (all) of a glow : in a glow 얼굴이 달아올라

---

confirm

[kənfɔ́ːrm]

~을 확인하다
강화하다

We confirmed the reservations of the hotel by telephone.
우리는 전화로 호텔 예약을 확인했다.

☑ confirmed 혱 확인된
- confirm one's reservation 예약을 확인하다
- confirm A in his decision A의 결심을 굳히게 하다
- confirmed reports 확인된 보고서
- confirmed criminal 상습범

---

rejoice

[ridʒɔ́is]

기뻐하다

We rejoiced over the news of their victory.
우리는 그들이 승리했다는 소식에 기뻐했다.

- be rejoiced at~ ~를 보고(듣고, 하고) 기뻐하다

※ be glad가 더욱 구어적인 표현

fascinate

[fǽsənèit]

~을 매혹하다
흥미를 끌다

She was fascinated with the beautiful columns of the temple.
그녀는 사원의 아름다운 기둥에 매료되었다.

☑ fascination 명 매혹

enrich

[inrítʃ]

~을 풍요롭게 하다

Music enriches our life.
음악은 우리 생활을 풍요롭게 한다.

☑ enrichment 명 풍부함
- enrich oneself 부자가 되다
- enrich a nation by trade 무역으로 나라를 부유하게 하다

translate

[trænsléit]

~을 번역하다
해석하다

The author translated the fiction into our mother tongue.
작가가 그 소설을 우리의 모국어로 번역했다.

☑ translation 명 번역, 번역서
- translate A into B A를 B로 번역하다

flatter

[flǽtər]

~에게 아첨하다
~을 우쭐하게 하다

He is always flattering me.
그는 늘 나에게 아첨한다.

I'm flattered by the invitation.
초대해 주셔서 영광으로 생각합니다.

☑ flattery 명 아첨 / flattering 형 아첨하는
- flatter oneself 자만하다

transfer

[trænsfɔ́ːr]

옮기다, 갈아타다
전학(전근)하다 명 이동

I transferred from a train to a taxi at Yeongdeungpo.
나는 영등포에서 열차에서 택시로 갈아탔다.

- transfer A to B A를 B로 전학(전근)시키다
- transfer to another school 전학하다

salute

[səlúːt]

~에게 인사하다
경의를 표하다
명 인사, 경례

We saluted the flag with a hand.
우리는 국기에 거수 경례했다.

☑ salutation 명 인사
- salute the flag 국기에 경례하다

※ greet보다 형식적인 말

commute

[kəmjúːt]

통학하다, 교환하다

He commutes from Incheon to Seoul for work.
그는 일 때문에 인천에서 서울로 통근하고 있다.

- ☑ commuter 명 통학(통근)자
  commutation 명 (정기권에 의한) 통학(통근)
- commuter train 통근 열차
- commutation ticket 정기권

---

transmit

[trænsmít]

~을 전송하다
~을 보내다

The election results will be transmitted by e-mail, too.
선거 결과는 이메일로도 전송될 것이다.

- ☑ transmission 명 전달
- transmit a parcel by rail 소포를 철도편으로 보내다

---

esteem

[istíːm]

~을 존중하다
평가하다
명 존중, 평가

Anthony was esteemed by the Egyptians.
안소니는 이집트인에게 존경받았다.
I esteem it (as) a favor.
그것을 고맙게 생각합니다.

- gain high esteem 높이 존경받다

---

resort

[rizɔ́ːrt]

의지하다, (자주) 가다
명 행락지, 휴양지

The situation deteriorated when people started to resort to violence.
사람들이 폭력에 의지하기 시작하면서 상황은 악화되었다.

- resort to violence 폭력에 의지하다
- resort to a hot spring 온천에 자주 가다
- summer resort 피서지
- ski resort 스키장

---

unite

[juːnáit]

~을 결합하다
단결하다

The people of every continent must unite in defeating terror.
모든 사람들은 테러를 물리치기 위해 단결해야 한다.
Oil will not unite with water.
물과 기름은 섞이지 않는다.

---

rear

[ríər]

양육하다, 들어올리다

The mountains reared their crests into the clouds.
산들은 구름 속에 우뚝 솟아 있었다.

- rear a hand 손을 들다
- rear a ladder 사다리를 들어올리다

incorporate

[inkɔ́:rpərèit]

~을 합병하다
법인으로 만들다
~를 구체화하다

The company incorporated with a foreign enterprise.
그 회사는 외국 기업과 합병했다.

Your suggestion will be incorporated in the plan.
너의 제안은 계획에 반영될 것이다.

☑ incorporated 형 합병한, 법인 조직의
- a firm incorporated with another 다른 회사와 합병한 회사

broadcast

[brɔ́:dkæst]

~을 방송하다 명 방송

The news was broadcast all over the world.
그 뉴스는 전 세계에 방송되었다.

- broadcast a lecture 강연을 방송하다
- broadcast program 방송 프로

relieve

[rilí:v]

~을 해방하다, 완화하다
(야구) 구원하다

The medicine relieved my stomache.
그 약이 나의 복통을 가라앉혔다.

☑ relief 명 안심, 해방, 교체
- relieve A from fear A의 공포를 없애주다
- relieve boredom 지루함을 덜어주다

assist

[əsíst]

~을 돕다 명 조력

My father sometimes assists in doing my homework.
아버지는 이따금 내가 숙제를 도와주신다.

☑ assistance 명 조력
   assistant 명 조수 형 원조하는
- assistant manager 부지배인

aspire

[əspáiər]

열망(염원)하다, 동경하다

She aspires to be a great actress.
그녀는 대 배우가 되기를 열망한다.

☑ aspiration 명 열망
- aspire after(to) fame 명성을 염원하다
- aspire to attain to power 권력을 얻으려고 열망하다

acknowledge

[æknálidʒ]

~을 인정하다, 감사하다
확인하다

He acknowledged that it was true.
그는 그것이 사실임을 인정했다.

☑ acknowledgement 명 승인
- acknowledge a gift 선물에 사의를 표하다
- acknowledge a favor 호의에 감사하다

261

erect
[irékt]

세우다, 건설하다
형 곧추서 있는

After the tower was erected, the workers began to paint it.
탑을 세운 뒤, 작업자들은 탑에 페인트칠을 하기 시작했다.

☑ erection 명 건설
- erect a monument 기념비를 세우다
- dog with ears erect 귀를 쫑긋 세운 개

comprehend
[kàmprihénd]

~을 이해하다
~을 포함하다

They could not comprehend what the policeman said to them.
그들은 경찰관이 한 말을 이해할 수 없었다.

☑ comprehension 명 이해 / comprehensive 형 포괄적인
comprehensible 형 이해할 수 있는
- comprehend his behavior 그의 행동을 이해하다
- comprehend service charge 봉사료가 포함되어 있다

recollect
[rèkəlékt]

~을 생각(기억)해 내다

Though I recognize this song, I can't recollect it's title.
나는 이 노래를 들은 적이 있지만, 곡명이 도저히 생각나지 않는다.

☑ recollection 명 상기, 추억

※ recall 보다 더 노력하여 생각해 내다.

contemplate
[kántəmplèit]

~을 눈여겨 보다
심사숙고하다

He contemplated the problem all day.
그는 온종일 그 문제를 숙고했다.

He contemplates leaving hospital.
그는 퇴원을 고려하고 있다.

☑ contemplation 명 숙고
- contemplate the situation 사태를 숙고하다
- contemplate a problem 문제를 숙고하다

speculate
[spékjulèit]

사색하다, 짐작하다
투기를 하다

She speculated about her future.
그녀는 자신의 미래에 대해 깊이 생각했다.

☑ speculation 명 추측, 투기
speculative 형 명상적인, 투기의
- speculate about one's future 장래를 깊이 생각하다
- speculate in shares 주식에 손을 대다
- speculate on a rise 오를 것을 예상하고 투기를 하다

ponder

[pándər]

곰곰이 생각하다

I lay very wide awake, pondering over it.
나는 잠자지 않고 누워서 그것을 곰곰이 생각했다.

- ponder a topic 화제를 궁리하다
- ponder a question 문제를 깊이 생각하다

meditate

[médətèit]

명상에 잠기다
숙고하다

The patients reported that they sensed a closeness to God while meditating.
환자들은 명상하는 동안 신이 가까이 있음을 느낀다고 보고했다.

☑ meditation 몡 명상

- meditate on one's misfortunes
  자신의 불행을 곰곰이 생각해보다
- meditate revenge 복수를 꾀하다

tolerate

[tálərèit]

참다, 용인하다

I don't know how she tolerates the noise of a jet plane.
그녀가 어떻게 제트기의 소음을 참는지 모르겠다.

☑ tolerance 몡 관용
  tolerable 혱 참을 수 있는

- tolerate A's impudence A의 무례함을 용인하다

crush

[krʌ́ʃ]

~을 눌러 부수다
~을 분쇄하다

My hat was crushed flat.
내 모자가 눌려서 납작해졌다.

- crush (out) the juice from grapes 포도에서 즙을 짜다

crash

[krǽʃ]

~을 때려 부수다, 충돌하다
몡 굉음, 충돌

The car crashed into the bus.
차가 버스와 충돌했다.

- crash into the freight train 화물 열차와 충돌하다

diminish

[dimíniʃ]

~을 줄이다, 사라지다
완화하다

The protests of coal miners are beginning to diminish.
탄광 노동자의 항의가 수그러들기 시작했다.

- diminish the risk of war 전쟁의 위험을 줄이다
- diminish in population 인구가 감소하다

lessen

[lésn]

작아(적어)지다

The new constitution lessened the government's control over the people's lives in many ways.
새 헌법은 다방면에서 국민의 삶에 대한 정부의 통제를 약화시켰다.

☑ lesser 휑 보다 작은(적은) 몡 작은(적은) 쪽

● lesser nations 약소국

※ less의 동사형

---

modify

[mádəfài]

변경하다, 수정하다
~을 완화하다

We usually modify our views in college.
우리는 흔히 대학에서 자신의 생각을 변경한다.

☑ modification 몡 수정

● modify a design 계획을 수정하다
● modify one's opinions 의견을 수정하다
● modify one's tone 어조를 부드럽게 하다

---

renew

[rinjú:]

~을 재개하다
새롭게 하다, 교체하다

His words renewed my courage.
그의 말이 나에게 용기를 북돋아 주었다.

☑ renewal 몡 재개, 교체

● renew a battle 전투를 재개하다
● renew curtains 커튼을 새로 갈다

---

inspire

[inspáiər]

영감을 불어넣다, 격려하다

The teacher inspired us to work harder.
선생님은 우리에게 더욱 열심히 공부하도록 격려했다.

☑ inspiration 몡 영감, 격려

● inspire A in B(=inspire B with A) A를 B에 불어넣다

---

revise

[riváiz]

~를 수정(개정)하다
몡 수정, 개정

I usually revise my manuscript a couple of times before it is printed.
나는 늘 인쇄하기 전에 원고를 몇 차례 수정한다.

☑ revision 몡 개정

● revise a manuscript 원고를 교정하다
● revised edition 개정판
● revise one's opinion 견해를 바꾸다
● revise the constitution 헌법을 개정하다

reform
[rifɔ́ːrm]

~을 개혁(개선)하다

Is it possible for politicians themselves to reform the election system?

정치권 스스로 선거제도를 개혁하는 것이 가능한가?

☑ reformation 명 개혁

- reform a system 제도를 개혁하다
- reform a criminal 죄인을 개심시키다
- the Reformation 종교 개혁

restore
[ristɔ́ːr]

~을 회복하다, 복원하다

The temple was restored by specialists.

그 사원은 전문가들에 의해 복원되었다.

We pray for the speedy restoration to health of those injured.

부상자들의 조속한 건강 회복을 기원합니다.

☑ restoration 명 복구, 회복

- restore order 질서를 회복하다
- restore one's health 건강을 회복하다

deserve
[dizɔ́ːrv]

~할 가치가 있다
~을 받을 만하다

Some inmates deserve our sympathy and respect.

죄수 중에는 우리의 동정과 존경을 받을 만한 사람도 있다.

☑ desert 명 당연한 보답(상)

- deserve well(ill) of~ ~로부터 우대(냉대)를 받아 마땅하다
- deserve attention 주목할 만하다
- deserve praise 칭찬받을 만하다
- deserve death 죽어 마땅하다

invest
[invést]

~에 투자하다
~에게 수여하다

The company invests time and money in training the employees.

회사는 직원 교육에 시간과 돈을 투자한다.

☑ investment 명 투자

- invest one's capital 자본을 투자하다
- invest one's money in stocks 주식에 투자하다
- be invested with the Medal of Honor 명예 훈장을 받다

265

induce

[indjùːs]

~을 권유하다
유발하다

It may be impossible to induce an economic recovery in the nation until the political situation improves.

정치 상황이 개선되지 않는 한, 그 나라의 경제 회복은 이루어지지 않을 것이다.

- induce A to go A를 설득하여 가게 하다
- induce a reaction 반응을 유도하다

---

clash

[klǽʃ]

충돌하다, 대립하다

The swords clashed.

칼이 쨍그랑 맞부딪쳤다.

Their interests clash.

그들의 이해관계가 충돌한다.

- clash of opinions 의견의 충돌

---

bump

[bʌ́mp]

~에 충돌하다
몡 충돌, 부딪는 소리

He bumped his head against the wall.

그는 벽에 머리를 부딪쳤다.

Two buses bumped into each other.

두 대의 버스가 충돌했다.

- ☑ bumper 몡 (자동차의) 범퍼, 완충기
- bump into~ ~와 부딪치다, ~와 우연히 만나다
- bump a train 열차에 충돌하다

---

bless

[blés]

~을 축복하다, 찬양하다

As she was blessed with good health, she lived to be ninety.

그녀는 건강을 축복받아 90살까지 살았다.

- be blessed with~ ~의 혜택을 입다

---

rub

[rʌ́b]

~을 문지르다, 비비다
몡 문지르기, 마찰

She yawned and rubbed her eyes.

그녀는 하품을 하며 눈을 비볐다.

- rub up brass 놋쇠를 닦아 윤을 내다
- rub at one's eyes 눈을 비비다

---

contrive

[kəntráiv]

~을 고안하다, 궁리하다

He contrived to reduce his expenses.

그는 지출을 줄이려고 궁리했다.

- ☑ contrivance 몡 고안, 계략
- contrive a new kind of engine 신형 엔진을 발명하다
- contrive a plot 음모를 꾸미다

266

pray
[préi]

~을 간절히 바라다

They prayed for God's mercy in the cathedral.
그들은 성당에서 신의 자비를 빌었다.
- ☑ **prayer** 명 기도
- prayer for peace 평화의 기도

generate
[dʒénərèit]

발생시키다, 초래하다

The falls have been harnessed to generate electricity.
폭포는 전기를 생산하기 위해 이용되었다.
- ☑ **generation** 명 세대, 생성
- the younger generation 젊은 세대

depart
[dipáːrt]

떠나다, 출발하다

The train will depart in 10 minutes.
열차는 10분 뒤에 출발 할 것이다.
- ☑ **departure** 명 출발
  department 명 부문, 학과, (백화점의) 매장
- the toy department 장난감 매장

chase
[tʃéis]

~을 뒤쫓다, 추격하다
명 추격

The dog chased the cat up a tree.
그 개는 고양이를 나무 위까지 쫓아갔다.
- chase A into B A를 B를 몰아넣다
- chase a thief 도둑을 뒤쫓다
- chase prosperity 번영을 추구하다
- chase of pleasure 쾌락의 추구

ban
[bǽn]

~을 금지하다 명 반대

Smoking is now banned on all plane flights.
이제 흡연은 모든 비행기에서 금지되었다.
- ban on exportation 수출 금지령

undertake
[əndərtéik]

~을 떠맡다
~에 착수하다

He undertook a great deal of work.
그는 많은 일을 떠맡았다.
The husband undertakes to love his wife.
남편은 아내를 사랑할 의무가 있다.
- undertake responsibility 책임을 지다
- undertake a campaign 캠페인을 시도하다

float

[flóut]

뜨다, 떠오르다

Is there any metal which floats on water?
물에 뜨는 금속이 있니?

- floating on air 들떠서

---

deal [2]

[di:l]

다루다, 취급하다
분배하다
몡 거래

They have to deal with the problem.
그들은 그 문제를 처리하지 않으면 안 된다.

- deal with~ ~을 처리하다
- deal in~ ~를 취급하다
- deal gifts 선물을 나누어주다

※ 동사 활용 deal - dealt - dealt

---

frown

[fráun]

눈살을 찌푸리다
난색을 표하다
몡 찡그린 상

When Father saw me lying with my head on his book, he made a frown and forbade me to touch his books again.
내가 아버지의 책을 베고 누워있는 것을 본 아버지께서는 얼굴을 찡그리며, 다시는 책에 손을 대지 못하게 하셨다.

- wear a frown 얼굴을 찌푸리다
- frown on A's ~ ing A가 ~하는 것에 언짢은 얼굴을 하다

---

disgust

[disɡʌ́st]

혐오감을 일으키다
몡 혐오감

I felt disgust at his behavior.
나는 그의 행동에 혐오감을 느꼈다.

- be disgusted with~ ~에게 정나미 떨어지다
- in disgust 싫증나서

---

launch

[lɔ́:ntʃ]

발사하다, 시작하다
몡 진수, 개업

The space shuttle was launched from Florida this morning.
오늘 아침, 플로리다에서 우주 왕복선이 발사되었다.

- launching ceremony 출범식
- launch an enterprise 기업을 시작하다

---

mount

[máunt]

~에 오르다, 올라가다
~에 타다

The speaker mounted the steps to the platform.
연설자가 단상으로 걸어 올라갔다.

The boy mounted the bicycle and sped away.
소년은 자전거를 타고 급히 사라졌다.

- mount a hill 언덕에 오르다
- mount a bike 자전거에 타다

---

ascend
[əsénd]

올라가다, 상승하다

This mountain path ascends to the beautiful lake.
이 산길을 오르면 아름다운 호수가 나온다.

☑ ascent 명상승, 승진, 오르막(길)

● ascend against a torrent 급류를 거슬러 오르다

descend
[disénd]

내려가다, 전해지다

The valley became more beautiful as we descended.
그 계곡은 내려갈수록 더욱 아름다웠다.

☑ descent 명하강, 혈통
  descendant 명자손

● descend from a tree 나무에서 내려오다
● descend from father to son 아버지로부터 아들에게 전해지다

migrate
[máigreit]

(일시적으로) 이주하다
이동하다

Many birds migrate to survive.
많은 새들은 생존하기 위해 이동한다.

☑ migration 명이주
  migratory 형이동하는

● migrate from Korea to China 한국에서 중국으로 이주하다
● migratory birds 철새

immigrate
[íməgrèit]

이민하다, 이주하다

Each year a number of people immigrate into the United States to seek freedom and success.
매년 많은 사람들이 자유와 성공을 찾아 미국으로 이주해온다.

● immigrate into the country 그 나라에 이주하다
● immigrate cheap labor 값싼 노동자를 이주시키다

emigrate
[émigrèit]

이주하다, 이민가다

He emigrated from Korea to Hawaii.
그는 한국에서 하와이로 이주했다.

☑ emigration 명이민

grab
[græb]

꽉 잡다, 움켜쥐다
~을 가로채다

He grabbed me by the arm.
그는 나의 팔을 움켜쥐었다.
The thief grabbed the purse from a woman.
도둑은 여자의 핸드백을 가로챘다.

● grab a purse 지갑을 가로채다

expand
[ikspǽnd]

~를 확대하다
넓히다, 팽창하다

He expanded his business into new areas.
그는 새 지역으로 사업을 확장했다.

- ☑ expanse 몡 광활한 공간, 확장, 팽창
  expansion 몡 확대, 팽창
- expand one's wings 날개를 펼치다
- vast expanse of water 망망 대해

---

prolong
[prəlɔ́ːŋ]

~을 연장하다
연기하다

He prolonged his stay two weeks in order to finish his business.
그는 일을 끝마치기 위해 2주간 체류를 연장했다.

- prolong a railroad 철도를 연장하다
- ※ prolong은 예정 이상의 연장, lengthen은 시간, 길이의 연장
  extend은 시간, 폭, 길이의 연장

---

suspend
[səspénd]

~을 매달다, 띄우다
일시 정지하다

The cat can suspend itself from the branches by it's tail.
고양이는 꼬리로 나뭇가지에 매달릴 수 있다.

- ☑ suspense 몡 불안
  suspension 몡 중지, 연기
- dust suspended in the air 공기 중에 떠도는 먼지
- suspend A from the team A를 팀에서 제명하다
- be suspended from school 정학 처분을 받다
- suspend a decision 결정을 뒤로 미루다

---

bear
[béər]

~을 참다(부정문에서)
(아기)를 낳다
~을 나르다

She couldn't bear him to be away.
그녀는 그가 옆에 없는 것을 참을 수 없었다.

- ☑ unbearable 톙 참을 수 없는
- bear hardship 고난을 견디다
- grin and bear it (고통이나 창피 따위를) 웃으며 참다
- be born rich 부자로 태어나다
- be born again 거듭나다
- bear gifts 선물을 들고 가다
- ※ 동사 활용 bear - bore - born(e)

---

leap
[líːp]

뛰어오르다, 발전하다
급히 움직이다 몡 도약

Look before you leap.
뛰기 전에 보라. : 돌다리도 두드려 보고 건너라. (속담)

- leap home 급히 귀가하다
- leap year 윤년

270

cling

[klíŋ]

달라붙다, 집착하다
명 점착, 집착

There are many people who cling to traditional sex roles.

전통적인 남녀의 역할을 고집하는 사람이 많다.

- cling to an old custom 옛 관습을 고수하다

merge

[mə:rdʒ]

~을 합병하다, 통합하다

That bank merged with our bank.

그 은행은 우리 은행과 합병했다.

- ☑ merger 명 합병
- be merged into curiosity 호기심으로 바뀌다

quit

[kwít]

~을 그만두다, 단념하다

She quit reading and returned the book to the shelf.

그녀는 읽기를 그만두고 책을 선반에 되돌려 놓았다.

- quit playing 놀이를 그만두다
- quit office 사직하다   • quit the army 제대하다
- quit smoking 담배를 끊다

withdraw

[wiðdrɔ́:]

~을 인출하다
~을 철회하다

More customers use machines to deposit or withdraw money from their accounts.

더 많은 고객들이 그들의 계좌에서 돈을 예금하거나 인출할 때에 기계를 사용한다.

- ☑ withdrawal 명 인출, 철회
- withdraw money from the bank 은행에서 돈을 인출하다
- withdraw an offer 제안을 철회하다

retreat

[ritrí:t]

후퇴하다, 은둔하다
명 후퇴, 피난, 은둔

We were forced to retreat because we were overwhelmingly outnumbered by the enemy.

우리는 적에게 압도적으로 열세였기 때문에 어쩔 수 없이 후퇴했다.

- retreat from the front 전방에서 후퇴하다
- make retreat into forest 숲속으로 은둔하다

subscribe

[səbskráib]

~을 예약 구독하다
기부하다, 서명하다

He subscribed to Time magazine.

그는 타임지를 예약 구독하고 있다.

- ☑ subscription 명 예약 구독, 기부
- subscribe to a periodical 정기간행물을 구독하다
- subscribe to charities 자선 사업에 기부하다
- subscribe a contract 계약서에 서명하다

proclaim

[proukléim]

~을 선언하다

Martin Luther King Jr. proclaimed "I have a dream."
마틴 루터 킹 주니어는, "나에게는 꿈이 있다"라고 선언했다.

☑ proclamation 몡 선언
- proclaim the dawn 새벽을 알리다
- proclaim war against~ ~에 선전 포고하다
- proclamation of war 선전 포고

heal

[hí:l]

치료하다, 화해시키다

The doctor heals him of his wounds.
의사가 그의 상처를 치료한다.

- heal disease 병을 치료하다
- heal a quarrel 싸움을 화해시키다

freeze

[frí:z]

얼다, 응고하다
몡 결빙

The lake freezes during the winter.
그 호수는 겨울 동안 언다.

- freeze to the ground 땅에 얼어붙다

※ 동사 활용 freeze - froze - frozen

resign

[rizáin]

사임하다, 포기하다
순순히 따르다

He was compelled to resign on account of ill health.
그는 건강상 이유로 사임하지 않을 수 없었다.

☑ resignation 몡 사직, 포기
- resign oneself to~ ~을 감수하다
- resign office 관직을 사임하다

※ retire는 정년 퇴직

assemble

[əsémbl]

~을 모으다, 조립하다
구성하다

John is assembling a model airplane.
존은 모형 비행기를 조립하고 있다.

☑ assembly 몡 집회, 조립
- assembly line 일관 작업, 조립 라인
- assemble a crew 승무원을 집합시키다
- assemble engine 엔진을 조립하다

coincide

[kòuinsáid]

일치하다
동시에 일어나다

The two accidents coincided with each other.
그 두 사건은 동시에 일어났다.

☑ coincidence 몡 우연의 일치
- coincide in opinion 의견이 일치하다

qualify

[kwáləfài]

~에게 자격을 주다

Having failed to qualify as a doctor, I took up teaching.

의사 자격을 얻지 못해 나는 교직에 올랐다.

☑ qualified 형 자격이 있는

　 qualification 명 자격

● qualify as a doctor 의사 자격을 얻다

---

exclude

[iksklú:d]

~을 제외하다
~을 차단하다

The industry has excluded any further investment for the project on account of the cost.

그 기업은 비용 때문에 그 계획에 대한 더 많은 투자를 배제했다.

☑ exclusion 명 제외, 배제, 추방

　 exclusive 형 배타적인, 고급의

● exclude A from B A를 B에서 제외하다

● exclusive economic zone 배타적 경제수역

● exclusive interview 단독 회견

● exclusive knowledge 전문 지식

● exclusive privilege(=exclusive right) 독점권

● exclusive residential quarters 고급 주택가

---

mourn

[mɔ́:rn]

애도하다, 슬퍼하다

The whole nation mourned for the hero's death.

전국민이 영웅의 죽음을 애도했다.

☑ mournful 형 애도하는

　 mourning 명 상복, 애도

● mournful song 슬픈 노래

● mourn for one's misfortune 불행을 한탄하다

● mourn for the dead 죽은 사람을 애도하다

---

apprehend

[æprihénd]

깨닫다, 파악하다
염려하다

The thief then quickly apprehended the difficult situation he was in.

도둑은 곧 자기가 처해 있는 어려운 상황을 깨달았다.

☑ apprehension 명 불안

　 apprehensive 형 염려하는, 이해가 빠른

● readily apprehend the meaning of ~
　 ~의 뜻을 쉽게 이해하다

● apprehend a thief 도둑을 체포하다

273

prohibit
[prouhíbit]

~을 금하다, 제지하다

Cellular phones are prohibited in concert halls.
공연장에서는 휴대폰 사용이 금지되어 있습니다.
- prohibit monopoly 독점을 금지하다
- prohibit smoking 흡연을 금지하다

obstruct
[əbstrʌ́kt]

~를 막다, 방해하다

The crowd obstructed the police in the discharge of their duties.
군중이 경찰관의 공무 집행을 방해했다.
- ☑ obstruction 명 방해
- obstruct a road 길을 막다

withstand
[wiðstǽnd]

~에 견디어 내다
저항하다

They withstood the enemy's attack well.
그들은 적의 공격을 잘 견뎌냈다.
- withstand an attack 공격을 버티어 내다
- withstand pain 고통을 참다
- withstand allurement 유혹에 견디다
- withstand temptation 유혹에 넘어가지 않다

rid
[ríd]

제거하다, 몰아내다

I tried to get rid of the barrier between us.
나는 우리들 사이의 벽을 제거하려고 애썼다.
- be rid of~ ~에서 해방되다
- get rid of~ 벗어나다
- rid a house of rats 집에서 쥐를 몰아내다

eliminate
[ilímənèit]

~를 제거하다
~을 제외하다

The scientists carefully eliminated all possibility of error in their research.
과학자들은 연구 중에 일어날 수 있는 모든 잘못의 가능성을 주의 깊게 제거했다.
- ☑ elimination 명 제거
- elimination contest (match, race) 예선 시합

despair
[dispéər]

절망하다, 단념하다
명 절망, 자포자기

She despairs of her future as a singer.
그녀는 가수로서의 자기 장래에 절망하고 있다.
- ☑ desperate 형 자포자기의, 필사적인
  desperation 명 자포자기
- in despair 절망하여
- be driven to despair 절망하다
- despair of success 성공을 단념하다

PART 2　형용사　레벨업 영단어 547

---

earnest
[ə́:rnist]

성실한, 열성적인
중대한

I think he is too earnest; he never drinks nor laughs.
그는 너무 성실해서 술도 마시지 않고 웃지도 않는다.
I am perfectly in earnest in what I say.
나는 오로지 진심을 말하고 있다.

- in earnest 진지하게
- earnest student 착실한 학생
- earnest consideration 진지한 고려
- earnest meeting 중대한 회담

---

intent
[intént]

전념하는 명 의도

There was an intent look on his face.
그의 얼굴에 열성적인 모습이 있었다.

- be intent on~ ~에 전념하다
- by intent 의도적으로
- intent gaze 응시

---

final
[fáinl]

최후의, 궁극의
명 결승전, (~s) 기말 시험

I won't make a final decision until I have all
of the facts.
나는 사실을 알기 전에는 최종 결정을 하지 않을 것이다.

- final examination 최종 시험
- final goal 궁극의 목표, 결승점
- final ballot 결선 투표

---

grave ²
[gréiv]

엄숙한, 중대한

The report expressed grave concern about men's
reproductive ability.
그 보고서는 남성의 생식 능력에 관해 중대한 문제를 제시했다.

- ☑ gravity 명 중력, 중대함
  gravitation 명 인력, 중력
- grave ceremonies 엄숙한 의식
- grave responsibility 중대한 책임
- grave threat 중대한 위협

※ grave '묘'와 발음이 같음

---

moderate

[mádərət]

온건한, 적당한, 보통인

The Greeks believed that a moderate fever could assist the patient to overcome infection.

그리스인은 미열이 환자가 감염을 극복하는데 도움을 줄 수 있다고 믿었다.

- moderate estimation 적정한 평가
- moderate exercise 적당한 운동
- moderate politics 온건한 정치
- moderate distance 적당한 거리
- moderate ability 보통의 능력

intense

[inténs]

혹독한, 강렬한
열성적인

The moon, intense and white, lit up the way.

눈부시게 밝은 달빛이 길을 비추어 주었다.

☑ intensity 명혹독함, 강렬함

- intense heat 혹서
- intense pressure 심한 스트레스
- intense poison 맹독
- intense love 열렬한 사랑

fierce

[fiərs]

사나운, 격렬한, 고약한

After a fierce battle, the enemy was forced back.

격렬한 전투 끝에 적군은 어쩔 수 없이 후퇴했다.

- fierce animals 맹수
- fierce storm 사나운 폭풍
- fierce cold 지독한 감기

bald

[bɔ́:ld]

머리가 벗어진
초목이 없는, 노골적인

My brother is getting bald.

형은 점점 대머리가 되어간다.

- bald head 대머리
- bald mountain 민둥산
- bald statement 숨김없는 진술
- bald lie 새빨간 거짓말

perpetual

[pərpétʃuəl]

영원한, 빈번한

I was annoyed by the perpetual chatter of the children.

나는 어린이들이 쉼 없이 떠드는 바람에 화가 났다.

- perpetual snow 만년설
- perpetual fame 불후의 명성
- country of perpetual summer 여름의 나라
- perpetual imprisonment 무기 징역

276

eternal

[itə́:rnəl]

영원의, 불멸의

I swore eternal love to her.
나는 그녀에게 영원한 사랑을 맹세했다.
- eternal argument 영원한 논쟁
- eternal triangle 삼각 관계
- eternal truth 불변의 진리

momentary

[móuməntèri]

순간의, 일시의

The pain is only momentary.
고통은 아주 잠깐일 뿐이다.
- ☑ moment 몡 순간, 중대성
  momentous 혱 중대한
- momentary pleasure 순간적인 즐거움

frantic

[frǽntik]

미친 듯한, 굉장한

She was frantic with grief.
그녀는 슬픔 때문에 미칠 것 같았다.
- ☑ frantically 뷴 미친 듯이, 미쳐서

rural

[rúərəl]

시골의, 전원의

Rural areas have often been depopulated.
시골은 종종 인구가 줄어들었다.
- rural life 전원 생활
- rural communities 농촌
- rural community 농촌 지역사회

urban

[ə́:rbən]

도시의

Such a custom is very rare in an urban community.
그런 습관은 도시 생활에서는 매우 드물다.
- ☑ urbanization 몡 도시화
  urbane 혱 도시풍의
- urban renewal 도시 재개발
- urban areas 도시 지역
- urban population 도시 인구

drastic

[drǽstik]

과감한, 철저한, 강렬한

The government undertook a drastic reform of financial institution.
정부는 금융 기관에 대한 철저한 개혁에 착수했다.
- drastic reform 근본적 개혁
- drastic review 철저한 재검토
- drastic change 철저한 변화
- take drastic measures 비상 수단을 취하다

fanatic

[fənǽtik]

열광적인 애호가
광신자

They were anxious about losing fanatic supporters.
그들은 열광적인 지지자를 잃는 것에 대해 걱정하고 있었다.

- surfing fanatic 서핑광
- fanatic peculiarity 광적인 버릇

---

nuclear

[njú:kliər]

핵무기의, 원자핵의
명 핵무기

One thing that worried him was the possibility of a nuclear accident.
그를 걱정시키고 있는 일은 핵사고의 가능성이었다.

☑ **nucleus** 명 핵, 중심

- nuclear arms 핵무기　● nuclear bomb 핵폭탄
- nuclear deterrent (capability) 핵 억지력(능력)
- nuclear fission 핵분열　● nuclear fusion 핵융합
- nuclear powers 핵보유국
- nuclear proliferation 핵확산

※ 구어에서는 nuke

---

biological

[bàiəláʤikəl]

생물학의

Our biological clock time is usually different from mechanical clock time.
우리의 생체시계 시간은 보통 시계 시간과 다릅니다.

- biological control 생물적 방제
- biological warfare 생물전, 세균전

---

chemical

[kémikəl]

화학의
명 화학 약품

Many factories are looking for better ways to dispose of chemical waste matter.
많은 공장은 화학 폐기물을 처리하는 더 좋은 방법을 모색하고 있다.

☑ **chemistry** 명 화학 / **chemist** 명 화학자

- chemical experiment 화학 실험
- chemical fertilizer 화학 비료
- chemical imbalance 화학적인 불균형

---

solar

[sóulər]

태양의

The Chinese of 2000 B.C. thought that a dragon was trying to devour the sun whenever a solar eclipse occurred.
기원전 2000년의 중국인들은 일식이 일어날 때마다 용이 태양을 집어삼키려고 한다고 생각했다.

- solar spot 태양 흑점　● solar energy 태양 에너지

lunar

[lú:nər]

달의, 음력의

He showed me the chart of the lunar orbit.
그는 나에게 달의 궤도의 도표를 보여 주었다.

- lunar orbit 달의 궤도 • lunar eclipse 월식
- lunar calendar 태음력 • lunar module 달착륙선

distinct

[distínkt]

전혀 다른, 별개의
확실한

She gave me a distinct refusal.
그녀는 나에게 확실하게 거절했다.

☑ distinctly 🖣 뚜렷이

- A is distinct from B A는 B와 전혀 다르다
- distinct personality 독특한 개성
- distinct difference 뚜렷한 차이

durable

[djúərəbl]

질긴, 튼튼한

Those are durable pairs of shoes.
그것들은 튼튼한 신발들이다.

- durable consumer goods 내구 소비재
- durable cloth 질긴 옷감
- durable color 바래지 않는 색

faint

[féint]

희미한, 가냘픈
어질어질한
🏲 실신 🖲 실신하다

With special thermometers, we can measure the
heat of faint starlight reaching us.
특수한 온도계를 사용하면, 우리에게 도달하는 희미한 별빛의 열을
측정할 수 있다.

- faint light 희미한 빛 • feel faint 현기증이 나다
- faint sound 어렴풋이 들리는 소리

dim

[dím]

어둑한, 흐릿한, 둔한
🖲 ~을 어둡게 하다
흐릿해지다

The moon is dim on a hazy night.
달은 안개 낀 밤에는 흐릿하다.

- dim and distant 먼 옛날
- take a dim ~에 찬성하지 않다, 비관하다
- dim room 어둠침침한 방
- dim sight 흐릿한 시력 • dim color 칙칙한 색

gloomy

[glú:mi]

어두운, 우울한

He felt gloomy about future.
그는 미래를 생각하면 우울해졌다.

☑ gloom 🏲 어둠, 우울

- gloomy dell 어두운 골짜기
- gloomy man 음침한 사람
- gloomy mood 음침한 분위기

valid

[vǽlid]

타당한, 유효한
합법적인

Is it valid to say that all men are created equal?
사람은 태어나면서 평등하다고 말하는 것이 타당한가?

☑ invalid 휑 타당치 않은, 무효인

   validity 휑 타당성

- valid reason 분명한 이유
- valid argument 타당한 논거
- ticket valid for ten days 10일간 유효한 표
- valid procedure 유효한 조치

※ invalid 환자(병든과 구별)

tame

[téim]

길들여진
대단치 않은

This camel is so tame that anyone can ride it.
이 낙타는 길들여져 있으므로 누구나 탈 수 있다.

- tame wolf 길들여진 늑대
- tame cat 집고양이　• tame scenery 길들여진 경치
- tame enemy 적을 길들이다

willing

[wílin]

기꺼이 ~하는, 적극적인

I am willing to let my organs be used for transplants after I die.
내가 죽은 후에 나의 장기를 기증하고 싶다.

If you would like me to help you, I'm quite willing.
도와 달라고 하면 기꺼이 그렇게 하겠다.

- be willing to ~ 기꺼이 ~하다
- willing guide 자원 안내자

barren

[bǽrən]

불모인, 불임의
재미없는

Because the wife was barren, the couple decided to adopt a child.
아내가 불임이기 때문에, 부부는 아이를 입양하기로 결정했다.

- barren land 불모지
- barren flowers 수술이 없는 꽃
- barren play 재미없는 연극

acute

[əkjúːt]

날카로운, 격렬한
(병이) 급성의

How to get rid of garbage will become an acute problem in the next decade.
쓰레기를 처리하는 일은 앞으로 10년 안에 심각한 문제가 될 것이다.

- acute leaf 끝이 뾰족한 잎
- acute pain 격통　• acute jealousy 강한 질투
- acute water shortage 극심한 물 부족
- acute pneumonia 급성 폐렴

coherent
[kouhíərənt]
일관성 있는, 논리적인

That professor is coherent in his speech.
그 교수의 연설은 일관성이 있다.

☑ coherence 몡 일관성, 논리 정연함
incoherent 혱 앞뒤가 맞지 않는

● coherent plan 일관된 계획
● coherent expression 이치에 맞는 표현

subtle
[sʌtl]
미묘한, 예민한
은은한

There is a subtle difference between the two.
이 둘 사이에는 미묘한 차이가 있다.

☑ subtlety 몡 미묘함, 예민함
● subtle distinction 미묘한 차이
● subtle charm 신비스런 매력
● subtle reasoning 예민한 추리

terrific
[tərífik]
지독한, 무서운, 멋진

He was driving his car at a terrific speed.
그는 무서운 속도로 차를 몰고 있었다.

Johnson's terrific play excited the crowd.
존슨의 멋진 플레이에 관중은 흥분했다.

● terrific speed 굉장한 속도
● terrific storm 무시무시한 폭풍
● terrific idea 멋진 생각

prominent
[prámənənt]
탁월한, 실력 있는

The President hired a very prominent lawyer to defend him.
대통령은 변호를 위해 매우 저명한 변호사를 고용했다.

☑ prominence 몡 탁월, 저명

● prominent philosopher 저명한 철학자
● prominent symptom 현저한 징후
● man of prominence 명사

eminent
[émənənt]
저명한, 뛰어난

The monument was erected in honor of the eminent philosopher.
그 기념비는 저명한 철학자에게 경의를 표하기 위해 세워졌다.

☑ eminence 몡 고위, 탁월

● eminent violinist 유명한 바이올리니스트
● eminent newspaper 저명한 신문
● eminent nose 우뚝 솟은 코
● eminent novelist 유명한 소설가

281

outstanding
[àutstǽndiŋ]

눈에 띄는, 현저한

It is said that his reputation as an outstanding leader is beyond reproach.
그는 나무랄 데 없는 뛰어난 지도자라는 평판이다.
- outstanding character 훌륭한 인격자
- outstanding feature 두드러진 특징

hearty
[háːrti]

마음으로부터의
튼튼한, 풍부한

He is a willing and hearty worker.
그는 스스로 열심히 일하는 사람이다.
- hearty recommendation 진정한 추천
- hearty welcome 마음으로부터의 환영
- hearty appetite 왕성한 식욕

tender
[téndər]

부드러운, 예민한

Mother told me to be tender to others.
어머니는 나에게 다른 사람에게 친절히 하라고 말씀하셨다.
- tender meat 연한 고기
- tender skin 약한 피부
- tender subject 미묘한 문제
- tender mercy 부드러운 자비
- tender smile 상냥한 미소

amiable
[éimiəbl]

호감을 주는, 상냥한

Our son should be a little more amiable.
우리 아들은 좀 더 상냥해져야 한다.
- amiable boy 상냥한 소년
- amiable gathering 스스럼없는 모임

overwhelming
[òuvərhwélmiŋ]

압도적인

We won an overwhelming victory.
우리는 압도적인 승리를 거두었다.
- overwhelming approval 압도적인 찬성
- overwhelming majority 압도적 다수

prime
[práim]

제1의, 주요한
최상(급)의

The prime concern of a chef is the way the food tastes.
주방장의 최대 관심사는 최고의 음식 맛을 내는 것이다.
- prime example 첫째 예
- the Prime Minister 수상
- prime time(=golden time) 황금 시간
- prime reason 첫째 이유
- prime authority on Milton 밀턴 연구의 제1인자

equivalent
[ikwívələnt]

동등한, 상당하는

This amount is equivalent to nearly 1% of Korea's nominal gross domestic product.
이 금액은 한국의 명목상 국내 총생산의 거의 1퍼센트에 해당한다.

They are equivalent in meaning.
그것들은 뜻이 같다.

utmost
[ʌtmòust]

최고의, 최대의
가장 먼

He lived in the utmost happiness.
그는 더할 나위 없이 행복한 생활을 했다.

- utmost secretly 극비리에
- utmost importance 지극히 중요함
- utmost reluctance 극도의 미움

swift
[swíft]

재빠른, 즉석의

Jane gave a swift reply to the teacher's question.
제인은 선생님의 질문에 재빨리 대답했다.

- be swift to anger 성미가 급하다
- swift vessel 쾌속정
- swift response 즉답

prompt
[prámpt]

신속한, 기민한, 즉석의

Your prompt reply is urgently required.
너의 신속한 대답이 꼭 필요하다.

- be prompt in~ 기꺼이(즉시) ~하다
- prompt action 신속한 행동
- prompt delivery 즉시 인도

superfluous
[supɔ́:rfluəs]

여분의, 과잉의

The management showed it's desire to eliminate superfluous personnel.
경영자측은 잉여 인원을 감축하고 싶다는 의사를 보였다.

- superfluous words 필요 없는 말

notable
[nóutəbl]

주목할 만한, 중요한

This book is notable for it's fine illustrations.
이 책은 훌륭한 삽화로 유명하다.

- notable increase in the crime rate 범죄율의 현저한 증가
- notable achievements 뛰어난 업적

conspicuous

[kənspíkjuəs]

눈에 잘 띄는, 저명한

He was conspicuous by his absence.
그가 없는 것이 눈에 띄었다.

- conspicuous feature 현저한 특징
- conspicuous position 눈에 띄는 위치
- conspicuous man 이목을 끄는 인물

---

inherent

[inhíərənt]

타고난, 고유의

The instinct of self-defense is inherent in any animal.
자기 방어 본능은 어떤 동물이든 내재되어 있다.

- be inherent in~ ~에 타고나다
- inherent rights 타고난 권리
- inherit a fortune 재산을 상속하다

---

innate

[inéit]

타고난, 천부적인

Self love is innate, hating others is acquired.
자신을 사랑하는 것은 선천적이며, 타인을 증오하는 것은 후천적이다.

- one's innate musical talent 타고난 음악적 재능
- innate sense of humor 타고난 유머 감각

---

upright

[ʌ́pràit]

직립한, 똑바른, 공정한
몡 직립 悍 직립하여

Keep the stick upright.
그 막대를 똑바로 세워 두어라.

- upright dealings 공정한 거래
- set a post upright 말뚝을 똑바로 세우다
- upright person 정직한 사람

---

inborn

[ínbɔ́:rn]

선천적인

Inborn ability can be fostered by good teachers.
타고난 능력은 훌륭한 교사에 의해 길러질 수 있다.

- inborn talent 선천적 재능

---

genetic

[dʒənétik]

유전(학)의, 유전자의

The IQ test has been used to infer genetic differences in intelligence among races and classes.
IQ 테스트는 인종, 계급간에 지성의 유전적 차이를 추론하기 위해 사용되어 왔다.

- genetic engineering 유전자 공학
- genetic information 유전자 정보
- genetic manipulation 유전자 조작

divine

[diváin]

신의, 신성한
아주 훌륭한

To err is human, to forgive divine.
실수하는 것은 인간이고, 용서하는 것은 신이다.

- divine service 예배
- divine judgement 신의 심판
- divine punishment 천벌
- divine song 성가

---

extinct

[ikstíŋkt]

멸종한, 끊어진

Zoos all over the world are trying to breed animals that are close to becoming extinct.
전 세계의 동물원은 멸종에 처해 있는 동물을 번식시키기 위해 노력하고 있다.

☑ extinguish 통 꺼지다

- extinct volcano 사화산
- extinct custom 사라진 관습

---

weary

[wíəri]

지친, 싫증나는
통 지치게 하다

He was weary in mind and body.
그는 심신이 모두 피곤했다.

- weary look 지친 표정

---

grim

[grím]

엄한, 무서운

Her face went grim.
그녀의 얼굴이 험악해졌다.

- grim reality 엄연한 현실
- grim man 엄격한 사람
- like grim death 완강하게
- grim smile 기분 나쁜 웃음
- grim expression 무서운 표정

---

solemn

[sáləm]

장엄한, 거드름 피우는

Written in verse, the tone of the tragedy is solemn.
운문으로 쓰여져 있는 이 비극의 어조는 장엄하다.

☑ solemnity 명 침통함, 엄숙함

- solemn cathedral 장엄한 성당

---

weird

[wíərd]

불가사의한, 기묘한

There have been many movies featuring weird monsters.
이상한 괴물들이 나오는 영화들이 많이 있다.

- weird sound 무시무시한 소리
- weird getup 기묘한 몸차림

selfish

[sélfiʃ]

제멋대로의, 이기주의의

He is deliberately being selfish.

그는 일부러 제멋대로 굴고 있다.

- selfish motives 이기적 동기
- selfish person 이기적인 사람

---

monotonous

[mənátənəs]

단조로운, 지루한

He was thought of as a minor writer merely because his books were monotonous.

그는 그의 책들이 단조롭다는 이유만으로 이류작가로 여겨졌다.

- monotonous tone 단조로운 음조
- monotonous occupations 단조로운 직업

---

modest

[mádist]

겸손한, 삼가는

He is modest about himself.

그는 자기 일에 겸손하다.

- ☑ modesty 圐 겸손, 정숙함, 검소
- modest behavior 겸손한 태도
- modest man 겸손한 인물
- modest home 아담한 집
- modest request 겸손한 요구

---

intelligible

[intélədʒəbl]

이해할 수 있는
지성적인

This sign is scarcely intelligible to anyone.

이 표시는 아무도 알 수 없다.

- plain and intelligible 단순 명쾌한

---

trivial

[tríviəl]

사소한, 하찮은

The agitator is inclined to exaggerate trivial matters.

선동가는 사소한 일을 과장하는 경향이 있다.

- trivial example 사소한 예
- trivial expenses 사소한 비용
- trivial everyday life 평범한 일상 생활
- trivial tasks 평범한 일

---

static

[stǽtik]

정적인, 활기가 없는

The population of this town has been static for the last ten years.

이 마을의 인구는 최근 10년 동안 변함이 없다.

- static electricity 정전기

※ state '상태'의 형용사형

disabled

[diséibld]

신체 장애의
몡 (the~) 신체 장애인

He made a speech on behalf of the disabled people of the town.

그는 마을의 장애인을 대표하여 연설을 했다.

☑ **disable** 동 무능(무력)하게 하다

- disabled toilet 신체 장애인용 화장실
- disabled soldier 상이 군인

---

harsh

[ha:rʃ]

엄격한, 가혹한, 거친

She was harsh to her servants.

그녀는 하인들에게 엄격하다.

The surface feels harsh to the touch.

표면을 만지면 까칠까칠하다.

- harsh look 험상궂은 얼굴
- harsh climate 혹독한 기후
- harsh words 불쾌한 말
- harsh texture 꺼칠꺼칠한 직물

---

stiff

[stíf]

굳은, 딱딱한, 강경한

A stiff smile appeared on her pale face.

그녀의 창백한 얼굴에 굳은 미소가 나타났다.

☑ **stiffen** 동 경직시키다

- stiff style 딱딱한 문체
- stiff opposition 강경한 반대

---

stable

[stéibl]

안정된, 견고한

Prices are fairly stable now.

물가는 지금 매우 안정돼 있다.

We need a stable person for this job.

이 일에는 착실한 사람이 필요하다.

- stable supply 안정된 공급
- stable political power 안정된 정권

---

marvelous

[má:rvələs]

놀라운, 경이로운

The marvelous ability to fly makes birds seem the freest of all animals.

날 수 있는 비상 능력은 새를 동물 중에서 가장 자유롭게 느끼게 한다.

☑ **marvel** 몡 놀랄 만한 일 동 경탄하다

- marvelous insight 굉장한 통찰력
- marvelous museum 훌륭한 박물관
- marvelous progress 경이적인 진보
- marvelous tale 놀라운 이야기

extraordinary

[ikstrɔ́ːrdənèri]

비상한, 엄청난
터무니없는, 임시의

Two hundred fifty kilogram is an extraordinary weight even for a sumo wrestler.
250kg은 스모 선수에게도 엄청난 무게다.

- extraordinary skill 비범한 기술
- extraordinary genius 보기 드문 천재
- extraordinary experience 이상한 체험
- extraordinary weather 이상 기후
- extraordinary general meeting 임시 총회

slender

[sléndər]

가느다란
얼마 안 되는, 빈약한

She was elected by a slender majority.
그녀는 근소한 차로 당선되었다.

- extraordinary slender girl 호리호리한 소녀
- slender family finances 빠듯한 가계
- slender hope 가냘픈 희망

tense

[téns]

팽팽한, 긴장한
동 ~을 긴장시키다

It was a tense atmosphere there.
그곳은 긴장된 분위기였다.

☑ tension 명 긴장

- tense moment 긴장의 순간
- tense nerves 긴장한 신경
- tension of a rope 밧줄의 팽팽함
- international tension 긴박한 국제 관계

competent

[kámpətənt]

유능한, 자격이 있는
상당한

He is competent to handle this assignment.
그는 이 임무를 처리하기에 적임자이다.

☑ competence 명 능력

- be competent for~ ~의 자격이 있는
- competent secretary 유능한 비서
- competent supply 충분한 공급
- competent authorities 주무 관청
- competent court 관할 법원

plastic

[plǽstik]

플라스틱의, 가소성의

"Paper or plastic?"
"Paper please."
"(포장은) 종이백, 아니면 비닐백으로 합니까?" "종이백으로 주세요."

- plastic bag 비닐 백
- plastic greenhouse 비닐 하우스

authentic
[ɔ:θéntik]
진짜의, 믿을 만한

How do historians distinguish between authentic stories and fantastic tales?
역사가들은 어떻게 진짜 이야기와 공상적인 이야기를 구별할 수 있을까?
- authentic signature 본인의 진짜 서명
- authentic source 믿을 수 있는 소식통
- authentic story 근거 있는 이야기

opposite
[ápəzit]
정반대의, 전혀 다른

'High' and 'low' have opposite meanings.
'높다'와 '낮다'는 정반대의 의미이다.
- opposite sex 이성
- opposite side 반대편

dumb
[dʌm]
벙어리의, 멍청한

She has been a dumb person.
그녀는 태어나면서 농아였다.
He was struck dumb by what he saw.
그는 눈에 본 광경에 멍했다.
- dumb man 벙어리
- dumb animal 말 못하는 짐승
- remain dumb 잠자코 있다

mute
[mjú:t]
무언의, 말 못하는

She stood mute.
그녀는 말없이 서 있었다.
We were mute with wonder.
우리는 놀란 나머지 말이 안 나왔다.
- mute appeal 무언의 호소
- mute protest 무언의 항의

manifold
[mǽnəfòuld]
다양한, 다방면에 걸친
다수의 ⃞명 다양성

The problems that lie before us are complicated and manifold.
우리 앞에 놓인 문제는 복잡하고 다양하다.
- manifold duties 잡무
- manifold knife 다목적 칼
- manifold variation 다양한 차이

discreet
[diskrí:t]
신중한, 사려 깊은

He is discreet in his behavior.
그의 행동은 신중하다.
☑ discretion 명 사리분별, 신중
- be discreet in~ ~을 신중히 하다, ~을 삼가다

awkward

[ɔ́:kwərd]

어색한, 서투른
곤란한

The meeting was held in an awkward atmosphere.

회의는 어색한 분위기 속에서 열렸다.

- awkward workman 솜씨가 서툰 직공
- awkward excuse 서투른 변명
- awkward imitation 어색한 모방
- awkward instruments 사용하기에 불편한 기구

---

alert

[ələ́:rt]

방심하지 않는, 민첩한
명 경계, 조심

We must be constantly alert to the danger.

우리는 그 위험에 대해 끊임없이 경계해야 한다.

- on the alert 경계하여, 주의하여
- alert mind 조심성 있는 마음

---

queer

[kwíər]

기묘한, 동성애의

There is something queer about her grandmother.

그녀의 할머니에게는 뭔가 이상한 점이 있다.

- queer act 기행
- queer farmer 기이한 농부
- queer money 가짜 돈

---

indignant

[indígnənt]

분노한, 화가 난

The professor seemed quite indignant with his research assistant.

그 교수는 그의 연구 조수에게 심하게 화난 것 같았다.

☑ indignation 명 분개

※ angry보다 문어적이며, 의분 따위의 화

---

dismal

[dízməl]

음울한, 쓸쓸한
명 우울, 침울

I am accustomed to this dismal climate.

나는 이런 음울한 기후에 익숙하다.

- dismal weather 음산한 날씨
- dismal face 우울한 얼굴
- dismal room 음침한 방
- dismal outlook 어두운 전망
- dismal perspective 암담한 전망
- dismal failure 참담한 실패

---

clumsy

[klʌ́mzi]

서투른, 어색한

She is clumsy at tennis.

그녀는 테니스 치는 것이 서투르다.

- clumsy way 서투른 방법
- clumsy driver 서투른 운전 기사

neutral
[njú:trəl]

중립의, 불명확한
명 중립국

That country remained neutral in World War II.
그 나라는 2차 세계대전에도 중립을 유지했다.
- neutral nation 중립국
- neutral attitude 공평 무사한 태도

neat
[ni:t]

정돈된, 깔끔한

I keep my room neat.
나는 방을 정돈해 둔다.
- neat dress 말쑥한 옷
- neat design 깔끔한 디자인

mature
[mətjúər]

성숙한, 잘 익은, 발달된

The computer market is mature.
컴퓨터 시장은 발달해 있다.
We did it after mature consideration.
우리는 충분히 고려한 뒤에 그것을 했다.
☑ maturity 명 성숙
- mature wine 잘 익은 포도주
- mature consideration 심사 숙고
- mature market 성숙한 시장

utter ²
[ʌ́tər]

전적인, 완전한
무조건의

So great was his emotion that he could not utter a word.
그는 감동한 나머지 단 한 마디도 할 수 없었다.
- utter chaos 대혼란 • utter darkness 암흑
- utter refusal 단호한 거절
※ utter, utmost는 본래 out의 비교급과 최상급

conservative
[kənsə́:rvətiv]

보수적인, 온건한

He is young, but he is considerably conservative in a ways.
그는 나이는 어리지만 어떤 면에서는 상당히 보수적이다.
- conservative force 보수 세력
- conservative government 보수 정권
- conservative ideas 보수적인 생각

formidable
[fɔ́:rmidəbl]

무서운, 겁나는
어마어마한

The shark's large mouth is equipped with formidable teeth.
상어의 큰 입에는 무서운 이빨이 달려 있다.
- formidable prospect 끔찍한 광경
- formidable enemy (상대하기) 힘겨운 적

compatible

[kəmpǽtəbl]

양립될 수 있는
호환성이 있는

Even very compatible couple has occasional arguments.
사이 좋은 부부라도 때때로 말다툼을 한다.

☑ incompatible 웹 양립할 수 없는, 성격이 맞지 않는
- be compatible with~ ~와 양립하다 (호환성이 있다)
- compatible color (흑백) 겸용식 텔레비전
- compatible married couple 사이좋은 부부

---

elaborate

[ilǽbərət]

정성 들인, 정교한
동 공들여 만들다
상세히 설명하다

Workers using radioactive elements are required to take elaborate precautions.
방사성 원소를 취급하는 사람은 더욱 세심한 주의가 요구된다.

- elaborate on~ ~에 대해 상세하게 설명하다
- elaborate preparations 정성 들인 준비
- elaborate design 정교한 디자인
- elaborate costume 화려한 의상

---

radical

[rǽdikəl]

과격한, 근본적인
철저한 명 과격파

He has radical opinions about politics.
그는 정치에 대해 과격한 의견을 가지고 있다.

You have to make a radical change in your eating habits.
너는 식습관을 근본부터 바꿀 필요가 있다.

- radical difference 근본적 차이
- radical elements 급진적 요소
- radical ideas 급진적 발상
- radical measure 근본 대책
- radical reforms 근본적 혁신, 근본적 개혁

---

military

[mílitèri]

군대의, 무력의

Most rulers of the time governed by military force.
당시의 지배자는 대부분 군사력으로 지배했다.

- military aid 군사적 원조
- military censorship 군의 검열
- military discipline 군대의 규율
- military espionage 군사 스파이

※ the Army 육군, the Force 공군, the Navy 해군

legitimate

[lidʒítəmət]

합법적인, 정당한

This sweltering summer of the Negro's legitimate discontent will not pass.

흑인들의 정당한 불만으로 들끓고 있는 이 여름은 지나가 버리지 않을 것이다.

- ☑ legitimacy 몡 정당성
- legitimate claim 정당한 요구
- legitimate reason 정당한 이유

ambiguous

[æmbígjuəs]

애매한, 의심스러운

I think there are many ambiguous terms and unresolved issues in the draft agreement.

협정의 초안에는 애매한 용어와 미해결의 문제들이 많다고 생각한다.

- ☑ ambiguity 몡 애매함
- ambiguous reply 애매한 대답
- ambiguous future 불투명한 미래

reluctant

[rilʌ́ktənt]

내키지 않는

He seemed reluctant to meet her.

그는 그녀를 만나는 것을 꺼리는 것 같았다.

- ☑ reluctance 몡 마지못해 함, 내키지 않음
- be reluctant to ~ ~하기를 꺼리다
- reluctant assistance 마지못한 도움
- reluctant consent 마지못한 동의

deliberate

[dilíbərət]

고의적인, 신중한
통 숙고하다

It was a deliberate attempt by the protesters to bring the meeting to a halt.

회담을 중지시킨 것은 반대파에 의한 고의적인 시도였다.

- ☑ deliberation 몡 숙고
- deliberate murder 계획적인 살인

irrelevant

[iréləvənt]

상관없는

This example is irrelevant to my argument.

이 예는 나의 의견과 무관하다.

- ☑ irrrelevance 몡 무관함

marine
[məríːn]

바다의, 선박의
몡 선박, 해병대원

They started exploiting marine resources.
그들은 해양 자원을 개척하기 시작했다.

- marine transportation 해상 수송
- marine animals 해양 동물
- marine products 해산물
- marine biologist 해양 생물학자

punctual
[pʌ́ŋktʃuəl]

시간을 지키는
규칙적인

I was proud that I was punctual.
나는 시간을 엄수하는 것을 자랑스럽게 생각했다.

- punctual to the minute 시간 엄수의
- punctual person 꼼꼼한 사람

sole
[sóul]

유일한, 독특한

The child is her sole consolation.
그 아이는 그녀의 유일한 위안이었다.

※ sole(발바닥), soul(영혼)과 같은 발음

abrupt
[əbrʌ́pt]

갑작스러운, 퉁명스러운

Abrupt decline in the stock market happens periodically.
주식 시장에서의 급락은 주기적으로 일어난다.

- abrupt entrance 불시의 침입
- abrupt literary style 퉁명스러운 문체

gradual
[grǽdʒuəl]

점진적인, 완만한

The improvement in quality has been gradual but steady.
품질은 점진적으로 향상되어 왔다.

☑ **gradually** 剧차츰, 서서히

- gradual improvement 점진적인 회복
- gradual slope 완만한 경사

※ grade의 형용사형

extreme
[ikstríːm]

극도의, 극단적인
몡 극도, 극단

The statesman couldn't approve of such extreme reform.
그 정치가는 그와 같은 극단적인 개혁을 승인할 수 없었다.

- go to extremes 극단으로 치닫다
- extreme measures 극단적인 수단
- extreme penalty 극형
- extreme poverty 극도의 빈곤

racial

[réiʃəl]

인종의

The United States has a serious racial problem.

미국은 심각한 인종 문제를 안고 있다.

☑ race 명 인종, (the~) 인류
- racial integration 인종의 융화
- racial consciousness 민족 의식
- racial problem 인종 문제
- racial differences 인종적 차이
- racial migration 민족적 이동
- racial prejudice 인종 편견

ethnic

[éθnik]

민족의
어느 민족 특유의
소수 민족의

Conflicts between ethnic groups is usually is based on lack of information.

민족간의 갈등은 대개 정보의 부족에 기인한다.
- ethnic dance 민속 무용
- ethnic costume 민족 의상
- ethnic group (소수)민족 집단
- ethnic troubles 인종 분쟁

humid

[hjú:mid]

습기찬, (고온) 다습한

A humid climate is characteristic of the island.

다습한 기후는 그 섬의 특징이다.

☑ humidity 명 습도
- humid day 습도가 높은 날

sublime

[səbláim]

고상한, 숭고한, 황당한
명 숭고한 것, (~의) 극치

What a sublime sacrifice his death was.

그의 죽음은 얼마나 숭고한 희생인가.
- sublime spirit of sacrifice 숭고한 희생 정신
- sublime ambition 원대한 야망
- sublime stupidity 터무니 없는 어리석음

serene

[sərí:n]

잔잔한, 평화로운
화창한

I go to see my neighbor who is always serene and has a good effect on me.

나는 항상 평온하고 나에게 좋은 영향을 주는 이웃을 만나러 간다.
- serene lake 잔잔한 호수
- serene sky 화창한 하늘
- serene courage 침착한 용기

costly
[kɔ́:stli]
값비싼, 희생이 많은

This is the costliest victory we have ever had.
이것은 지금까지 가장 많은 희생을 치르고 얻은 승리이다.
- costly jewel 값비싼 보석

shabby
[ʃǽbi]
허름한, 초라한

He loves wearing a shabby old trench coat to the office.
그는 낡은 트렌치 코트를 입고 사무실에 가기를 좋아한다.
- shabby clothes 닳아 헤진 옷

reserved
[rizə́:rvd]
겸양하는, 내성적인
보류한, 예약한

Mr. Bell seems very reserved with us.
벨씨는 우리를 매우 서먹해 하는 것 같다.
- ☑ reserve 통 ~을 남겨 두다, 예약하다
  reservation 명 예약
- reserved seats 예약석

imminent
[ímənənt]
임박한, 일촉즉발의

His thesis created a greater awareness of an imminent environmental crisis.
그의 논문은 환경 위기가 임박했다는 것을 크게 알렸다.
- imminent catastrophe 임박한 재난
- imminent danger 눈앞의 위험

simultaneous
[sàiməltéiniəs]
동시의

There were simultaneous explosions in two different parts of the town.
마을의 다른 두 곳에서 동시에 폭발이 있었다.
- simultaneous interpretation 동시 통역
- simultaneous recording 동시 녹음

homogeneous
[hòumədʒí:niəs]
동질의

The sisters have homogeneous personalities.
그 자매들은 동질적 성격을 가지고 있다.
- homogeneous nation 단일 국가

subsequent
[sʌ́bsikwənt]
그 이후의, 다음의

Subsequent to May 1, no more applications will be accepted.
5월 1일 이후는 신청을 받지 않는다.
- subsequent events 그 이후의 사건
- subsequent complications 후유증
- subsequent generations 차세대

scarce
[skέərs]

부족한, 드문

Food is scarce in that country.
그 나라에서는 식량이 부족하다.

☑ scarcity 명 부족
   scarcely 부 거의 ~하지 않다
- scarce book 희귀서

ingenious
[indʒíːnjəs]

영리한, 재치있는
발명의

The ingenious man made a great invention.
그 영리한 남자는 위대한 발명을 했다.

☑ ingenuity 명 발명의 재간, 창의, 정교
- ingenious idea 독창적인 생각
- ingenious solution 독창적인 해결책
- ingenious machine 정교한 기계
- ingenious scheme 교묘한 계획

exquisite
[ikskwízit]

매우 아름다운, 정교한

The tourists were fascinated with the exquisite scenery.
관광객들은 매우 아름다운 풍경에 매료되었다.

- exquisite embroidery 정교한 자수
- exquisite piece of art 매우 아름다운 예술품

shallow
[ʃǽlou]

얕은, 얄팍한
명 얕은 곳, 여울

The water was so shallow that the boat touched the bottom.
물이 너무 얕아서 배가 바닥에 닿았다.

- shallow stream 얕은 시냇물
- shallow mind 얄팍한 생각

steep
[stíːp]

가파른, 급격한

My grandmother won't be able to ascend these steep stairs.
할머니는 이 가파른 계단을 오를 수 없다.

- steep ascent 가파른 오르막길
- steep incline 가파른 내리막길
- steep slope 가파른 비탈
- steep rise in prices 급격한 물가 상승

cynical
[sínikəl]

냉소적인, 까다로운

His novel displays a cynical analysis of American society.
그의 소설은 미국 사회를 냉소적으로 분석하고 있다.

☑ cynicism 명 냉소적인 말
- cynical smile 비아냥거리는 웃음

297

nearly
[níərli]

🔤 거의, 간신히
하마터면

nearly **every day** 거의 매일
It's nearly **two o'clock.**
거의 2시가 되었다.
He nearly **fell into the pond.**
그는 하마터면 연못에 빠질 뻔했다.

seemingly
[síːmiŋli]

🔤 겉보기에는

a seemingly **minor difference**
겉보기에는 사소한 차이

hardly
[háːrdli]

🔤 거의 ~아니다(없다)

There is hardly **any time left.**
시간이 거의 남아 있지 않다.
I could hardly **endure the pain.**
그 통증은 정말 참기 힘들었다.

somewhat
[sʌ́mhwàt]

🔤 어느 정도

be somewhat **disappointed**
다소 실망하다

eventually
[ivéntʃuəli]

🔤 결국, 최후에는

prove to be correct eventually
결국 옳은 것으로 판명되다.

astray
[əstréi]

🔤 길을 잃고

He was led astray **by inaccurate information.**
그는 부정확한 정보에 의해 길을 잃었다.

namely
[néimli]

🔤 다시 말하면, 즉

Judy's longtime friends, namely **Mary and Jenny~**
주디의 오랜 친구, 메어리와 제니~

overnight
[óuvərnàit]
(부) 하룻밤 사이에 갑자기

become a star overnight
하룻밤 새에 스타가 되다:
make preparations overnight
밤샘 준비를 하다.
Her mind changed overnight.
그녀의 마음은 하룻밤새 변했다.

approximately
[əpráksəmətli]
(부) 대체로

Vietnam is approximately the same size as our country.
베트남은 우리나라와 크기가 대체로 같다.

altogether
[ɔ:ltəgéðər]
(부) 아주, 전적으로

The trip was altogether pleasant.
여행은 아주 즐거웠다.
I am not altogether sure of his innocence.
나는 그의 무죄를 전적으로 확신하는 것은 아니다.
Altogether there were ten books.
책은 모두 10권이 있다.

overseas
[óuvərsì:z]
(부) 해외로

go overseas
해외에 가다.
travel overseas
외국으로 여행을 가다.

besides
[bisáidz]
(전) ~외에, ~에 더하여
(부) 게다가

Besides being a clergyman, he was a famous musician.
그는 성직자이면서 유명한 음악가이다.
She is clever and pretty besides.
그녀는 영리하고, 게다가 예쁘기까지 하다.

thereby
[ðɛ́ərbái]
(부) 그것에 의하여

He played the guitar late at night, and thereby enraged the neighbors.
그는 밤 늦게 기타를 연주해 이웃 사람들을 화나게 했다.

meanwhile
[mí:nwàil]
(부) 그 사이에, 한편

She was cooking : meanwhile I was cleaning.
내가 청소하는 동안 그녀는 요리를 하고 있었다.

lately
[léitli]
부 최근에, 요즈음

I haven't seen him lately.
요즘 나는 그를 보지 못했다.
He has been keeping early hours lately.
그는 최근에 일찍 자고 일찍 일어난다.

therefore
[ðɛərfɔːr]
부 그러므로, 따라서

I think : therefore I am.
나는 생각한다, 그러므로 나는 존재한다.
I missed the bus, and therefore went home on foot.
나는 버스를 놓쳐서, 걸어서 집에 갔다.

otherwise
[ʌðərwàiz]
부 그렇지 않다면, 다르게

Otherwise I could accept your invitation.
다른 경우라면 초대에 응하겠습니다만.
She says it's true, but I think otherwise.
그녀는 그것이 사실이라고 말하지만, 나는 그렇지 않다고 생각한다.

nevertheless
[nèvərðəlés]
부 그럼에도 불구하고

Jack is very busy : nevertheless, he reads a lot.
잭은 매우 바쁘다. 그럼에도 불구하고 책을 많이 읽는다.

accordingly
[əkɔ́ːrdiŋli]
부 따라서, 그러므로

I accordingly gave up my intention.
그래서 나는 내 의도를 포기했다.
He is a capable doctor, and is paid accordingly.
그는 유능한 의사여서, 그에 상응한 보수를 받고 있다.

furthermore
[fɔ́ːrðərmɔ̀ːr]
부 게다가, 더군다나

That restaurant is cheap, and furthermore, they serve good wine.
그 식당은 저렴한데다가 좋은 와인을 제공한다.

likewise
[láikwàiz]
부 마찬가지로

Korean songs are popular in Asian countries, and likewise Korean movies.
한국 노래는 아시아 국가에서 인기가 있으며, 한국 영화도 마찬가지이다.

including
[inklú:diŋ]

전 ~을 포함하여

Thirty were present, including the teacher.
선생님을 포함하여 30명 출석했다.

the price, including the tax
세금을 포함한 가격

hence
[héns]

부 그러므로

He gave heed to our advice, hence (came) his success.
그는 우리의 충고에 귀를 기울였기 때문에 성공했다.

despite
[dispáit]

전 ~에도 불구하고

We made a great profit despite the recession.
우리는 불황임에도 불구하고 많은 이익을 올렸다.

except
[iksépt]

전 이외에는
접 ~이지만, ~이 아니면

Everyone is ready except him.
그를 제외하고 모두 준비되어 있다.

I would go except it's too far.
가고 싶지만 너무 멀다.

via
[váiə/víːə]

전 ~을 거쳐, 경유해서
~을 통해서

go to Daejeon via Busan
대전을 경유하여 부산으로 가다.

via air mail
항공 우편으로

whereas
[hwέərǽz]

접 그런데, ~에 반하여

She is slender, whereas her sister is fat.
그녀는 날씬한데 반해 그녀의 여동생은 뚱뚱하다.

spontaneously
[spantéiniəsli]

부 자발적으로, 자연스러운

offer to help spontaneously
자진해서 돕겠다고 하다.

nonetheless
[nʌnðəlés]

부 그럼에도 불구하고

My room is in a mess, but I feel at home there nonetheless.
나의 방은 뒤죽박죽이지만, 그런데도 그곳에 있으면 편안하다.

301

수능&내신 1등급을 향해
영단어를 외워라

PART
3

final
VOCA
263

lookout
[lúkàut]
망보기, 경계

He kept a careful lookout for her.
그는 그녀를 주의깊게 감시하고 있다.
- be on the lookout (for) 망을 보고 있다
- keep a sharp lookout for 방심하지 않고 경계하다

navigation
[nævəgéiʃən]
항해, 항공

Ice stopped all navigation.
얼음이 얼어서 모든 항해가 멈추었다.
- ☑ navigate 통 항행(항해)하다, 조종하다
  navigator 명 항해자, (차의) 네비게이터
- navigate a river 강을 항해하다
- Arctic navigators 북극해 탐험가

foe
[fóu]
적, 원수

The two countries have united against their common foe.
그 두 나라는 공동의 적에 대항하기 위해 연합했다.
- political foe 정치적 적수 - foe of the health 건강의 적
※ enemy 보다 문학적인 말

sermon
[sə́:rmən]
설교, 잔소리

The minister gave us a sermon on forgiveness.
목사는 우리에게 용서에 대해 설교했다.
- deliver a sermon 설교하다

intuition
[ìntjuíʃən]
직관(력), 직감

I had an intuition that the man could not be trusted.
나는 그 남자가 믿을 수 없는 사람이라는 직감을 가졌다.
- ☑ intuitive 형 직관의
- intuitive faculty 직관력
- intuitive knowledge 직관적인 지식

vein
[véin]
정맥, 혈관

Blood flows along the veins to the heart.
혈액은 혈관을 따라 심장으로 간다.
- veins of quartz 석영 암맥

partition
[paːrtíʃən]
분할, 구분, 칸막이

Bill knocked three times on the glass partition which separated him from the driver.
빌은 자기와 운전자를 갈라놓은 유리 칸막이를 3번 두드렸다.
- Korea before partition 분단 전 한국

antipathy
[æntípəθi]
반감, 상극, 혐오

Oil and water have an antipathy.
기름과 물은 상극이다.
He has an antipathy to snakes very much .
그는 뱀을 아주 싫어한다.

eclipse
[iklíps]
(해, 달의) 식
빛의 상실, 실추, 쇠퇴

A total solar eclipse is one of nature's most impressive sights.
개기 일식은 자연이 만들어낸 가장 인상적인 광경 중 하나이다.
His fame has suffered an eclipse.
그의 명성은 실추되었다.
- lunar(solar) eclipse 월식(일식)
- partial(total) eclipse 부분(개기) 식

token
[tóukən]
표시, 기념품
대용 화폐

Malnutrition is a token of poverty.
영양 실조는 가난의 증거다.
Won't you please take this as a token of my thanks?
이것을 감사의 표시로 받아 주겠습니까?
- bus token 버스 토큰

vogue
[vóug]
유행, 인기 [형] 유행의

There is quite a vogue for Korean-made things.
한국산 물건이 크게 유행하고 있다.
- vogue of miniskirts 미니 스커트의 유행

asset
[æset]
유용한 것, 자산

Honest is his great asset.
정직은 그의 큰 장점이다.
Having a good memory for faces is a great asset in any job.
얼굴을 잘 기억하는 것은 큰 자산이다.
- assets and liabilities 자산 및 부채
- capital(fixed) assets 고정 자산
- intangible assets 무형 자산

catastrophe

[kətǽstrəfi]

대참사, 파국, 대단원

The flood was a catastrophe for the town.
홍수는 그 마을에 큰 재해였다.

- suffer a catastrophe 큰 재해를 입다

---

limb

[lím]

수족, 팔, 다리

He rested his tired limbs.
그는 피곤한 수족을 쉬었다.

- limb of a river 강의 지류
- be large of limb 사지가 길다

---

hazard

[hǽzərd]

위험, 사고

This is a hazard to your health.
이것은 너의 건강에 해로운 것이다.

- ☑ hazardous 혱 위험이 많은, 모험적인
- life full of hazards 위험이 가득 찬 생활

---

stature

[stǽtʃər]

키, 신장, 명성

He is six feet in stature.
그의 키는 6피트이다.

- man of high stature 키가 큰 사람

---

censorship

[sénsərʃip]

검열

There are plans for the censorship of news if war begins.
전쟁이 일어나면 뉴스에 대해 검열할 계획이 있다.

- ☑ censor 몡 (영화 따위의) 검열관
  censure 동 비난하다 몡 불신임, 비난

---

sanction

[sǽŋkʃən]

허가, 인가, 제재

It needs the sanction of the church.
그것은 교회의 허가를 필요로 한다.

- economic sanction 경제 제재
- penal sanction 형사상의 제재
- moral sanction 도덕적 구속

---

symmetry

[símətri]

(좌우)대칭, 조화, 균형

We admired the symmetry of the building's design.
우리는 조화로운 그 빌딩의 디자인에 감탄했다.

- ☑ symmetrical 혱 대칭의
  asymmetrical 혱 비대칭의
- symmetrical pattern 좌우 대칭의 모양

---

analogy

[ənǽlədʒi]

비유, 비슷함, 유추

I understood it by analogy.
나는 그것을 유추해서 이해했다.

☑ **analogous** 휑유사한 / **analogue** 몡유사물
   analog 휑아날로그식의

- analogy between the eye and the camera
  눈과 카메라의 유사함
- false analogy 그릇된 유추

segment

[ségmənt]

단편, 구분, 부분

People over the age of 65 make up the fastest-growing segment of the elderly.
65세 이상의 사람들이 노인 중에서 가장 빠르게 늘어난다.

- a segment of an orange 오렌지 한쪽

fragment

[frǽgmənt]

조각, 파편, 일부분

The vase broke into fragments.
꽃병이 산산조각 났다.

☑ **fragmentary** 휑단편적인

- fragmentary information 단편적 정보

brute

[brúːt]

짐승, 짐승 같은 사람

Men differ from brutes in that they can think and speak.
인간은 생각하고 말할 수 있는 점에서 짐승과 다르다.

☑ **brutal** 휑잔인한, 야만적인

- brute of a husband 냉혹한 남편
- brutal fact 엄연한 사실

toll

[tóul]

사용료, 통행료
사상자 수

They paid a toll to cross the bridge.
그들은 다리를 건너는 데에 통행료를 지불했다.

The death toll in the accident was fifty.
그 사고의 사망자 수는 50명이었다.

- charge a toll 사용료를 받다
- levy a toll 사용료를 부과하다

legacy

[légəsi]

(유언에 의한) 유산

His grandfather had left him a small legacy.
그의 할아버지는 그에게 적은 유산을 남겼다.

- legacy duty 유산세
- great legacies of thoughts 위대한 사상의 유산

※ legacy는 주로 동산, heritage는 부동산

counterpart

[káuntərpàːrt]

한 쌍의 한쪽
상대

The counterpart of man is woman.
남자와 짝을 이루는 것은 여자다.
Our president is the counterpart of your prime minister.
우리 대통령은 당신 나라의 총리에 해당된다.

delinquency

[dilíŋkwənsi]

태만, 불이행
범죄, 비행

Delinquency and drug addiction are more common in areas of high unemployment.
범죄와 마약 중독은 실업률이 높은 지역에서 더 흔하다.
- juvenile delinquency 청소년 비행

tact

[tǽkt]

약삭빠름, 재치, 요령

She had the tact to deal with the difficult situation.
그녀는 어려운 상황에 대처하는 재치가 있었다
☑ tactful 혱 재치있는, 약삭빠른
tactless 혱 재치없는, 서투른

dose

[dóus]

1회 복용량(투여량)

Take three doses a day.
하루에 3번 복용하라.
- lethal(fatal) dose 치사량
- in large doses 다량으로

agony

[ǽgəni]

몸부림, 고통

He was overwhelmed by a feeling of agony.
그는 괴로움에 휩싸였다.
☑ agonize 통 괴로워하다
- agony of mind 마음의 번민
- mortal agony 단말마의 고통
- agony of death 죽을 때의 고통

lapse

[lǽps]

(시간의) 경과
일탈, 사소한 실수

The town had completely changed after a lapse of thirty years.
30년에 걸쳐 그 마을은 완전히 변했다.
- lapse into crime 죄를 저지름
- lapse from virtue 타락
- lapse of memory 깜빡 잊음
- rapid lapse of time 시간의 빠른 경과

plight
[pláit]

곤경, 역경

They were in a miserable plight.
그들은 비참한 처지에 있었다.

What a plight to be in!
이거 참 곤란하게 되었군!

- be in a miserable plight 비참한 처지에 있다

---

diversity
[divə́:rsəti/dai-]

다양(성), 포괄성

There is a wide diversity of opinion on the question of unilateral disarmament.
일방적인 군비 축소라는 문제를 두고 매우 다양한 의견이 있다.

☑ diverse 〔형〕다양한

- diversity of opinions 다양한 의견
- diverse ideas 다양한 견해

---

axis
[ǽksis]

축, 회전축, 중심축

A day is the amount of time it takes the earth to rotate once on it's axis.
하루는 지구가 자전하는데 걸리는 시간이다.

- major(minor) axis (타원의) 장(단)축

※ 복수형은 axes

---

anatomy
[ənǽtəmi]

해부, 분석, 해부학

An understanding of human anatomy is important to a dancer.
인간 해부학에 대한 이해는 무용수에게 중요하다.

- comparative anatomy 비교 해부학
- anatomy of a crime 범죄의 분석
- anatomy of language 언어의 구조

---

assault
[əsɔ́:lt]

폭행, 공격, 비난
〔동〕~을 폭행하다
심하게 비난하다

At court they denied charges of assault and murder.
법정에서 그들은 폭행과 살인 혐의를 부정했다.

- make an assault on ~ ~을 맹공하다, 폭행을 가하다

---

ethics
[éθiks]

윤리, 윤리학

I don't know you were such a virtuous person with a keen sense of ethics.
당신이 그렇게 도덕심과 윤리 관념이 깊은 사람인 줄은 몰랐다.

- Christian ethics 기독교 윤리
- business ethics 상도덕

initiative

[iníʃiətiv]

계획, 결단력, 주도권

You have to show a little more initiative.
너는 좀 더 진취적인 모습을 발휘하지 않으면 안 된다.

- ☑ initate 통 ~를 시작하다, ~에 착수하다
  - initiation 명 개시, 창시, 창업
  - initial 형 처음의 명 머리글자, 첫 글자
- ● initiation ceremony 입회식, 창업식

satire

[sǽtaiər]

풍자, 해학

The play was a satire on political circles.
그 연극은 정계에 대한 풍자였다.

- ☑ satirical 형 풍자의
- ● satire on modern civilization 현대 문명에 대한 풍자

bias

[báiəs]

선입관, 성향
통 ~에게 편견을 갖게 하다

He is free from any bias.
그에게는 아무런 편견도 없다.

- ☑ biased 형 편파적인
- ● personal bias 개인적 편견
- ● anti-American bias 반미 사상
- ● biased outlook 편향된 견해(편견)

injection

[indʒékʃən]

주사, 주입

I had an injection in the left arm.
나는 왼팔에 주사를 맞았다.

- ☑ inject 통 주사하다, 주입하다

parasite

[pǽrəsàit]

기생충, 기생 동(식)물
통 ~에 기생하다

A parasite is an animal which lives on another.
기생충은 다른 것에 기생하는 동물이다.

- ☑ parasitic 형 기생의, 의존하는
- ● be parasitic on~ ~에 기생(의존)하다

moratorium

[mɔ́(:)rətɔ́:riəm]

지불 유예(정지), 모라토리움

The moratorium is voluntary for the time being.
지불 유예는 당분간 임의로 적용된다.

- ● moratorium on nuclear testing 핵실험의 일시적 정지

charisma

[kərízmə]

카리스마
비범한 통솔력

Winston Churchill was a statesman of great charisma.
윈스턴 처칠은 위대한 카리스마를 가진 정치가였다.

☑ **charismatic** 휑 카리스마적인, 교조적인

---

millennium

[miléniəm]

천년간
(상상의) 황금 시대

☑ **millenary** 휑 천년의
centennial 명 100주년 기념일 휑 100년에 한 번의

● **for a millennium** 천년 동안

※ 복수형은 millenniums, millennia

---

all-in

[ɔ́:lin]

모두를 포함한, 전면적인

We are all-in the same boat.
우리는 모두 같은 처지에 있다.

● **at the all-in rate** 모든 경비를 포함한

---

paradigm

[pǽrədim/-dàim]

패러다임, 전형적인 예(양식)
어형 변화

There is a need for a paradigm shift.
패러다임의 전환이 필요하다.

☑ **paradigmatic** 휑 모범이 되는

※ 패러다임은 본래 사상이나 과학 등을 규정하는 방법론·체계.
특정 시대의 이론적 틀을 말함

---

impeachment

[impíːtʃmənt]

탄핵, 고소, 고발

The mayor was impeached for taking a bribe.
시장은 뇌물을 받아 탄핵되었다.

☑ **impeach** 동 탄핵하다
impeachable 휑 탄핵(고발, 비난) 받을

---

parody

[pǽrədi]

패러디, 풍자
동 희화적으로 모방하다

The trial was a parody of justice.
그 재판은 정의를 우롱한 것이었다.

He is good at parodying Oscar Wilde.
그는 오스카 와일드의 패러디를 잘한다.

☑ **parodist** 명 패러디 작가

● **parody of a factory** 이름뿐인 공장

prescribe

[priskráib]

~을 규정(지시)하다
처방하다

He always prescribes to us what (we are) to do.
그는 늘 우리들에게 어떻게 할 것인지를 지시한다.
☑ **prescription** 명 처방전, 규정
● prescribe a remedy 치료법을 처방하다

enclose

[inklóuz]

~을 동봉하다, 에워싸다

I enclose a copy of my personal history by way of application.
신청서에 이력서를 동봉합니다.
☑ **enclosure** 명 둘러쌈, 울타리
● enclose a garden with a fence 정원을 울타리로 둘러싸다

steer

[stíər]

~을 조종하다
향하게 하다

The driver steered the bus into the street.
운전자는 거리로 버스를 몰았다.
● steer the conference 협의를 조종하다
● steer a ship westward 배를 서쪽으로 향하게 하다
● steering wheel (차의) 핸들

breed

[briːd]

(새끼)를 낳다, 사육하다
양육하다 명 품종, 혈통

He is breeding cattle on his farm.
그는 농장에서 소를 사육하고 있다.
● breed A a doctor A를 의사가 되도록 가르치다

expel

[ikspél]

~을 추방하다

Tom was expelled from school.
톰은 학교에서 퇴학 당했다.
● expel invaders 침입자를 격퇴하다
● be expelled from the school 퇴학당하다

recede

[risíːd]

물러나다, 희미해지다

The event receded into the dim past.
그 사건은 희미한 과거 속으로 잊혀져 갔다.
● recede from an agreement 계약을 철회하다

subdue

[səbdjúː]

~을 정복하다
억누르다, 가라앉히다

Mankind cannot subdue nature.
인류는 자연을 정복할 수 없다.
He subdued his fears.
그는 불안한 기분을 억눌렀다.

☑ subdued 혱 정복된, 억제된, 낮춘

- subdue nature 자연을 정복하다
- subdue one's vanity 허영심을 억누르다

compensate

[kámpənsèit]

~에게 보상하다
~을 보충하다

You'll have to work very hard today to compensate for the time you wasted yesterday.
어제 허비한 시간을 보상하려면 오늘 아주 열심히 일해야 할 것이다.

☑ compensation 몡 보상

- compensate A for loss A에게 손해 보상을 하다
- compensate A for his services A의 도움에 보답하다

soar

[sɔ́ːr]

날아오르다
(물가 따위가) 치솟다

The skylark soared up into the blue sky.
종달새는 푸른 하늘 높이 날아올라 갔다.
The cost of living has soared.
생활비가 많이 든다.

☑ soaring 몡 상승 혱 상승하는

embark

[imbáːrk]

승선하다, 싣다
(사업에) 착수하다

Bill embarked at San Francisco for Hawaii.
빌은 샌프란시스코에서 하와이 행에 승선했다.

- embark at Busan 부산에서 승선하다
- embark cargo 뱃짐을 싣다
- embark upon a business 실업계에 진출하다

linger

[líŋɡər]

남다, 더 오래 머물다
서성대다

He lingered after all had gone.
모두 떠난 뒤에도 그는 꾸물거리고 있었다.
The summer heat lingers on till mid- September every year.
매년 여름 더위가 9월 중순까지 남아 있다.

☑ lingering 혱 오래 가는

- Customs linger on 습관은 쉽게 없어지지 않는다.

bruise

[brúːz]

멍들다, 상처나다
몡 타박상, 멍

The blow bruised my arm.
그 타격으로 팔에 멍이 들었다.

My words bruised his feelings.
내 말에 그는 기분이 상했다.

---

banish

[bǽniʃ]

~을 (국외로) 추방하다

The ruler was overthrown and banished from the country to an island.
그 통치자는 타도되어 나라에서 섬으로 추방되었다.

☑ **banishment** 몡 추방

---

accommodate

[əkámədèit]

~을 수용하다
~의 편의를 도모하다
적응시키다

My house can accommodate 20 guests.
나의 집은 20명의 손님을 수용할 수 있다.

☑ **accommodation** 몡 수용 능력, 적응

● accommodate a friend 친구의 편의를 도모하다

---

evade

[ivéid]

피하다(모면하다)
회피하다

Jack tried to evade paying his taxes.
잭은 세금을 피하려고 시도했다.

☑ **evasive** 혱 도피적인, 책임 회피의
　evasion 몡 도망, 회피

● evade confrontation 대결을 피하다
● evade a question 질문을 회피하다(얼버무리다)

---

dwell

[dwél]

살다, 거주하다
(마음속에) 남아 있다

Don't dwell on your past mistakes!
과거의 실패에 연연하지 마라.

☑ **dwelling** 몡 주거, 주택

● dwell on~ ~을 자세히 설명하다, 깊이 생각하다
● dwell at home 국내에 거주하다
● dwell in happiness 행복하게 지내다

※ 문어적인 말. live가 보통

---

torture

[tɔ́ːrtʃər]

~을 고문하다
몹시 괴롭히다
몡 고문, 심한 고통

Some prisoners were tortured to death.
포로 중에는 고문으로 죽은 자도 있었다.

My arm tortures me.
팔이 몹시 아프다.

inflict

[inflíkt]

(싫은 것)을 짊어지우다
(고통 따위)를 가하다

We inflicted heavy damage on the enemy.
우리는 적에게 막대한 피해를 주었다.

- inflict a blow 일격을 가하다
- inflict a punishment 형벌을 부과하다

torment

[tɔ́:rment]

심한 고통을 주다, 괴롭히다
명 고통, 고뇌

I was tormented by my responsibility.
나는 책임감으로 몹시 괴로웠다.

- be tormented with a violent headache
  심한 두통에 시달리다
- be tormented by flies 파리떼에 시달리다

precede

[prisí:d]

~에 앞에 가다
우선하다

Wind preceded the rain.
비가 오기 전에 바람이 먼저 불었다.

His car preceded ours by two.
그의 차는 우리 차보다 두 대 앞서 있다.

- ☑ preceding 형 앞의, 전술한
  precedent 명 선례, 전례
- according to precedent 선례에 따라서

desert ²

[dizə́:rt]

버리다, 탈영하다
(주의) 사막[dézə:rt]

She made up her mind to desert her family and run away with him.
그녀는 가족을 버리고 그와 도망갈 결심을 했다.

- ☑ deserted 형 황량한, 버림받은
- desert one's family 가족을 버리다
- desert from the barracks 탈영하다
- deserted village 인적이 드문 마을

persecute

[pə́:rsikjú:t]

~를 박해하다, 학대하다

The people were persecuted for their religion.
그 사람들은 종교 때문에 박해를 받았다.

- ☑ persecution 명 박해

confine

[kənfáin]

~을 한정하다, 가두다

Confine your efforts to your work.
너의 일에만 집중하려고 노력해라.

- ☑ confinement 명 감금
- confine oneself to~ ~에 틀어박히다, ~에 국한하다
- confine a convict in jail 죄수를 교도소에 감금하다

emancipate

[imǽnsəpèit]

해방하다, 석방하다

Abraham Lincoln emancipated the slaves.
아브라함 링컨은 노예들을 해방시켰다.

- emancipate women 여성을 해방하다
- emancipate slaves 노예를 해방하다
- emancipate oneself from debt 빚에서 벗어나다

corrupt

[kərʌ́pt]

~을 부패시키다
타락하다
형 타락한, 부패한

The corrupted and crooked are beneath contempt.
타락하고 부패한 사람들은 경멸할 가치도 없다.

- corrupt chastity 순결을 타락시키다
- corrupt public morals 풍기를 문란케 하다
- corrupt government 부패한 정부
- corrupt official 부패한 공무원

adhere

[ædhíər]

들러붙다, 점착하다
고수하다

Wax adhered to the finger.
밀랍이 손가락에 붙었다.

She failed to adhere to her original purpose.
그녀는 원래 목적을 고수하지 못했다.

☑ adherence 명 고수
adhesive 형 들러붙는 명 접착제
- adhesive tape 접착 테이프

dictate

[díkteit]

받아쓰게 하다, 구술하다
명령하다

The English teacher likes to dictate a long sentence to the class.
영어 선생님은 수업에서 긴 문장을 받아쓰게 하기를 좋아하신다.

☑ dictator 명 독재자
dictation 명 받아쓰기, 명령

puzzle

[pʌ́zl]

당황케하다, 혼란시키다
명 난문, 퍼즐

Her tears puzzled me.
그녀의 눈물이 나를 난처하게 했다.

- be very puzzled 전혀 어찌할 바를 모르다
- produce a puzzle 퍼즐을 출제하다

disclose

[disklóuz]

~을 폭로하다
드러내다

He disclosed the secret to his friend.
그는 친구에게 비밀을 털어 놓았다.

☑ disclosure 명 폭로, 발각
- disclose a secret 비밀을 폭로하다
- disclose a cipher 암호를 폭로하다

316

yearn
[jə́ːrn]
동경하다, 갈망하다

The children yearned for affection.
어린이들은 애정을 갈구했다.
- yearn for home 고향을 그리워하다
- yearn over ~ ~에게 마음이 끌리다

perplex
[pərpléks]
당황하게 하다

His strange silence perplexes me.
그의 침묵이 나를 당황하게 한다.
☑ perplexity 몡 당혹

※ puzzle보다 불안한 기분의 의미가 강하다.

bewilder
[biwíldər]
~을 혼란시키다
당황하게 하다

A customer was bewildered by the wide choice of jogging shoes available in the store.
고객은 상점에서 살 수 있는 조깅화의 선택 폭이 넓어서 당황했다.
☑ bewilderment 몡 당황, 혼란
- in bewilderment 당황(당혹)하여

overtake
[òuvərtéik]
추월하다, 따라잡다

They overtook him at the entrance.
그들은 입구에서 그를 추월했다.
No overtaking 추월 금지

shriek
[ʃríːk]
비명을 지르다
악을 쓰며 말하다
몡 비명

The nurse shrieked out a warning.
간호사는 소리를 질러서 주의를 주었다.
- shriek out a warning 소리를 질러 경고하다
- shriek with pain 아파서 비명을 지르다
- give a shriek 비명을 지르다

※ scream보다 날카로운 소리

adore
[ədɔ́ːr]
~을 숭배하다
무척 좋아하다

The students adore teacher Miss White.
학생들은 화이트 선생님을 존경하고 있다.
☑ adoration 몡 숭배
adorable 혱 숭배할 만한, 사랑스러운
- adore God 신을 숭배하다
- adore swimming 수영을 매우 좋아하다

gasp

[gǽsp]

헐떡거리다
헐떡이며 말하다 명 숨참

She gasped for breath.
그녀는 숨을 헐떡거렸다.

I gasped with rage.
나는 화가 나서 숨이 막혔다.

● gasp with horror 공포에 숨이 막히다

---

dissuade

[diswéid]

그만두게 하다
~하지 않도록 설득하다

They tried to dissuade him from his purpose, but in vain.
그들은 그의 결의를 단념시키려고 했지만 허사였다.

☑ **dissuasion** 명 설득하여 그만두게 하기

● dissuade A from~ A를 설득해서 ~못하게 하다

---

stammer

[stǽmər]

말을 더듬다
명 말더듬이

The boy stammered an apology to his teacher.
그 소년은 선생님께 더듬거리며 사과했다.

● stammer badly 말을 몹시 더듬다

※ 일시적인 흥분 따위로 말을 더듬는 것

---

stutter

[stʌ́tər]

더듬거리며 말하다
명 말더듬기, 중얼거리기

When I was a small boy, I began to stutter.
내가 어렸을 때, 말을 더듬기 시작했다.

※ 습관적으로 더듬는 것

---

defy

[difái]

~을 무시하다
감히 도전하다

Helen Keller was blind, deaf and dumb but defied the handicap to be a great woman.
헬렌 켈러는 장님에다 귀머거리에다 벙어리였지만, 장애를 극복하고 위대한 여성이 되었다.

☑ **defiant** 형 도전적인
   defiance 명 반항적 태도, 무시

● defy an enemy 적에 반항하다
● defy public opinion 여론을 무시하다
● defy comparison 비교가 되지 않다

---

enlighten

[inláitn]

~을 계몽하다
~에게 가르치다

Some stories warn : others enlighten.
이야기 중에는 경종을 울리는 것도 있는가 하면 계몽하는 것도 있다.

☑ **enlightenment** 명 계몽

● enlighten inhabitants 주민을 계몽하다

grin

[grín]

방긋 웃다
(고통 따위로) 이를 드러내다

"Wait till you hear this." he said, grinning.
"이걸 들을 때가지 기다려요"라고 그가 웃으면서 말했다.

- grin with delight 방글거리며 웃다
- grin at ~ ~을 보고 방긋 웃다

clench

[kléntʃ]

(이)를 악물다, 꽉 쥐다
명 악물기, (권투의) 클린치

Tom clenched his fist and waved it angrily at the girls.
탐은 화가나서 그 소녀들을 향해 주먹을 휘둘렀다.

- clench one's teeth 이를 악물다, 굳게 결심하다
- clench a bargain 계약을 체결하다

glare

[gléər]

노려보다
명 노려보기, 눈부신 빛

The lion glared at it's prey.
사자는 먹이를 노려보았다.

- glare of the footlights 눈부신 각광, 화려한 무대

provoke

[prəvóuk]

~을 화나게 하다
자극하다, 일으키다

His insulting words provoked her.
그의 모욕적인 말이 그녀를 자극했다.

☑ provocative 형 자극적인

- provoke a dog 개를 약올리다
- provoke a riot 폭동을 선동하다
- provoke an appetite 식욕을 자극하다
- provocative manner 자극적인 태도
- provocative movie 자극적인 영화

manipulate

[mənípjulèit]

~를 잘 다루다
(사람, 사물) 조작하다

He manipulated the account to conceal his theft.
그는 자기의 도둑질을 감추기 위해 장부를 조작했다.

☑ manipulation 명 조작, 조종

- manipulate levers 지렛대를 조작하다
- manipulate the press 언론을 조작하다
- manipulate voting 투표를 조작하다

concede

[kənsíːd]

~을 (마지 못해) 인정하다
양보하다

He conceded to us that he was wrong.
그는 우리들에게 자신이 틀렸다고 인정했다.

- concede defeat 패배를 인정하다
- concede to ~ ~에게 양보하다

insert

[insə́:rt]

~을 삽입하다, 게재하다

The boy inserted a key in the lock.

소년은 자물쇠에 열쇠를 넣었다.

☑ insertion 명 삽입

- insert a coin into the slot 구멍에 동전을 넣다

---

slap

[slǽp]

~을 찰싹 치다 명 찰싹 치기

He slapped his hand on the table.

그는 손으로 책상을 탁 쳤다.

- at a slap 갑자기, 돌연

---

retrieve

[ritrí:v]

~을 회수하다
되찾다, 검색하다

You can retrieve necessary information in a matter of seconds on this computer.

이 컴퓨터로 순식간에 필요한 정보를 검색할 수 있다.

☑ retrieval 명 회복, 만회, 검색

- retrieve freedom 자유를 되찾다
- retrieve one's honor 명예를 회복하다
- information retrieval 정보 검색

---

evaporate

[ivǽpərèit]

증발하다, 사라지다

Water evaporates when it is heated.

물은 열을 받으면 증발한다.

☑ vapor 명 증기

- evaporate water 물을 증발시키다

---

succumb

[səkʌ́m]

굴복하다, 쓰러지다

He succumbed to temptation.

그는 유혹에 넘어갔다.

- succumb under misfortunes 비운에 울다
- succumb to pneumonia 폐렴으로 쓰러지다

---

summon

[sʌ́mən]

~을 호출하다, 소환하다
(용기 등을 어렵게) 내다

He was summoned to appear in court.

그는 법정에 소환되었다.

- summon parliament 국회를 소집하다
- summon the accused 피고를 소환하다
- summon up all one's strength 있는 힘을 다 내다

---

reinforce

[rì:infɔ́:rs]

~을 보강하다, 강화하다

The city decided to reinforce the old bridge.

도시는 그 낡은 다리를 보강하기로 결정했다.

- reinforce the defense 방어를 강화하다
- reinforced concrete 철근 콘크리트

comply
[kəmplái]

따르다, 동의하다

He complied with a bad grace.
그는 마지못해 동의했다.

☑ compliance 몡 승낙
- comply with one's request ~의 요구에 응하다
- comply with a rule 규칙에 따르다

revolt
[rivóult]

반란을 일으키다
반감을 가지다

The people revolted against the queen.
국민은 여왕에 대해 반란을 일으켰다.

- revolt against a dictator 독재자에게 항거하다

recur
[rikə́:r]

재발하다, 되살아나다
되돌아가다

His former mistake recurred to him.
전에 실패했던 일이 다시 그의 머리에 떠올랐다.

☑ recurrence 몡 반복, 재발
- recur to the matter of cost 비용 문제로 돌아가다
- recurring decimal 순환 소수

moan
[moun]

신음하다, 불평을 말하다
몡 신음, 불평

He's always moaning that he is too busy.
그는 너무 바쁘다고 늘 불평하고 있다.

- moan one's grief 구슬프게 신음 소리를 내다

discern
[disə́:rn]

~을 식별하다, 분간하다

A cat distinctly discerns things in the darkness.
고양이는 어둠 속에서 사물을 뚜렷이 구별한다.

☑ discernible 휑 인식할 수 있는
- discern a deep meaning of life 삶의 깊은 의미를 깨닫다

dispense
[dispéns]

~를 나누어 주다, 베풀다
조제하다

The restaurant dispensed the leftovers for free.
그 식당은 남은 음식을 공짜로 나누어 주었다.

☑ dispensation 몡 분배, 면제
- dispense a prize 상을 주다
- dispense justice 법을 집행하다

detest
[ditést]

~을 증오하다
몹시 싫어하다

He detests speaking in public.
그는 여러 사람들 앞에서 말하기를 매우 싫어한다.

☑ detestable 휑 몹시 증오하는
- detest hypocrisy 위선을 혐오하다

damn
[dǽm]

저주하다, 비난하다
명 제기랄

Her father said "Damn" when he had heard it.
그녀의 아버지는 그 말을 듣자, "빌어먹을"이라고 말했다.
☑ damned 형 저주받은, 지독한

intervene
[ìntərvíːn]

개입하다, 중재하다

The governor intervened between the two
(in the dispute).
주지사는 두 사람의 (논쟁을) 중재했다.
☑ intervention 명 중재, 간섭
● intervene in a contention 논쟁을 중재하다
● intervene in a dispute 분쟁을 중재하다

drown
[dráun]

~을 물에 빠뜨리다
익사하다

20 ships were wrecked and 2,000 men drowned.
20척의 배가 난파하고, 2,000명이 익사했다.
● drowned body 익사체
● be drawned to death 익사하다
● drown oneself in a river 강에 몸을 던지다

erase
[iréis/iréiz]

지워 없애다

The teacher told the children to erase their names
on their papers.
선생님은 아이들에게 종이에 써 있는 자기 이름을 지우라고 말했다.
☑ eraser 명 지우개
● erase a hope from one's mind 희망을 버리다

smother
[smʌ́ðər]

~을 질식시키다
은폐하다, 억누르다

The serious scandal was smothered up.
심각한 스캔들은
● be smothered with smoke 연기로 숨이 막히다
● smother a fire with ashes 재를 덮어 불을 끄다

322

choke

[tʃóuk]

~을 질식시키다
숨이 막히다

The man choked the woman to death.
남자는 그 여자 목을 졸라 죽였다.
She was choked with tears.
그녀는 눈물로 목이 메었다.

- choke with smoke 연기로 숨이 막히다
- choke on one's food 음식이 목에 걸리다

---

enchant

[intʃǽnt]

황홀하게 만들다
마법을 걸다

Lorelei on the rock enchanted the boatmen with her fascinating melodies.
바위 위의 로렐라이는 매혹적인 노랫소리로 뱃사람들을 황홀케 하였다.

- ☑ enchantment 명 매력, 마법, 황홀

---

supersede

[sùːpərsíːd]

~을 대신하다, 바꾸다

The radio has been superseded by the TV.
라디오는 텔레비전으로 대체되었다.

- supersede Mr. A with Mr. B
  A씨를 경질하고 B씨를 취임시키다

---

degrade

[digréid]

~의 지위(품위)를 떨어뜨리다
좌천하다

This ad degrades women.
이 광고는 여성의 품위를 떨어뜨린다.

- degrade a captain to the ranks
  대위를 사병으로 강등시키다

---

dedicate

[dédikèit]

~를 바치다, 봉헌하다
전념하다

The original sports were rituals dedicated to gods and goddesses.
원래 스포츠는 신과 여신에게 바치는 의식이었다.

- dedicate one's life to~ ~에 생애를 바치다

---

console

[kənsóul]

~을 위로하다

Nothing could console her grief.
아무것도 그녀의 슬픔을 달랠 수는 없었다.

- ☑ consolation 명 위로
- console one's grief 슬픔을 위로하다

squeeze

[skwiːz]

짜다(쥐다), 짜내다
압박하다
몡 압착, 짜내기

He took her hands in his, and squeezed them.
그는 그녀의 손을 꼭 쥐었다.

- squeeze the water out 물을 짜내다
- squeeze one's hand ~의 손을 꽉 쥐다

---

avenge

[əvéndʒ]

복수하다

Hamlet avenged his father's death.
햄릿은 아버지의 원수에게 복수하다.

☑ vengeance 몡 복수

- avenge oneself on~ ~에게 복수하다
- avenge an insult 모욕에 앙갚음하다

---

repay

[ripéi]

돈을 갚다, 보답하다

When will you repay me the money?
언제 나에게 돈을 갚을 거니?

- repay a debt 빚을 갚다
- repay ~ for his kindness ~의 친절에 보답하다
- repay a visit 답례 방문하다

---

deteriorate

[ditíəriərèit]

악화되다

The political situation in Spain has deteriorated markedly.
스페인의 정치 상황은 현저히 악화되었다.

☑ deterioration 몡 악화, 타락, 퇴보

---

underlie

[ʌndərlái]

~의 밑에 있다
기초가 되다

What underlies his theory is cheap hero worship.
그의 이론 밑바닥에는 값싼 영웅 숭배가 있다.

※ 동사 활용 underlie - underlay - underlain : underlying

---

flush

[flʌʃ]

확 붉어지다, 달아오르다
왈칵 흐르다

Her face flushed a rosy red.
그녀의 얼굴은 홍당무가 되었다.

In public toilets, Chinese are constantly flushing!
공중 화장실에서, 중국인들은 계속 물을 내린다.

- be flushed with anger 화가 나서 얼굴이 빨개지다
- flush the toilet 수세식 화장실의 물을 내리다

dazzle

[dǽzl]

눈을 부시게 하다
감탄시키다
몡 눈부심, 현혹

The sunlight at the seashore almost dazzled us.
해변의 햇빛은 눈이 부셔서 눈이 멀 정도였다.

☑ dazzling 혱 눈부신, 현혹시키는

blush

[blʌʃ]

얼굴을 붉히다
부끄러워하다

He blushed for shame.
그는 창피스러워서 얼굴이 빨개졌다.
I blushed at my ignorance.
내 자신의 무식이 창피스러웠다.

● I blush to own that~ 부끄럽습니다만 ~
● blush like a girl 소녀처럼 얼굴이 빨개지다

paralyze

[pǽrəlàiz]

~을 마비시키다
무력하게 하다

Train service was paralyzed by the snow.
눈 때문에 열차가 마비되었다.

☑ paralysis 몡 마비
● be paralyzed in both legs 두 다리가 마비되다

inherit

[inhérit]

상속하다, 물려받다

He inherited his father's estate.
그는 아버지 재산을 상속 받았다.

☑ inheritance 몡 상속(재산)
● inherit a fortune 재산을 상속하다

resume

[rizú:m/-zjú:m]

~를 다시 시작하다
다시 차지하다

Let us resume reading where we left off last month.
지난 달 끝마친 곳에서 다시 읽기 시작합시다.

● resume ~ing 다시 ~하다
● resume navigation 항해를 재개하다
● resume the meeting 회의를 재개하다
● resume one's seat 자리로 돌아가다

detach

[ditǽtʃ]

~을 떼어놓다, 분리시키다

Don't detach the key from the chain.
수갑에서 열쇠를 빼지 말아라.

☑ detached 혱 떨어져 있는, 초연한
　 detachment 몡 분리, 이탈, 초연함
● detach oneself from~ ~에서 이탈하다, 떨어지다

reassure

[rì:əʃúər]

~을 안심시키다
확신시키다

The doctor's remarks reassured the patient.
그 의사의 말이 환자를 안심시켰다.

- reassure oneself (~에 대하여) 안심하다

extract

[ikstrǽkt]

~를 빼내다, 발췌하다
몡 추출물

Cotton seeds are crushed to extract large quantities of valuable oil.
목화씨는 짓눌려져 대량의 귀중한 기름으로 추출된다.

- extract a tooth 이를 뽑다
- extract the cork from a bottle 병 마개를 뽑다
- extract essence 진액을 추출하다

foresee

[fɔːrsíː]

~을 예감하다
선견지명을 갖다

No one can foresee what will happen next.
다음에 무엇이 일어날지 아무도 예견할 수 없다.

- foresee the future 앞을 내다보다

foretell

[fɔːrtél]

~을 예고(예언)하다
전조를 보내다

Nostradamus foretold the several futures.
노스트라다무스는 몇 가지 미래를 예언했다.

- foretell the future 미래를 예언하다

※ 동사 활용 foretell - foretold - foretold : foretelling

infer

[infɔ́ːr]

~을 추론하다
추측하다

I inferred from his facial expression that he was unwilling to accept the suggestion.
나는 그의 표정에서 그가 그 의견에 부정적이라고 추측했다.

☑ inference 몡 추리, 추론

- infer from A that~ A에서 ~을 추론하다
- infer an unknown fact from a known fact
  알려진 사실에서 미지의 사실을 추측하다
- by inference 추론하여

deduce

[didjúːs]

추론하다, 연역하다

From this we deduce a method for the construction.
이것을 바탕으로 우리는 그 건설 방법을 추론한다.

☑ deduction 몡 추론

326

transplant

[trænsplǽnt]

이식하다, ~을 옮기다
명 이식 수술

If a surgeon operated quickly enough, a heart that has stopped in one body can be removed and transplanted into another.

외과의사가 재빨리 수술을 할 수 있다면 사람의 몸에서 멈춘 심장을 꺼내 다른 사람에게 이식할 수 있다.

- heart transplant 심장 이식
- organ transplant 장기 이식

warrant

[wɔ́(:)rənt]

~을 보증하다
명 증명서, 근거

This diamond is warranted genuine.

이 다이아몬드는 정품임을 보증한다.

☑ warranty 명 보증(서)

- warrant high quality 고품질을 보증하다
- warrant quality 품질 보증
- under warranty 보증 기간 중에

attest

[ətést]

증명하다, 증언하다

His ability was attested by his rapid promotion.

그의 재능은 빠른 승진으로 증명되었다.

- attest to~ ~을 증명하다

enroll

[inróul]

입학(입대)하다, 등록하다

About 500 students will enroll in our school next year.

내년은 약 500명의 학생이 우리 학교에 입학할 예정이다.

- be enrolled in~ ~에 들어가다
- enroll a voter 유권자를 등록하다
- enroll a student in a college 학생을 입학시키다

cite

[sáit]

~을 인용하다
소환하다

According to an article which the professor cited, we are at the door of the medical computer revolution.

교수가 인용한 기사에 의하면, 우리는 의료 컴퓨터 혁명의 문턱에 와 있다.

☑ citation 명 인용(문), 표창장

ally

[əlái]

동맹을 맺다
명 동맹국, 연합국

Kerry and Judy allied themselves with the union against the management.

케리와 주디는 경영진에 대항하기 위해 노동 조합에 가입했다.

- be allied with~ ~와 동맹(결연)하다

quote
[kwóut]

~을 인용하다

This instance was quoted as important.
이 예가 중요한 것으로 인용되었다.

☑ **quotation** 명인용(문)

● quote Milton 밀턴의 시를 인용하다

---

transform
[trænsfɔ́ːrm]

~를 바꾸다, 변형시키다

She transformed her daughter completely new.
그녀는 딸을 완전 새로운 모습으로 바꾸어 놓았다.

☑ **transformation** 명변형

● transform A into B A를 B로 변신시키다

---

denote
[dinóut]

~을 나타내다
표시(상징)하다

'A' denotes the highest level of achievement.
'A'는 가장 높은 수준의 성적을 나타낸다.

☑ **denotation** 명표시, 지정
   denotative 형표시하여

---

drain
[dréin]

서서히 배출하다
소모시키다
명 배수구

She drained the tank of oil.
그녀는 탱크에 있는 기름을 뺐다.

● drain pipe 배수관
● drain a house 집에 배수 설비를 하다
● drain a glass 잔을 비우다

---

molest
[məlést]

~을 괴롭히다
성추행을 하다

She was molested when walking home from the bus.
그녀는 버스에서 내려 집으로 오다가 성추행을 당했다.

☑ **molestation** 명간섭, 방해, 추행
   molester 명치한

---

expire
[ikspáiər]

만료되다, 끝나다, 죽다

My driver's license will expire next week.
내 운전면허증은 다음 주에 기한이 만료된다.

☑ **expiry** 명만료, 만기

---

soak
[sóuk]

스며들다, 흠뻑 적시다

The rain soaked the ground.
비가 땅을 흠뻑 적셨다.

● soak oneself in ~ ~에 전념하다

---

dip

[díp]

살짝 담그다(적시다)
명 담김

He dipped his hands on the basin.
그는 양손을 세면기에 살짝 담갔다.
- dip a cloth 천을 담가서 염색하다
- dip the bread in the milk 빵을 우유에 살짝 적시다

fade

[féid]

(색깔이) 바래다
사라지다, 시들다

The color of this blouse fades when it is washed.
이 블라우스는 세탁하면 색이 바랜다.
The light has faded.
빛이 사라져버렸다.
- fade away 사라지다

negotiate

[nigóuʃièit]

~을 협상하다, 결정하다
극복하다

They negotiated with their employer about(on) their wages.
그들은 고용주와 임금에 대하여 협상했다.
The small country negotiated a treaty with it's neighbor.
그 소국은 이웃 나라와 조약을 체결했다.
☑ negotiation 명 교섭, 협상
- negotiate with A on~ A와 ~에 관해 협상하다
- negotiations on trade 무역 협상

addict

[ǽdíkt]

빠지게 하다, 중독되다
명 중독자

He was addicted to golf.
그는 골프에 빠졌다.
- addict oneself to ~ ~에 빠지다, 몰두하다
- be addicted to ~ ~에 빠지다, 중독되다
- drug addict 약물 중독자   • golf addict 골프광

suck

[sák]

~을 빨다, 핥다

The child was sucking his thumb.
그 아이는 엄지 손가락을 빨고 있었다.
- suck the breast 젖을 빨다
- suck one's finger 손가락을 빨다

avert

[əvə́:rt]

~을 돌리다, 방지하다
피하다

She averted her eyes from his stare.
그녀는 그의 시선으로부터 눈을 돌렸다.
☑ aversion 명 혐오
- avert the accident 사고를 피하다

abstain [əbstéin] 자제하다, 기권하다	The doctor has ordered the patient to abstain from wine. 의사는 환자에게 와인을 자제하라고 주문했다. ● abstain from drinking 술을 끊다 ● abstain from voting 투표를 기권하다 ※ refrain보다 장기간에 걸쳐 그만두는 것
allege [əlédʒ] (근거 없이) 주장하다	They alleged that Mr. Michael was guilty. 그들은 마이클씨가 유죄라고 주장했다. ☑ allegedly 團 주장하는 바에 따르면 ● allege a fact 사실을 주장하다
retort [ritɔ́ːrt] 대꾸하다, 반박하다 團 말대꾸	He retorted my question was not worth answering. 그는 나의 질문이 대답할 가치가 없다고 반박했다. ● retort a sarcasm on~ ~에게 야유로 대구하다 ● retort blow for blow 맞고 되받아치다
emit [imít] (빛 따위)를 내뿜다 (소리)를 내다	The sun emits radiation that is absorbed by plants as energy. 태양은 식물이 에너지로 흡수하는 방사선을 발산한다. ☑ emission 團 방사, 발산 ● emit a scream 날카롭게 소리치다 ● emit rays 빛을 방출하다
plunge [plʌ́ndʒ] 뛰어들다, 돌입하다 급락하다	The mercury plunged to minus 12°C in Seoul yesterday. 어제 서울에서는 수은주가 영하 12도로 내려갔다. ● plunge into a river 강에 뛰어들다 ● plunge down a slope 언덕을 뛰어내리다 ● plunge into war 전쟁에 돌입하다
exasperate [igzǽspərèit] ~을 안달나게 하다 몹시 화나게 하다	Now I was becoming exasperate. 나는 매우 화가 나기 시작했다. ☑ exasperation 團 안달, 분개 ● be exasperated against~ ~에게 성내다 ※ irritate보다 의미가 강하다

barter

[báːrtər]

물물교환하다
명 물물 교환, 교역

The colonists bartered with the natives for fur.
개척자들은 원주민들과 모피를 물물 교환했다.

- exchange and barter 물물교환
- barter furs for powder 모피를 화약과 교환하다

swell

[swél]

부풀다, 부어오르다
명 팽창, 증가 형 멋진

All the streams have swollen since the thaw.
해빙기를 맞아 모든 시냇물이 불어났다.

- swell in population 인구 팽창
- swell hotel 품격 있는 호텔
- swell party 멋진 파티

reside

[rizáid]

거주하다, 주재하다

They are residing abroad.
그들은 해외에 거주하고 있다.

☑ residence 명 주택, 주거, 거주
  resident 명 거주자
  residential 형 주택용의, 거주의

※ live보다 형식적인 말

discriminate

[diskrímənèit]

차별하다, 식별하다

You can't imagine what it is like to be discriminated against.
차별 받는 것이 어떤 것인지 너는 상상할 수 없을 것이다.

☑ discrimination 명 구별, 차별 대우
  discriminatory 형 차별적인

- discriminate against~ ~를 차별 대우하다
- discriminate among synonyms 동의어를 구별하다

verify

[vérəfài]

~을 검증하다, 입증하다

Subsequent events verified our testimony.
그 후의 사건으로 우리의 증언이 진실임이 밝혀졌다.

- verify a hypothesis 가설을 입증하다

ferment

[fɔ́ːrment]

~를 발효시키다
명 효소, 효모, 발효

Fruit juices are apt to ferment in summer.
과일 주스는 여름에 발효되기 쉽다.

☑ fermentation 명 발효(작용)

베이직 영단어 1000 | 레벨업 영단어 547 | **파이널 영단어 263**

331

divert

[divɔ́ːrt]

(생각, 관심) 다른 데로 돌리다
~의 기분을 전환케 하다

He diverts himself in playing chess.
그는 체스를 두며 기분전환을 한다.

☑ **diversion** 명 빗나가게 하기, 기분 전환

- divert one's vigilance 주의를 돌리다
- divert a river from it's course 강의 물줄기 방향을 바꾸다
- divert A from his cares A의 근심을 달래주다

---

shrink

[ʃriŋk]

줄다, 수축하다

Inflation has caused the dollar to shrink.
인플레이션으로 달러의 가치가 내려갔다.

- shrink in the wash 세탁할 때 줄어든다

※ 동사 활용 : shrink - shrank - shrunk

---

swallow

[swálou]

~을 삼키다, 감수하다
빨아들이다

He hurriedly swallowed the rest of his sandwich.
그는 허겁지겁 남은 샌드위치를 삼켰다.

- swallow a pill 알약을 삼키다

품사의 전환

불규칙적인 복수형

brother 동포	▶ brethren
child 어린이	▶ children
ox 숫소	▶ oxen
foot 발	▶ feet
goose 거위	▶ geese
tooth 이	▶ teeth
mouse 생쥐	▶ mice
louse 이, 기생충	▶ lice
sheep 양	▶ sheep
man 남자	▶ men
woman 여자	▶ women
fireman 소방수	▶ firemen
gentleman 신사	▶ gentlemen
focus 초점	▶ focuses, foci
genus 속, 부류	▶ genera
index 색인	▶ indexes, indices
datum 자료	▶ data
medium 중간, 매개	▶ media
terminus 종점	▶ termini
criterion 표준	▶ criteria
phenomenon 현상	▶ phenomena
analysis 분해	▶ analyses
basis 기초	▶ bases
crisis 위기, 전기	▶ crises
oasis 오아시스	▶ oases

의미가 달라지는 복수형

air 공기	▶ airs 뽐냄
ash 재	▶ ashes 유해
chain 고리	▶ chains 감금
custom 습관	▶ customs 세관
effect 효과	▶ effects 재산, 물건
good 이익	▶ goods 상품, 물품
honor 명예	▶ honors 우등

letter 문자	▶ letters 문학
manner 방법, 방식	▶ manners 예절
moral 도덕, 교훈	▶ morals 품행
pain 고통	▶ pains 애씀, 노고
part 부분	▶ parts 재능, 부품
physic 의학	▶ physics 물리학
quarter 4분의 1	▶ quarters 숙소
regard 존경	▶ regards 문안 인사
return 돌아감	▶ returns 반품
sand 모래	▶ sands 사막
spectacle 광경	▶ spectacles 안경
spirit 정신	▶ spirits 기분
term 기간, 용어	▶ terms 상호 관계
time 시간, 때	▶ times 시대
water 물	▶ waters 강, 해역

단어가 달라지는 성별

boy 소년	▶ girl 소녀
brother 형제	▶ sister 자매
ox, bull 소	▶ cow 암소
cock, rooster 수탉	▶ hen 암탉
dog 개	▶ bitch 암캐
father 아버지	▶ mother 어머니
father-in-law 장인, 시아버지	
▶ mother-in-law 장모, 시어머니	
fox 여우	▶ vixen 암여우
gentleman 신사	▶ lady 숙녀
husband 남편	▶ wife 아내
king 왕	▶ queen 여왕
lad 총각	▶ lass 아가씨
man 남자	▶ woman 여자
master 주인	▶ mistress 주부
schoolboy 남학생	▶ schoolgirl 여학생
sir 주인님	▶ madam 마님
son 아들	▶ daughter 딸

former
[fɔ́ːrmər]

앞의, 먼저의
(시간상으로) 예전의

I like oranges better than grapefruits : the former is sweeter than the latter.
나는 오렌지를 자몽보다 더 좋아한다 : 전자는 후자 보다 더 달다.

- the former prime minister 전 총리
- the former and the latter 전자와 후자

latter
[lǽtər]

후자의, 마지막의

The latter explanation is better.
뒤의 설명이 더 낫다.

- latter part of the week 주의 후반
- latter years of one's life 인생의 말년

mortal
[mɔ́ːrtl]

죽을 운명의, 죽음의
치명적인

Man is mortal.
인간은 죽게 마련이다.

☑ immortal 형불멸의 / immortality 명불멸

- mortal hour 임종
- mortal illness 불치병   • mortal wound 치명상

vertical
[vɔ́ːrtikəl]

수직의, 세로의 명수직선

Keep away from the vertical cliffs.
깎아지른 벼랑에 접근하지 마라.

- vertical descent 수직 강하
- vertical thinking 수직적 사고

cunning
[kʌ́niŋ]

교활한, 간사한

We are going to recall our cunning mayor.
우리는 교활한 시장을 소환할 것이다.

- cunning political tricks 교활한 정치 수법

manual
[mǽnjuəl]

손으로 하는, 수동의

Efficient machinery replaced manual labor.
효율적인 기계가 육체 노동을 대신했다.

- manual fire engine 수동식 소방 펌프
- manual industry 수공업
- manual worker 육체 노동자

notorious
[noutɔ́:riəs]

악명 높은, 소문난

This taxi company is notorious for it's unfair fares and bad service.

이 택시 회사는 부당한 요금과 형편없는 서비스로 악명이 높다.

☑ notoriety 몡악명

- be notorious for~ ~으로 악명이 높다
- notorious gambler 소문난 도박꾼
- area notorious for crime 악명높은 범죄 구역

affirmative
[əfə́:rmətiv]

긍정(동의) 하는
몡 긍정, 동의

"Yes" is an affirmative reply.

"예스"는 긍정적인 대답이다.

Two negatives make an affirmative.

이중 부정은 긍정이 된다.

☑ affirm 똥단언하다

- affirmative answer 긍정적 회답

hospitable
[hǽspitəbl]

환대하는, 친절한

They gave us a hearty welcome and were very hospitable to us.

그들은 진심으로 우리를 환영했으며, 극진히 대접해 주었다.

- hospitable reception 환대

overall
[ouvírɔ́:l]

전부(전체)의, 총체적인
뷔 전부

Overall, the concert was successful.

전체적으로 보아, 콘서트는 성공적이었다.

- overall cost 전체 비용

paternal
[pətə́:rnl]

아버지의, 아버지 같은

I am still under my paternal roof.

나는 아직 아버지한테 얹혀서 산다.

- paternal grandfather 할아버지, 선조
- paternal love 부성애

maternal
[mətə́:rnl]

어머니의, 어머니 같은

My maternal grandmother, who died last year, was a great teacher.

작년에 돌아가신 나의 외할머니는 훌륭한 선생님이셨다.

- maternal instinct 모성 본능
- maternal love 모성애
- maternal grandparents 외조부모

colloquial

[kəlóukwiəl]

구어(체)의, 일상 회화의

Television gives us lots of colloquial English.
텔레비전은 우리에게 많은 구어체 영어를 제공한다.

- colloquial English 구어체 영어
- colloquial expression 구어적 표현
- colloquial language 구어
- colloquial style 구어체

literal

[lítərəl]

문자 그대로의
(번역이) 직역의

A literal translation often fails to convey the intended meaning.
직역하면 뜻을 제대로 전할 수 없는 경우가 많다.

- literal error 오자
- literal translation 직역
- literal interpretation 직역 해석

※ literary(문학의)와 구별할 것

lunatic

[lú:nətik]

정신 이상의, 미친
명 미치광이

That's a completely lunatic way to behave!
그런 행동을 하다니 완전히 돌았군!

- lunatic asylum
  정신 병원(현재는 mental hospital을 사용함)

insane

[inséin]

정신 이상의, 미친

On examination the murderer was found to be insane.
조사 결과, 살인범은 정신 이상임을 알았다.

- ☑ insanity 명 정신 이상, 미친 짓
- insane attempt 엉뚱한 시도

eccentric

[ikséntrik]

괴짜인, 별난, 기이한
명 기인, 괴짜

It is eccentric to keep a pet tortoise in the bath.
욕실에서 애완용 거북이를 기르다니 별나다.

- eccentric conduct 기행
- eccentric person 기인, 괴짜

crucial

[krú:ʃəl]

결정적인, 중대한
가혹한

The negotiation stepped into a crucial phase.
협상은 중대한 국면으로 들어섰다.

- crucial moment 결정적인 순간
- crucial experiment 중대한 실험
- crucial period 고난의 시기
- crucial problem 어려운 문제

cordial
[kɔ́ːrdʒəl]

진심에서 우러나는 애정 어린

She is cordial to everybody.
그녀는 누구한테나 진심으로 대한다.
- cordial hospitality 정성 어린 환대
- cordial note 진심 어린 편지
- cordial welcome 진심 어린 환영

prudent
[prúːdnt]

신중한, 분별 있는

Bush ought to have been more prudent in what he said in public.
부시는 좀 더 신중하게 대중 앞에서 연설을 했어야 했다.
- prudent answer 신중한 답변
- prudent solution 현명한 해결

judicious
[dʒuːdíʃəs]

사려 깊은, 현명한

We should make judicious use of the resources available.
우리는 이용 가능한 자원을 현명하게 사용해야 한다.
- judicious choice 현명한 선택

illiterate
[ilítərət]

문맹의, 교양이 없는
명 문맹자

The teacher taught letters to Illiterate primitive people.
그 선생님은 문맹인 원시인들에게 글자를 가르쳤다.
- ☑ illiteracy 명 문맹, 무학
- illiterate magazine 저속한 잡지
- illiteracy rate 문맹률

approximate
[əpráksəmət]

대강의, 근사치인, 비슷하다

His description is approximate to the truth.
그의 이야기는 대체로 사실에 가깝다.
- approximate account 개략적 설명
- approximate estimate 대략적인 계산
- approximate length 대강의 길이
- approximate value 근사치

bankrupt
[bǽŋkrʌpt]

파산한, 지급 불능의
명 파산자

That company was declared bankrupt.
그 회사는 파산 선고를 받았다.
- go bankrupt 파산하다
- be morally bankrupt 도덕적으로 파산하다

pious

[páiəs]

신앙심이 깊은, 경건한
종교적인

He was brought up by pious parents.
그는 신앙심이 깊은 부모 밑에서 자랐다.

- pious practice 신앙에서 나온 실천
- pious literature 종교 서적

---

holy

[hóuli]

신성한, 성스러운

The battle was a holy war to them.
그 전쟁은 그들에게 신성한 전쟁이었다.

- the Holy Bible 성서
- holy ground 성역　● holy life 신앙 생활

---

affluent

[æfluənt]

부유한, 풍부한

Affluent nations will eventually realize they cannot continue to exploit cheap foreign labor.
부유한 국가는 값싼 외국 노동력을 계속 착취할 수 없다는 것을 마침내 깨달았을 것이다.

- ☑ affluently 閈 부유하게
- affluent society 풍부한 사회
- land affluent in resources 자원이 풍부한 땅

---

shrewd

[ʃrúːd]

상황판단이 빠른, 재빠른

He is shrewd in business.
그는 장삿속이 밝다.

- shrewd observation 예리한 관찰
- shrewd comment 통찰력 있는 논평

---

eventual

[ivéntʃuəl]

최종적인, 궁극적인

We cannot foresee the eventual results of creativity.
창의성의 최종 결과를 예측할 수 없다.

- ☑ eventually 閈 결국은
- eventual outcome(result) 최종 결과

---

multiple

[mʌ́ltəpl]

다양한, 다수의

The fog caused a multiple crash on the express way.
고속도로에서 안개 때문에 다중 충돌 사고가 일어났다.

- multiple meanings 다양한 의미
- multiple tax 복합세

---

explicit

[iksplísit]

명확한, 솔직한

She was explicit about why she did it.
그녀는 왜 그랬는지 명확하게 말했다.

- explicit statement 명확한 진술
- explicit belief 확고한 신념

implicit

[implísit]

은연 중에, 맹목적인
암시된, 내포된

All stock investment carries an implicit risk.
주식 투자는 모두 암묵적인 위험을 동반한다.

- implicit consent 암묵적인 동의
- implicit trust 절대적인 신뢰
- give implicit obedience to 암묵적으로 복종하다

masculine

[mǽskjulin]

남성적인, 남성의
씩씩한

The girls liked Teddy because of his
masculine ways.
소녀들은 테디의 남자다운 태도 때문에 그를 좋아했다.

- masculine voice 남성적인 음성
- masculine attire 남장(남자의 복장)
- masculine activity 남성적 활동
- masculine style 남성적 문체

feminine

[fémənin]

여성의, 여성적인

She wrote powerful yet very feminine poetry.
그녀는 박력이 있지만, 매우 여성스러운 시를 썼다.

- feminine activities 여성의 활동
- feminine expression 여성적 표현

preliminary

[prilímənèri]

예비의, 예선의,
명 예선, 사전 준비

The judge dismissed the case after the preliminary
hearings.
예비 공청회 뒤에 판사는 그 사건을 기각했다.

- preliminary examinations 예비 심사
- preliminary knowledge 예비 지식

unanimous

[ju:nǽnəməs]

만장 일치의

The ultimate decision to accept the results of the
arbitration received unanimous approval.
조정의 결과를 받아들이는 최종 결정은 만장 일치의 찬성을 얻었다.

- unanimous vote 만장 일치의 표결
- unanimous applause 만장의 박수
- unanimous decision 재판관 전원 일치의 판결

erroneous

[iróuniəs]

잘못된, 틀린

She held the erroneous belief that the more it
cost the better it must be.
그녀는 비싼 것이 더 좋을 것이라는 잘못된 생각을 가지고 있었다.

- erroneous belief 그릇된 신념

※ error의 형용사형

refined

[rifáind]

정제된, 순화된
세련된, 고상한

Jeffrey has refined sisters.

제프리에게는 세련된 누나들이 있다.

- refined sugar 정(제)당
- refined gentleman 세련된 신사
- refined distinction 엄밀한 구별

---

radiant

[réidiənt]

빛나는, 밝은

She answered with a radiant smile.

그녀는 밝은 미소를 지으며 대답했다.

- radiant morning 눈부신 아침
- radiant beauty 빛나는 아름다움

---

luminous

[lú:mənəs]

빛을 발하는, 빛나는

The hands on my alarm clock are luminous, so that I can see what time it is in the dark.

나의 알람 시계 바늘은 야광이므로 어둠 속에서도 시간을 볼 수 있다.

- luminous body 야광체

---

naughty

[nɔ́:ti]

장난꾸러기인
버릇없는, 약간 무례한

The naughty boy got lost and looked around.

장난꾸러기 소년은 길을 잃고 주위를 두리번거렸다.

Naughty, naughty!

이 못된 녀석이!

---

sly

[slái]

교활한, 은밀한

The sly fox was preparing to catch it's prey.

교활한 여우는 먹이를 잡을 준비를 하고 있었다.

- on the sly 살짝, 남몰래
- sly scheme 엉큼한 계획   • sly dog 교활(엉큼)한 놈

---

transparent

[trænspέərənt]

투명한, 솔직한

I know one city where people have already started using these transparent bags.

나는 사람들이 이 투명한 가방을 처음 사용한 도시를 알고 있다.

☑ transparency 몡 투명

- transparent glass 투명 유리
- transparent veil 얇은 면사포

---

fluent

[flú:ənt]

유창한, 능통한

She is fluent in Korean and English.

그녀는 한국어와 영어를 유창하게 말한다.

- speak fluent English 유창하게 영어를 하다
- fluent speaker 달변가

---

ample
[ǽmpl]
충분한, 풍만한

There is ample room for another car.
차가 한 대 더 들어갈 공간은 충분히 있다.

☑ amplify 图 확대하다, 자세히 설명하다
- ample opportunity 충분한 기회
- ample evidence 충분한 증거

adolescent
[æ̀dəlésnt]
청춘의, 청년기의 图 청년

A stronger warning should be targeted at adolescent smokers.
청소년 흡연자들을 향해 더욱 강력한 경고가 있어야 한다.

☑ adolescence 图 청소년기

juvenile
[dʒúːvənl]
나이 어린, 청소년의
图 청소년, 아동

The increase in juvenile delinquency is to be lamented.
청소년의 비행 증가는 유감스럽다.

- juvenile crimes 청소년 범죄
- juvenile literature 아동 문학
- juvenile days 어린 시절

eloquent
[éləkwənt]
웅변의, 말 잘하는
감정을 드러내는

Her look was eloquent of her joy.
그녀의 표정은 기쁨을 잘 나타내고 있었다.

Eyes are more eloquent than lips.
눈은 입 이상으로 말한다.(속담)

☑ eloquence 图 웅변
- eloquent speaker 웅변가
- eloquent looks(gesture) 표정이 풍부한 얼굴(몸짓)

missing
[mísiŋ]
행방불명의

The police combed the whole town for the missing child.
경찰은 미아를 찾으려고 온 마을을 샅샅이 뒤졌다.

☑ miss 图 (기회)를 놓치다
- missing document 문서 누락
- missing child 미아

anonymous
[ənánəməs]
익명의, 신원 불명의

The money was donated by an anonymous benefactor.
그 돈은 익명의 후원자가 기부한 것이었다.

- anonymous letter 익명의 편지
- anonymous phone call 익명의 전화
- anonymous novel 익명의 소설

potent
[póutnt]

강력한, 유력한
효능이 있는

Scientists have invented a potent new weapons system.
과학자들은 강력한 신무기 시스템을 개발해 왔다.

- potent influence 강력한 정치력
- potent means 강력한 수단
- potent drugs 잘 듣는 약

---

sophisticated
[səfístəkèitid]

세련된, 정교한

The sophisticated Hubble telescope can detect distant stars that are too faint for ordinary telescopes.
정교한 허블 망원경은, 보통 망원경으로는 빛이 약해서 보이지 않는 먼 별도 탐지할 수 있다.

- sophisticated computer 정교한 컴퓨터

---

patriotic
[pèitriátic]

애국의, 애국적인

It is patriotic to accept your responsibilities to your country.
나라에 대한 책임을 받아들이는 것이 애국이다.

☑ patriot 명 애국자
   patriotism 명 애국심
- patriotic deed 애국적 행위
- patriotic person 애국자

---

dizzy
[dízi]

현기증이 나는

Suddenly Susan felt dizzy.
갑자기 수잔은 어지러웠다.

- feel dizzy 현기증이 나다
- dizzy height 아찔한 높이

---

haughty
[hɔ́:ti]

건방진, 도도한

Don't let his words bother you : he is notorious for his haughty remarks.
그의 말에 신경 쓰지 마. 그의 건방진 말투는 유명하니까.

※ 태도가 큼

---

dreary
[dríəri]

쓸쓸한, 음울한
따분한

I read through these dreary details in a day.
나는 이 지루한 세부 사항을 하루 만에 끝까지 다 읽었다.

- dreary winter day 음산한 겨울 날
- dreary rainy night 음산한 비오는 날

arrogant

[ǽrəgənt]

건방진, 거만한

His selfish and arrogant attitude is bound to irritate his employees at times.

그의 이기적이며 거만한 태도는 틀림없이 이따금 그의 종업원들을 화나게 할 것이다.

☑ **arrogance** 뗑 거만, 오만

● arrogant aristocrat 거만한 귀족

civil

[sívəl]

시민의, 민간인의
예의바른

He is a very civil person.

그는 매우 예의 바른 사람이다.

● civil action 민사 소송
● civil duties 시민으로서의 의무
● civil spirit 시민 정신, 공공심
● civil government 문민 정부

nasty

[nǽsti]

불결한, 끔찍한
심각한

The beggar's cloths had a nasty smell.

거지의 옷에서 불쾌한 냄새가 났다.

● nasty room 불결한 방
● nasty joke 불쾌한 농담

pathetic

[pəθétik]

감상적인, 불쌍한, 애처로운

It was pathetic to see her cry.

그녀가 우는 것을 보니 측은했다.

☑ **pathos** 뗑 가엾음, 비애

● pathetic scene (연극 따위에서) 측은한 장면

feudal

[fjú:dl]

봉건적인

The feudal lord always monitored whether the tenant offered tribute well.

봉건주의 영주는 소작인이 조공을 잘 바쳤는지 항상 감시했다.

● feudal society 봉건 사회
● feudal system 봉건 제도　　● feudal lord 영주

medieval

[mì:dí:vəl]

중세의

From the medieval play, he drew the moral which was intelligible to moderns.

중세의 연극에서, 그는 현대인도 알아야 할 교훈을 이끌어냈다.

● medieval architecture 중세의 건축
● medieval times 중세
● the Middle Ages 중세

obstinate

[ábstənət]

고집센, 완고한
집요한

The obstinate boy would go his own way.
그 고집 센 소년은 자기식대로 할 것이다.

☑ obstinacy 몡 완고함, 고집
- obstinate courage 집요한 용기

tedious

[tíːdiəs]

지루한, 따분한

A long talk that you cannot understand is tedious.
네가 이해할 수 없는 긴 이야기는 지루하다.

- tedious lecture 지루한 강의
- tedious discourse 지루한 이야기, 장황한 연설

drowsy

[dráuzi]

졸리는, 나른한

He looks drowsy.
그는 졸린 얼굴을 하고 있다.

- feel drowsy 졸음이 오다, 졸리다

reckless

[réklis]

무모한, 신중하지 못한

The teacher scolded the young boy for his reckless behavior.
그 선생님은 소년의 무모한 행동을 꾸짖었다.

- reckless abandon 완전히 제멋대로임
- reckless driver 난폭 운전자
- be reckless of the consequences.
  결과를 개의치 않다

extravagant

[ikstrǽvəgənt]

낭비하는
터무니없는, 엉뚱한

He was so extravagant that his father worried.
그는 너무 낭비가 심하므로 아버지는 걱정했다.

☑ extravagance 몡 사치, 엉뚱함
- extravagant man 돈을 헤프게 쓰는 사람
- extravagant price 터무니없이 비싼 값
- extravagant experiment 엉뚱한 실험
- extravagant expenses 엄청난 비용

prior

[práiər]

앞의, ~보다 중요한

I'm sorry, but I have a prior engagement.
미안하지만 나는 선약이 있다.

☑ priority 몡 우선 사항
- prior engagement 선약

chronic

[kránik]

상습적인, 만성의

There is a chronic shortage of nurses.
간호사는 만성적으로 부족하다.

- chronic liar 상습적 거짓말쟁이
- chronic inflation 만성적 인플레이션
- chronic disease 만성 질병

capricious

[kəpríʃəs]

변덕스러운

He was a cruel and capricious tyrant.
그는 잔인하고 변덕스러운 폭군이었다.

☑ caprice 몡 변덕

- caprices of a woman 여자의 변덕

vulgar

[vʌ́lgər]

상스러운, 천한
대중의

I am fed up with his vulgar joke.
나는 그의 저속한 농담에 넌더리가 난다.

- vulgar entertainment 대중 오락
- vulgar gesture 저속한 몸짓
- vulgar speech 상스러운 말
- vulgar man 속물

stern

[stə́ːrn]

엄중한, 냉혹한

He is stern to his children.
그는 아이들에게 엄하다.

☑ sternly 閉 엄격하게

- be made of sterner stuff 더 강인하다
- stern reality 엄중한 현실

subordinate

[səbɔ́ːrdənət]

하위의, 종속된
몡 부하, 종속절

Colonels are subordinate to major generals in the army.
육군에서 대령은 소장보다 계급이 낮다.

- subordinate officer 하급 장교
- subordinate state 속국

skeptical

[sképtikəl]

의심 많은, 회의적인

They are skeptical about the report.
그들은 그 보고를 의심하고 있다.

☑ skeptic 몡 의심 많은 사람

- be skeptical about(of) ~ ~에 대하여 회의적이다
- skeptical smile 회의적인 미소

dubious

[djúːbiəs]

의심스러운, 모호한

I'm dubious about his chances of success.
나는 그의 성공 가능성이 의심스럽다.
- dubious friend 믿지 못할 친구
- dubious reply 애매한 대답

---

sore

[sɔ́ːr]

아픈, 슬픈, 화가 난

She touched me on a sore spot.
그녀는 나의 아픈 곳을 건드렸다.
- sore foot 구두에 닿아 까진 발
- sore conscience 고뇌하는 양심
- sore calamity 심한 재난
- have a sore throat 목이 아프다

---

verbal

[vɔ́ːrbəl]

말(언어)의, 말에 의한

Dad gave me a verbal lashing for lying.
아빠는 내가 거짓말 한 것에 대해 호되게 야단쳤다.
- ☑ nonverbal 혱 말로 할 수 없는
- verbal symbols 언어 기호
- verbal error 말의 오류
- verbal contract 구두 계약

---

numb

[nʌm]

감각을 잃은, 마비된
동 마비되다

The swimmers were numb with cold.
수영하는 사람들은 추위로 감각이 없어졌다.
- toes numb with cold 추위로 마비된 발가락
- numb feelings 둔한 감각

---

minute

[mainjúːt]

미세한, 사소한
상세한

He gave a minute description of the dinner party.
그는 디너 파티에 대해 상세한 설명을 했다.
- minute differences 근소한 차이
- minute particles 미세한 입자

※ minute '분'과 구별

---

devoid

[divɔ́id]

결여된, 전혀 없는

He is devoid of common sense.
그는 상식이 없다.
- man devoid of musical sense 음악적 감각이 없는 사람

deficient

[difíʃənt]

부족한, 불충분한

Their diet is deficient in vitamins.

그들의 식단은 비타민이 부족하다.

☑ deficiency 몡 부족, 결핍
- be deficient in common sense 몰상식하다
- deficiency disease 결핍증, 영양 실조

---

void

[vɔ́id]

텅 빈, 쓸모 없는, 무효의
몡 공간, 공허함

He is void of imagination.

그는 상상력이 없다.
- make void 무효로 하다
- void of ~ ~가 없는
- story void of foundation 근거 없는 이야기

---

barbarian

[ba:rbéəriən]

미개의, 야만의
몡 야만인

The city was not attacked by barbarian invaders.

그 도시는 미개한 침략자들에게 공격받지 않았다.

☑ barbarism 몡 야만성
barbarous 휑 야만적인, 잔인한

※ barbarian 보다 더 미개한 상태는 savage

---

treacherous

[trétʃərəs]

믿을수 없는
배신하는

He is treacherous to his friends.

친구들에게 그는 믿을 수 없는 사람이다.
- treacherous weather 믿을 수 없는 날씨
- treacherous action 배신 행위
- treacherous memory 막연한 기억력

---

feeble

[fí:bl]

아주 약한, 가냘픈

We heard a feeble cry for help.

우리는 도움을 청하는 가냘픈 외침을 들었다.
- feeble old man 쇠약한 노인
- be feeble in mind 정신 박약이다

---

sterile

[stéril]

살균한, 불임의
무익한

They have been having a sterile debate for hours.

그들은 몇 시간 동안 무미건조한 토론을 하고 있다.
- sterile year 흉년
- sterile culture 무균 배양

sober

[sóubər]

술 취하지 않은
차분한

He came home sober.
그는 맑은 정신으로 귀가했다.
- ☑ sobriety 몡 맑은 정신, 금주, 진지함
- ● in sober earnest 진지하게
- ● in one's sober senses 냉정한 의미에서

---

frugal

[frú:gəl]

절약하는

He was rich, but enjoyed frugal meals.
그는 부자지만 검소한 식사를 즐겼다.
- ● frugal housekeeper 알뜰한 주부

---

impudent

[ímpjudnt]

뻔뻔스러운

Some of them acted impudent.
그들 중 몇몇은 뻔뻔스럽게 행동했다.
- ☑ impudence 몡 뻔뻔스러움, 무례
- ● impudent behavior 염치없는 행동

---

lofty

[lɔ́:fti]

높은, 숭고한, 거만한

He is a man of lofty stature.
그는 키가 큰 사람이다.
He told me in a lofty manner.
그는 거만한 태도로 나에게 말했다.
- ● lofty tree 높이 솟은 나무
- ● lofty ideal 높은 이상
- ● lofty speech 당당한 연설
- ● lofty manners 거만한 태도

index

원하는 단어를 빠르게 찾는다

apply	120	assume	149	bald	276
appreciate	93	assure	101	ban	267
apprehend	273	astonish	237	banish	314
appropriate	170	astound	238	bankrupt	337
approve	112	astray	298	barbarian	347
approximate	337	astronaut	41	bare	202
approximately	299	athlete	224	barren	280
apt	166	atmosphere	22	barter	331
architecture	36	attach	126	basic	179
arctic	204	attain	140	bear	270
area	23	attempt	122	beat	148
argue	102	attend	128	behave	85
arise	87	attest	327	belief	81
arithmetic	40	attitude	41	belong	124
arms	52	attract	125	bend	101
arouse	251	attribute	242	benefit	14
arrest	110	audible	162	besides	299
arrogant	343	audience	20	bestow	250
article	51	authentic	289	betray	136
artificial	189	author	19	bewilder	317
ascend	269	available	181	bias	310
ascribe	242	avenge	324	bill	9
ashamed	198	average	176	bind	146
aspect	46	avert	329	biography	60
aspire	261	avoid	148	biological	278
assault	309	await	245	blame	107
assemble	272	awake	190	bless	266
assent	110	award	250	bliss	227
assert	240	aware	165	blunder	225
assess	254	awful	197	blush	325
asset	305	awkward	290	boast	105
assign	254	axis	309	bold	166
assist	261	**B**		bondage	233
associate	124	baggage	78	border	37

bore	247	caricature	232	clash	266
borrow	138	carriage	76	classify	254
botany	208	casual	174	clench	319
bother	100	catastrophe	306	client	77
bottom	55	cause	34	climate	25
bound	163	caution	12	cling	271
boundary	38	cease	142	clothes	45
bow	93	celebrate	256	clue	209
brave	165	cell	71	clumsy	290
breadth	35	censorship	306	coarse	182
breed	312	census	231	code	79
bribe	214	certain	175	coherent	281
brief	193	certificate	46	cohesion	214
bright	192	chaos	11	coincide	272
brilliant	192	characteristic	51	collapse	246
broad	185	charge	9	colleague	79
broadcast	261	charisma	311	colloquial	336
bruise	314	chase	267	colony	222
brute	307	chatter	236	column	19
budget	208	cheap	182	comfort	27
bully	127	cheat	107	commerce	26
bump	266	check	112	commit	140
burden	66	cheer	9	commodity	63
burst	139	chemical	278	common	169
bury	143	cherish	257	commute	260
C		choke	323	compare	121
calamity	11	chronic	345	compatible	292
calculate	238	chronicle	232	compel	241
cancer	10	circulation	209	compensate	313
candidate	76	circumstance	22	compete	150
capable	191	cite	327	competent	288
capital	163	civil	343	complain	85
capricious	345	claim	91	complex	185
capture	225	clap	105	complicate	235

compliment	77	consider	94	corrupt	316
comply	321	consist	126	cosmic	204
compose	90	console	323	costly	296
comprehend	262	conspicuous	284	council	210
compromise	40	constitute	90	counsel	211
conal	144	construction	37	counterpart	308
concede	319	consult	255	courage	62
conceit	226	consume	139	courtesy	18
conceive	94	contain	126	coward	10
concentrate	113	contemplate	262	cradle	74
concern	97	contemporary	168	cram	236
concise	158	contempt	215	crash	263
conclude	117	contend	247	create	87
concrete	158	content	161	creep	243
condemn	141	continent	56	crew	224
conduct	41	continue	131	crime	70
conference	10	contract	78	crisis	67
confess	108	contradict	113	criterion	211
confident	197	contrary	186	criticism	21
confine	315	contribute	129	crucial	336
confirm	258	contrive	266	crude	158
conflict	64	controversy	56	cruel	158
conform	244	convenient	181	crush	263
confront	235	conventional	202	cultivate	84
confuse	100	convey	136	culture	16
congratulate	151	convict	119	cunning	334
congress	218	convince	101	cure	133
conquer	151	cooperate	124	curious	197
conscience	64	cope	245	current	55
conscious	165	cordial	337	curse	106
consensus	227	core	62	custom	39
consent	109	corporation	79	cynical	297
consequence	36	correct	178	**D**	
conservative	291	correspond	111	damage	73

damn	322	delinquency	308	devote	128
damp	201	deliver	136	devour	236
danger	67	demand	99	dialect	24
dare	235	denote	328	diameter	221
dawn	55	dense	199	dictate	316
dazzle	325	deny	144	differ	121
deaf	164	depart	267	dignity	65
deal [1]	33	depend	95	dim	279
deal [2]	268	deplore	236	dimension	229
debate	103	deposit	252	diminish	263
debt	8	depression	9	dip	329
decade	31	deprive	109	diplomacy	218
decay	251	depth	49	direct	123
deceive	144	derive	119	disabled	287
decent	191	descend	269	disappoint	149
decide	117	describe	103	disaster	72
declare	240	desert [1]	70	discard	248
decline	145	desert [2]	315	discipline	42
decrease	147	deserve	265	disclose	316
dedicate	323	desire	61	discover	131
deduce	326	despair	274	discreet	289
deed	212	despise	86	discriminate	331
defeat	234	despite	301	disease	67
defect	32	destiny	29	disgrace	217
defend	147	destroy	89	disguise	248
deficient	347	detach	325	disgust	268
define	111	detail	48	dismal	290
definite	168	detect	256	dismay	239
defy	318	deteriorate	324	dismiss	248
degrade	323	determine	116	dispense	321
degree	51	detest	322	display	116
delay	146	develop	85	dispose	111
deliberate	293	device	26	dispute	56
delight	63	devoid	346	disregard	247

erase	322	exhibit	116	fail	88
erect	262	exile	228	faint	279
erroneous	339	exist	142	fair	161
eruption	229	expand	270	faith	81
establish	90	expedition	222	false	189
estate	60	expel	312	fame	54
esteem	260	expensive	182	familiar	171
estimate	119	experience	15	famine	72
eternal	277	experiment	44	fanatic	278
ethics	309	expire	328	fancy	21
ethnic	295	explanation	44	fare	8
evade	314	explicit	338	fascinate	259
evaluate	251	explode	140	fat	200
evaporate	320	exploit	108	fate	29
eventual	338	explore	118	fatigue	68
eventually	298	export	136	fault	59
evidence	46	expose	116	favor	21
evil	200	express	103	feat	230
evolution	59	exquisite	297	feature	51
exact	178	extend	125	fee	8
exaggerate	144	external	188	feeble	347
examine	122	extinct	285	fellow	80
example	31	extinguish	253	female	177
exasperate	330	extract	326	feminine	339
exceed	253	extraordinary	288	ferment	331
excellent	192	extravagant	344	fertile	177
except	301	extreme	294	feudal	343
exception	47	**F**		fierce	276
exchange	134	fable	227	figure	33
exclaim	105	fabric	63	final	275
exclude	273	facility	46	financial	182
execute	248	factory	25	fine	141
exert	251	faculty	15	firm	168
exhaust	133	fade	329	fit	130

356

fix	132	frequent	169	gloomy	279
flame	13	frighten	149	glory	27
flatter	259	frontier	37	glow	258
flavor	58	frown	268	goods	63
flee	258	frugal	348	govern	151
float	268	frustrate	241	grab	269
flock	35	fuel	65	grace	48
flood	25	fulfill	139	gradual	294
flourish	137	function	27	graduate	88
flow	242	fundamental	180	grain	25
fluent	340	funeral	29	grant	100
fluid	14	furnish	99	grasp	103
flush	324	furthermore	300	grateful	196
foe	304	fury	42	grave [1]	74
folklore	232	fuss	220	grave [2]	275
folly	223	futile	177	greed	220
foolish	198	**G**		greet	94
forbid	123	gain	98	grief	80
force	50	garbage	231	grim	285
forecast	58	gasp	318	grin	319
foresee	326	gather	125	groan	106
foretell	326	gaze	95	grocery	78
forgive	109	gender	16	growl	236
former	334	generate	267	guess	148
formidable	291	generous	197	guilt	219
fortune	30	genetic	284	**H**	
fossil	9	genuine	189	habit	39
found	91	geography	24	habitat	231
fraction	214	geometry	218	hardly	298
fragile	160	gigantic	162	hardship	73
fragment	307	glance	94	harm	88
frame	62	glare	319	harsh	287
frantic	277	glimpse	209	harvest	24
freeze	272	globe	57	haste	211

hate	85	idle	196	indifferent	201
haughty	342	ignore	86	indignant	290
hazard	306	illiterate	337	indispensable	188
heal	272	illuminate	244	individual	164
heap	217	illusion	217	induce	266
hearty	282	illustrate	243	indulge	245
heaven	57	imagine	148	industry	77
heed	209	imitate	143	inevitable	163
height	49	immediate	167	infant	74
heir	57	immense	187	infection	212
hell	57	immigrate	269	infer	326
hence	301	imminent	296	inferior	183
herd	35	impart	251	infinite	184
heritage	231	impeachment	311	inflict	315
hesitate	145	implement	53	influence	17
hinder	123	implicit	339	inform	114
holy	338	imply	104	infrastructure	226
homogeneous	296	import	136	ingenious	297
horizon	55	impose	241	inhabitant	24
horrible	174	impress	93	inherent	284
hospitable	335	improve	132	inherit	325
hostile	158	impudence	348	initiative	310
huge	187	inborn	284	injection	310
humanity	71	incentive	233	injure	89
humble	193	incident	45	innate	284
humid	295	inclined	166	innocent	196
hunger	72	include	127	inquire	153
hurt	89	including	301	insane	336
hydrogen	9	income	26	insert	320
hypocrisy	212	incorporate	261	insight	58
hypothesis	210	increase	147	insist	91
		incredible	165	inspect	153
ideal	181	independent	171	inspire	264
identify	118	indicate	114	instance	31

358

mankind	71	migrate	269	multitude	37
manual	334	military	292	murder	141
manufacture	130	millennium	311	murmur	112
manuscript	12	mingle	255	mute	289
marine	294	minimum	184	mutter	112
marvelous	287	minister	220	mutual	197
masculine	339	minor	157	myth	64
masterpiece	13	minute	346		
material	189	miracle	29	**n**	
maternal	335	mischief	75	naked	181
matter	16	misery	73	namely	298
mature	291	mislead	248	narrative	12
maxim	233	missing	341	narrow	185
maximum	184	mission	211	nasty	343
mean	160	moan	321	nationality	223
means	48	mobile	159	native	202
meanwhile	299	mock	127	naughty	340
measure	49	moderate	276	navigation	304
mechanical	200	modest	286	nearly	298
medicine	66	modify	264	neat	291
medieval	343	moist	201	necessity	47
meditate	263	molest	328	negative	191
medium	185	momentary	277	neglect	86
melancholy	21	monopoly	79	negotiate	329
melt	250	monotonous	286	neighbor	20
mend	132	monument	13	nervous	164
mental	203	morale	232	neutral	291
mention	103	moratorium	310	nevertheless	300
merchandise	63	mortal	334	nightmare	231
mercy	220	motive	17	noble	193
mere	185	mount	268	nod	243
merge	271	mourn	273	nonetheless	301
method	48	multiple	338	notable	283
metropolis	216	multiply	252	notice	92
				notion	52

notorious	335	orbit	212	partition	305
nourish	249	ordinary	172	passenger	68
nuclear	278	organize	91	passion	62
nuisance	226	origin	58	passive	191
numb	346	ornament	232	pastime	221
numerous	196	otherwise	300	paternal	335
nursery	74	outlet	233	pathetic	343
nutrition	216	outlook	209	patient	182

O

		outstanding	282	patriotic	342
obey	101	outward	173	pavement	216
object	18	overall	335	peculiar	198
oblige	108	overcome	110	pedestrian	72
obscure	195	overlook	109	peer	79
observe	122	overnight	299	penetrate	255
obstacle	58	overseas	299	pension	77
obstinate	344	overtake	317	perceive	117
obstruct	274	overwhelming	282	perform	140
obtain	99	owe	135	peril	59
obvious	179	own	137	period	30
occasion	30	oxygen	8	perish	250

P

occupy	129			permit	97
occur	86	pain	68	perpetual	276
odd	198	pant	249	perplex	317
offend	106	paradigm	311	persecute	315
offer	99	paradox	215	persist	91
official	172	parallel	161	personal	164
offspring	226	paralyze	325	perspective	210
operate	134	parasite	310	perspiration	71
opponent	39	parliament	218	persuade	102
opportunity	29	parody	311	pessimism	230
opposite	289	partial	159	petroleum	13
oppress	131	participate	124	phase	214
optimism	10	particle	12	phenomenon	45
oral	179	particular	173	philosophy	51

quality	34	recite	234	remote	187
quantity	34	reckless	344	remove	128
quarrel	150	reckon	238	render	250
quarter	23	recognize	92	renew	264
queer	290	recollect	262	repair	132
quit	271	recommend	101	repay	324
quiver	111	reconcile	247	repeat	131
quote	328	recover	135	repent	109

R

racial	295	recur	321	replace	134
radiant	340	reduce	140	reply	116
radical	292	refer	96	represent	114
radius	221	refined	340	reproach	107
rage	42	reflect	130	republic	223
random	203	reform	265	reputation	53
rapid	170	refrain	241	require	91
rare	169	refuge	223	resemble	143
ratio	214	refuse	145	resent	237
rational	173	regard	93	reserved	296
rattle	236	region	23	reside	331
raw	157	regret	151	resign	272
ray	54	reign	67	resist	151
react	139	reinforce	320	resolve	117
reality	24	reject	145	resort	260
realm	38	rejoice	258	resource	16
rear	260	relate	97	respect	92
reason	35	release	135	respond	138
reassure	326	relieve	261	rest [1]	231
rebel	137	religion	81	rest [2]	245
recall	111	relish	217	restore	265
recede	312	reluctant	293	restrict	123
recent	167	rely	96	result	36
reception	10	remark	112	resume	325
recess	219	remedy	229	retain	249
		remind	111	retort	330

retreat	271	sacred	159	sensitive	194
retrieve	320	sacrifice	71	sentence	70
retrospect	231	salute	259	sentiment	60
reveal	114	sanction	306	sequence	215
revenge	246	satellite	223	serene	295
revenue	220	satire	310	serious	194
reverence	221	satisfy	95	sermon	304
reverse	40	savage	186	session	219
review	234	scarce	297	settle	117
revise	264	scare	239	severe	168
revolt	321	scatter	121	shabby	296
revolution	69	scent	43	shade	54
reward	145	scheme	210	shadow	54
rid	274	scholarship	76	shallow	297
riddle	233	scientific	172	shame	217
ridiculous	199	scissors	217	shed	247
right	68	scold	107	shelter	71
rigid	162	scope	224	shiver	110
riot	232	scorn	239	shortage	11
ritual	222	scratch	104	shrewd	338
roam	246	scream	106	shriek	317
roar	106	sculpture	13	shrink	332
rob	108	search	118	shudder	110
rot	251	secondary	183	sigh	252
route	34	secure	161	sight	38
routine	34	seek	118	significant	188
row	19	seemingly	298	signify	235
royal	156	segment	307	silly	198
rub	266	seize	104	similar	190
rubbish	230	select	141	simultaneous	296
rude	201	selfish	286	simultaneously	298
ruin	89	semester	218	sin	32
rural	277	senior	177	sincere	193
S		sensible	194	site	60

situation	22	sphere	222	strategy	228
skeptical	345	spill	242	stream	219
slap	320	spiritual	202	strength	50
slave	66	spite	216	strict	169
slender	288	splendid	180	strip	104
slight	186	spoil	90	strive	245
sly	340	spontaneous	156	stroke	258
smother	322	spontaneously	301	stroll	246
soak	328	spread	125	structure	36
soar	313	squeeze	324	struggle	150
sober	348	stab	255	stubborn	160
solar	278	stable	287	stuff	63
sole	294	stain	32	stumble	246
solemn	285	stammer	318	stupid	199
solid	199	standpoint	211	stutter	318
solitude	80	stare	94	subdue	313
solution	43	startle	238	subject	18
somewhat	298	starve	104	sublime	295
soothe	258	static	286	submit	135
sophisticated	342	stationery	78	subordinate	345
sore	346	statistics	209	subscribe	271
sorrow	80	statue	13	subsequent	296
soul	51	stature	306	substance	18
sound	195	steady	196	substitute	134
sour	158	steep	297	subtle	281
sovereign	222	steer	312	suburb	23
span	50	stem	62	succeed	87
spare	142	sterile	347	succumb	320
species	59	stern	345	suck	329
specific	174	stiff	287	suffer	100
spectacle	25	stir	250	sufficient	182
spectator	20	stoop	143	suggest	150
speculate	262	store	130	suicide	219
spell	215	strain	238	suit	129

웰컴 영단어

1판 1쇄 인쇄 | 2022년 1월 5일
1판 1쇄 발행 | 2022년 1월 10일

엮은이 | 영어교재연구회
펴낸이 | 윤다시
펴낸곳 | 도서출판 예가

주　소 | 서울시 영등포구 영신로 45길 2
전　화 | 02)2633-5462
팩　스 | 02)2633-5463

E-mail | yegabook@hanmail.net
블로그 | http://blog.daum.net/yegabook
등록번호 | 제 8-216호

ISBN 978-89-7567-614-7 13740